チェンジング・チャイナの人的資源管理

新しい局面を迎えた中国への投資と人事

白木三秀　編著

東京 白桃書房 神田

はしがき

　前著『チャイナ・シフトの人的資源管理』（白木三秀編著，白桃書房，2005年刊）においては，中国のWTOへの加盟が事実上決まった2000年以降，日本の直接投資がASEANやNIESから中国へと急速にシフトする中で，人的資源管理にどのような変化が発生し，またそれに対しどのような対応がなされているのかを明らかにしようとした。このような直接投資の中国シフトは，日本のみならず，韓国，台湾，それにシンガポールなどのNIES諸国や欧米にも見られたが，このような各国企業活動の中国シフトという潮流の中における，企業内の人的資源管理の動向と，その底流を成す変化と不変を明らかにしようとした。

　本書の目的は，上記の動向を踏まえて，2000年代半ば以降の中国の経済社会におけるダイナミックな質的変化とその底流，すなわち「チェンジング・チャイナ」（変化しつつある中国）を，様々な角度から明らかにすることである。

　すなわち，中国経済社会は，輸出を目的とする低コスト生産拠点であるというこれまでの位置づけは一部でまだ妥当する面も残存するが，他方で，全く正反対への変化も明らかとなりつつある。大規模経済圏の誕生，少子高齢化・高学歴社会への急速な移行，所得や就業機会の地域間格差の拡大と労働移動の増大，労働者保護的労働法体系である労働契約法の出現，労働者の権利意識の高まりと労使紛争の増大，そして，それらの総合的結果として低コスト生産拠点からの決別という大きな質的変化も起こりつつある。

　同時に，それらの経営環境の変化の中で，日系企業がとりわけ人的資源管理面で，どのような課題に直面し，どのような対応をしているか，そして，さらに踏み込んで，どのような対応をすべきなのだろうか。本書は，これらの点も含めてそれぞれを具体的に検証する。

　本書は主として，中国などアジアを舞台に奮闘するビジネスマン，企業の海外事業ならびに人事の担当者，企業の国際的活動や変化しつつある中国に

おける日系企業（とりわけ人材育成，人的資源管理）などに強い関心を有する研究者，大学院生，それに学部学生に読んでいただきたい。本書は読者に対し，豊富なデータ，調査，それに実務に裏打ちされた堅実な瞬間風速値の情報と，それを理解するための概念ならびにアイデアとを提供するように努めた。

このような本書の意図が読者に伝わり，望むらくは，読者の実践的問題意識，知的渇望に対応できることができれば，編著者として望外の幸せである。

最後に，本書の出版を今回も快く引き受けて下さった白桃書房の大矢栄一郎社長，それに校正や製本過程で丁寧な仕事をして下さった同社編集部の河井宏幸氏に心からお礼を申し上げる次第である。

　2011年5月

編著者

目　次

はしがき………………………………………………………………… i

序　章　本書の問題意識と特徴
1．問題意識と特徴………………………………………………… 1
2．各章の執筆担当者……………………………………………… 4

第Ⅰ部　マクロ的視点から見たチェンジング・チャイナ

第1章　中国の人材政策－留学政策を中心に－
1．はじめに………………………………………………………… 7
2．留学政策と制度の変遷………………………………………… 8
3．留学人材の帰国促進政策とプロジェクト…………………… 13
4．国内人材の海外派遣政策とプロジェクト…………………… 21
5．おわりに………………………………………………………… 28

第2章　農村から都市への労働移動の特徴－農民工の移動を中心に－
1．はじめに………………………………………………………… 35
2．中国の「農民工」とは何か…………………………………… 36
3．「農民工」の規模の長期的変化 ……………………………… 41
4．農民工の特徴…………………………………………………… 44
5．まとめ…………………………………………………………… 54

第3章　社会保障制度の変容による人的資源管理への影響
1．はじめに………………………………………………………… 59
2．現行の社会保障制度の形成と仕組み………………………… 60

3．現行の社会保険制度の特徴……………………………………… 68
　4．社会保障制度の変容による人的資源管理への影響……………… 72
　5．おわりに…………………………………………………………… 79

第4章　労働契約法の法的解釈とその実務的適用
　1．「労働契約法」およびその実施条例の概要 …………………… 86
　2．労働契約の締結…………………………………………………… 87
　3．日常の人事・労務管理…………………………………………… 98
　4．労働契約の解除と終了…………………………………………… 110
　5．労働派遣，労働組合，労働争議に関わる諸課題………………… 120
　6．むすび……………………………………………………………… 135

第Ⅱ部　日系企業の視点から見たチェンジング・チャイナ

第5章　金融危機下の中国労働市場と在中日系企業の施策
　1．機敏な政策対応…………………………………………………… 141
　2．急激な舵取りが困難な労働市場の出現………………………… 144
　3．金融危機下の日系企業の人的資源管理施策…………………… 150
　4．日系企業の課題…………………………………………………… 158

第6章　中国的労使関係と進出日系企業の課題
　1．はじめに…………………………………………………………… 161
　2．中国的労使関係…………………………………………………… 162
　3．工会の組織的特性………………………………………………… 165
　4．労使関係の現状…………………………………………………… 167
　5．おわりに…………………………………………………………… 176

第7章　女性従業員の雇用管理のあり方－日系A社の人事データからの考察－

1．はじめに……………………………………………………………… 181
2．A社の概要と制度…………………………………………………… 183
3．推定方法，推定モデル，およびその結果………………………… 188
4．おわりに……………………………………………………………… 194
付　録…………………………………………………………………… 197

第8章　在中国日系企業における管理職人材の育成

1．はじめに……………………………………………………………… 199
2．日本企業の中国の位置づけに関する変化………………………… 200
3．在中国日系企業の人的資源管理の現状と問題点………………… 202
4．事例調査から見た現地管理職の育成実態………………………… 204
5．アンケート調査から見た現地管理職育成における日本人派遣者の問題点……………………………………………………………… 213
6．まとめ………………………………………………………………… 221

第9章　中国における日系ソフトウエア企業における国際分業と人的資源管理システム－中国・北京市の事例－

1．はじめに……………………………………………………………… 227
2．これまでの研究と課題……………………………………………… 227
3．北京市ソフトウエア産業の状況…………………………………… 232
4．北京市における日系ソフトウエア企業の事例…………………… 236
5．ソフトウエア開発の国際分業と人的資源管理システム………… 257
6．むすび………………………………………………………………… 260

第10章　日中間インターネットショッピングの展開と人的資源管理への含意

1．はじめに……………………………………………………… 265
2．日中間のインターネットショッピングを手掛ける事業会社の事例 266
3．インターネットショッピングビジネスモデルが生まれてきた理由 270
4．中国の製造業を取り巻く環境の変化による経営スタイルの変化… 275
5．日中間インターネットショッピングの発展を妨げる要素および人的リソースの育成………………………………………………… 277
6．おわりに……………………………………………………… 279

終　章　本書の論点と結論

1．各章の概要と論点…………………………………………… 281
2．結論と検討…………………………………………………… 291

索　　引………………………………………………………… 297
執筆者紹介……………………………………………………… 300

序　章

本書の問題意識と特徴

1．問題意識と特徴

　本書でわれわれが取り組もうとしているのは，1990年代，さらには2000年代を通じて，世界各国からの直接投資が激増し，高い経済成長率が持続する中で生じた，中国の経済社会における経済的，法的，経営的側面でのダイナミックな質的変化とそれらへの企業の対応，とりわけ現地の日本企業（日系企業）におけるマネジメント上の対応，それも特に人的資源管理上の対応について多面的な分析を試みることである。また，その結果として，今後の各種含意を引き出すことも本書が目論むところである。

　過去10年以上の長きにわたり，中国で高い経済成長率が持続し，日本の経済が伸び悩んだ結果として，2010年にはGDPにおいてこれまで世界第2位の規模を誇った日本経済を中国経済が追い抜いた。このことが大きな話題になったことは記憶に新しい。

　しかし，われわれは，中国における経済規模の拡大という現象面のその内側で，様々な質的変化が進展していたことを忘れてはならない。たとえばその一例として，労働者意識と法的枠組みの変化に関する具体的な例を示そう。

　海外で事業展開を行う主要企業への法務トラブルに関するアンケート調査（2010年10月下旬〜11月上旬実施）によると，現在「訴訟・紛争などが起きている」国は，米国（62％），中国（58％）の2カ国が他国・地域を圧倒して目立っている。しかし今後「訴訟・紛争などのリスクを感じている」国では，米国と中国の順位は逆転し，米国の6割強に対して，中国では9割に

1

も達して突出して最高となっている。中国における訴訟・紛争の内容は，米国では知的財産権問題（44%），製造物責任問題（37%）となっているが，中国では，知的財産権問題（45%），労働問題（41%）となっており，労働問題がきわめて大きな課題となっている。「中国では海賊版商品による特許権・著作権侵害が多いほか，労働者の権利を規定する労働契約法が2008年に施行され，労働争議が2009年に60万件と3年前から倍増した[1]」。この例からも，中国では労働者意識の変化とそれを支えるべく法的制度の変化が同時に進展していることが分かる。

本書は，前著『チャイナ・シフトの人的資源管理』（白木三秀編著，白桃書房，2005年刊）の後を受け，主として2000年代半ば以降の中国とそこにおける日系企業を主たる分析対象としている。本書のタイトルに「チェンジング・チャイナの…」と，「変化しつつある」という意味の現在進行形"Changing"を中国"China"の前に付した所以は，まさに，この間の中国の質的変化が，本書の随所で明らかになるように，きわめて劇的であり，しかもそれが現在も持続しているがためである。

2000年代半ば以降の中国の経済社会におけるダイナミックな質的変化とは以下の点を指す。すなわち，中国では，賃金コストの安い生産拠点というこれまでの特徴が一部でまだ継続するが，その一方で，大規模経済圏の出現，高学歴社会の進展，労働者の権利意識の高まり（労使紛争），それを支持する労働法体系（労働契約法）の制定，それらの結果として低コスト生産拠点からの決別という大きな質的変化が起こりつつあるのである。これらの持続的変化による中国国内労働市場への影響や労働移動の実態については，本書の各所で述べられることになるが，日本企業との関連では以下のようなトピックやリスクが思い浮かぶ。

・2005年：反日暴動の勃発
・2008年：労働契約法の制定・実施
・2008年："915"のリーマンブラザーズ破綻とその後の金融危機

・2010 年：日系企業を中心とする労使紛争の連鎖

　これらの社会経済上の大きな出来事が，その水面下で労働市場や労働者意識の継続的な変化が続く環境の中で，日系企業のマネジメント，とりわけ人的資源管理にどのような影響を与えたのかを明らかにしたい。と同時に，そういう出来事に対して日系企業がどのように対応しているのかということも，本書が客観的に明らかにしたいもう1つのテーマである。

　本書の特徴は，上記のような急激な変化と対応の中における，水面下での変化や質的な変化を，客観的なデータに基づき明らかにするという点にある。というのも，各種の変化，出来事や問題，それにそれらへの諸対応の背景にある本質を客観的，論理的に捕捉しない限り，各レベルにおいて，大小各種のリスクや潮流の変化に対して，それを的確に読み取り，適切な政策・対策を打ち出すことができないからである。

　このため，本書は，各章を「第Ⅰ部 マクロ的視点から見たチェンジング・チャイナ」（第1章から第4章）と「第Ⅱ部 日系企業の視点から見たチェンジング・チャイナ」（第5章から第10章）とに大きくグルーピング化し，以下のような章立てでテーマを取り上げ，分析し，そして議論を展開した。

（第Ⅰ部）
・改革開放後重視されてきた留学政策と人材政策
・農村から都市への「農民工」の労働移動とその諸特徴
・現行の社会保険制度の人的資源管理への影響
・労働契約法の法的解釈とその実務的含意[2]
（第Ⅱ部）
・リーマンブラザーズ破綻後の中国の労働市場と日系企業経営への影響[3]
・労働契約法発布後の労使紛争の急増と中国の労使関係の諸課題
・日系企業における女性従業員の雇用管理とその諸特徴
・日系企業における現地管理職の育成とその諸課題

・ソフトウエア産業の国際分業と人的資源管理
・日中間インターネットショッピングビジネスの発展とその含意[4]

このような問題意識の下に書かれたのが本書である。是非とも各章を味読していただきたい。

2．各章の執筆担当者

各章の執筆担当者の所属は多様で，また得意分野が異なるがゆえに，"チェンジング・チャイナの人的資源管理"に対して多方面から分析を行っているという点に特徴がある。各章の執筆担当者は以下の通りである（執筆順）。

白木三秀　早稲田大学政治経済学術院教授・同大学トランスナショナルHRM研究所所長（はしがき，序章，終章）

許　海珠　国士舘大学政経学部教授（第1章）

章　　智　早稲田大学大学院経済学研究科博士後期課程（第2章）

于　　洋　城西大学現代政策学部准教授・早稲田大学トランスナショナルHRM研究所招聘研究員（第3章）

劉　新宇　北京金杜法律事務所パートナー／中国弁護士，中国政法大学大学院特任教授・国際環境法センター研究員（第4章）

畑　伴子　上海市対外服務有限公司（FESCO）日本部部長，株式会社コチ／コンサルティング代表取締役社長（第5章）

唐　燕霞　愛知大学現代中国学部准教授（第6章）

孫　豊葉　早稲田大学G-COE GLOPE II 助手・早稲田大学大学院経済学研究科博士後期課程（第7章）

韓　敏恒　早稲田大学大学院経済学研究科博士後期課程（第8章）

梅澤　隆　国士舘大学政経学部教授・早稲田大学トランスナショナルHRM研究所副所長（第9章）

王　春生　東悟コンサルティング株式会社代表取締役，北京大学アジア経済と文化研究センター事務局長，早稲田大学トランスナショナルＨＲＭ研究所招聘研究員（第10章）

注：
1）『日本経済新聞』（2010年12月14日付）による。調査対象企業は328社で，回答社数は130社であった。そのうち，海外に現地法人，工場，事務所などを持つと回答した117社に対し，海外での法務トラブルの有無，内容，法的リスクの度合いなどを尋ねた結果である。
2）本章の執筆者は，中国と日本の労働法の双方に精通し，同時に，在中国日系企業ならびに日本企業本社双方の法律顧問という重職を担っている。そうであるがゆえに，隔靴掻痒になりがちな労働契約法の法的理解，実務的実践的適用と留意点を余すところなく記述して，面目躍如たるところがある。
3）本章は，中国の国有人材紹介会社に所属する執筆者が，実務経験とそこでの大規模調査結果とに基づき，実態を検証する。
4）本章の執筆者は，日中間を頻繁に行き来している現役のビジネス経営者であり，他の章と比べて，ビジネスの動向や潮目の見極めに長けている経営者の感覚が随所に見受けられる。

第Ⅰ部　マクロ的視点から見たチェンジング・チャイナ

第1章

中国の人材政策－留学政策を中心に－

1．はじめに

　中国の市場経済体制が確立するに伴い，中国企業は国内外を問わず，厳しい市場競争にさらされており，人材戦略の早期確立は，中国にとってかつてないほど重要になってきている。改革開放の30年間，中国は年平均成長率約10％という高成長を成し遂げ，2010年には，GDP額で1968年以来43年間も世界第2位の経済規模を維持し続けてきた日本を追い越して世界第2位となった。この高成長を支える原動力となっていたのは，対内直接投資（直接投資受入額）[1]と外部からの技術導入，人材政策である。
　中国が国の中長期発展ビジョンを示す基本国策として，1996年に「科教（科学教育）興国戦略」[2]，2002年に「人材強国戦略」[3]を打ち出したことからも分かるように，科学技術，教育の発展と人材の育成は，今後の中国の持続的発展を支える上で欠かすことのできない重要な要素であることは疑問の余地がない。これまでに，中国は人材育成と関連する政策を多く講じてきた。その中でも，中国の科学技術と近代化水準を向上させる上で最も有効な手段として，一貫して重視してきたのが留学政策である。本章では，留学政策を中心に，人材政策が国の経済発展および近代化建設の中で果たす役割について検討する[4]。

2．留学政策と制度の変遷

中国の海外留学は，歴史を辿れば，19世紀にまで遡ることができる。しかし，当時の海外留学は国の政策的アプローチによって実現したものではなかった。また，1949年に建国した新中国も，国による海外派遣留学は実施したものの，東西冷戦構造の枠組みの中で，旧ソ連を代表とする社会主義陣営に組み入れられていたため，改革開放が実施されるまでの1970年代末までに，国が実施してきた海外派遣留学は，主に社会主義国家，とりわけ，旧ソ連への派遣留学が中心であった。つまり，当時の海外留学は，基本的には社会主義陣営にうまく組み込まれていくための政治的なアプローチに過ぎず，今日のようなグローバルな人材を育成することを目的としたものではなかった。

海外留学を国の人材育成政策の重要な部分として位置づけ，国策として国が積極的に取り組むようになってきたのは，改革開放後からである。改革開放によって，中国は高成長を実現し，大きな変貌を成し遂げた。この過程で，留学政策と制度が果たしてきた役割はきわめて大きい。以下では，改革開放から今日に至るまでの留学政策と制度について，回復・模索期，成熟期，迅速発展期に分けて，その現状を見てみる。

（1）回復・模索期の留学政策と制度（1978～91年）

中国の留学政策と制度は，改革開放とともに新しい時代に入り，1978年12月27日に，建国後初めて52名の留学生がアメリカへ派遣された。

中国が世界に門戸を開くきっかけを作ったのは，1979年に，中国とアメリカとの間で調印された「中米留学生相互派遣協定」[5]である。この「協定」の調印をきっかけに，中国の海外留学は，アメリカへの派遣から始まり，その後徐々に，イギリス，ドイツ，フランス，日本などの先進国へ順次拡大されていった。改革開放から今日まで（1978～2010年）の31年間，中国か

ら海外へ渡った人の数は延べ174.2万人に達し，留学先も今や100以上の国・地域に及んでおり（図1－1），中国史上空前の出国留学ブームを巻き起こした。19世紀の70年代初頭から20世紀の70年代末まで（1872～1978年）の1世紀以上の歴史の中で，海外へ渡った中国人の数が延べ13万人[6]だった数字を見れば，この31年の間に起きている海外への留学ブームがどれほどすごいものであるのかが見て分かろう。

　留学政策と制度が実施され始めた当初は，海外留学は派遣留学からスタートし，派遣分野は主に自然科学分野への派遣が中心であった。その後，留学生の派遣規模が拡大するにつれ，派遣留学の学問領域・分野の拡大が避けられなくなり，1980年から社会科学分野への留学生派遣が認められるようになった。さらに，1981年には，私費留学も人材育成の1つのルートであるとして，その役割が肯定的に評価され，私費留学者と公費留学者をとりわけ，政治的側面から区別しない政府方針が打ち出された。これにより私費留学は，

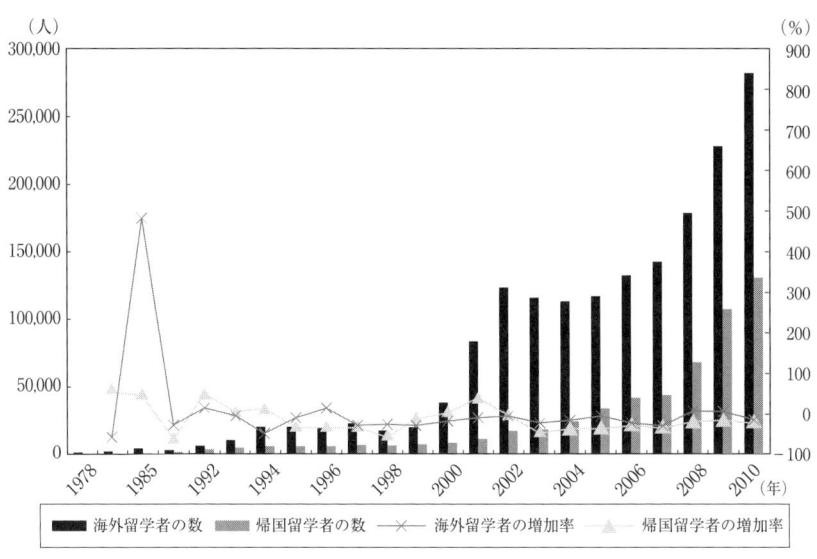

図1－1　中国の海外留学者および帰国留学者数の推移

出所：中華人民共和国統計局編『中国統計年鑑2011』，p.167のデータより筆者作成。

段階的ではあったが，開放・自由化する方向へと政策転換が図られた。

　その後も「私費出国留学の規定」（1982年制定，1981年規定は同時廃止），「国務院の私費出国留学に関する暫定規定」（1984年制定，1982年の規定は同時廃止）が公布された。1984年の「暫定規定」では，私費留学生と公費留学生を差別しない方針をより明確に打ち出し，それまでに高等学校在学中の学生に対し，私費留学を認めなかったり，卒業後も何年間の勤務期間を課したりとしていた制限を一部撤廃し，私費留学に対し，規制緩和を行った。そして，1985年には「私費出国留学資格審査制度」を完全に撤廃した。これを皮切りに海外留学は，私費留学も含めて，完全に開放し自由化された。海外留学の完全自由化に伴い，かつての選抜されたエリートが公費留学するのが主流であった留学も，自分の自由意志で留学することが可能となり，海外留学は大衆化の方向へ向かって大きく変化した。

　さらに，1986年には，出国留学事業について，改革開放以来，初めて法的な性質を持つ公文書となる，「国家教育委員会の出国留学人員工作（活動）に関する若干の暫定規定」（107号文書）が公布された。そこで「按需派遣，保証質量，学用一致（ニーズに応じて派遣し，質を保証し，学習内容と実際を一致させる）」という時代に則した新しい留学政策が打ち出された。公費派遣留学も，それまでの大学院生中心の「単一化」派遣から，研修生，訪問学者（客員研究員）などを含む「多様化」派遣へと政策転換が行われ，留学政策と制度は新たな段階に入った。

　しかし，この時期における海外留学，とりわけ私費留学は，政策・制度面における解禁によって，政策・制度上の障害は取り除かれたものの，経済的な制約を背景にほとんど増えなかった。1981年，私費留学が解禁された際に，中国にもTOEFLの試験制度が導入され，1980年代末から1990年代にかけて，個人でTOEFLを受験し，自身の希望する大学の奨学金を獲得して私費留学するやり方が一部のエリートの間で流行していった。当時の主な留学先は奨学金制度が充実しているアメリカであった。しかし他方で，TOEFLの試験制度は導入されたものの，手続きが煩雑な上，受験料も当時の中国の所

得水準からすれば，かなりの高額であったため，優秀であっても経済的な理由で多くの人はTOEFLの試験を受けることが困難であった。アメリカ以外の国に留学するにしても，経済的基盤の弱い親からの援助が期待できないため，勉学と生活が両立できるくらいの高額の奨学金を獲得することが留学の大前提であった。そのため，1979年からの10年間，毎年約3,000人規模の人が先進国のアメリカ，イギリス，日本，ドイツ，フランス，カナダなどの国に留学していたが，ほとんどが国の公費派遣留学生で，私費留学生はごくわずかであった。つまり，私費留学は，経済的にまだまだ貧しかった当時の中国人にとっては，政策面で完全に自由化されたからといって，すぐに実現できるものではなく，多くの人にとっては，依然として遠い夢でしかなかった。

（2）成熟期の留学政策と制度（1992～99年）

この時期における留学政策の最重要課題と任務は，海外留学者の帰国促進，特に優秀な留学者の帰国促進であったため，それと関連する一連の政策規定と支援プロジェクトが政府によって多く実施された。

政策規定では，1992年8月に「在外留学人員の関連問題に関する通知」（44号文書）が公布され，海外留学者の旅券の延長や再出国手続きの簡素化について，規制緩和が行われた。翌1993年には，「私費出国留学に関する関連問題通知」と「大学および大学以上の学歴を有する者の私費留学に関する補充規定」（1990年）[7]が改正された。さらに，第14期3中全会（1993年11月）で採択された「中共中央の社会主義市場経済体制を確立することに関する若干の問題決定」では，「支持留学，鼓励回国，来去自由（留学支持，帰国奨励，行き来自由）」という今後の留学政策の基本方針が打ち出された。この政策は，1990年代に最も重要な留学政策として，留学者の間で非常に高い評価を受けた。

また，海外優秀留学者の帰国促進事業として，「百人計画」と「霍英東教育基金会の高等教育機関における青年教師基金および青年教師賞の管理方

法」(1994年),「百千万人材プロジェクト」(1995年),「春暉計画」(1996年),「長江学者奨励計画」(1998年)が実施され,同時に21の「国家留学人員創業パーク」が創設された。

　留学者の間で大きな支持を得ていた「支持留学,鼓励回国,来去自由」の留学政策の基本原則がこの時期に確立されたように,この時期における留学政策と制度の特徴をあえていうならば,つねに時代のニーズに則した政策と制度の構築が模索されていた点であろう。

(3) 迅速発展期の留学政策と制度 (2000年～)

　「国家公費出国留学人員の選抜派遣方法についての改革を全面的に試行することに関する通知」(1996年)および「国家留学基金管理委員会」の正式な発足により,中国の留学政策と制度はグローバルな段階に入った。2000年に入ってから留学政策のグローバル化の流れはさらに加速するようになった。

　2000年以降,留学政策は海外のハイレベルな留学人材[8]の招致・獲得に焦点が絞られ,プロジェクトもそれと関連するものが主に実施された。主要政策として,「海外のハイレベルな留学人材が帰国して就業することを奨励することに関する意見」(2000年),「海外の留学人員が多様な方式で国に奉仕することを奨励することに関する若干の意見」(2001年),「留学帰国人員の科研(科学研究)始動基金の管理規定」(2002年),「新世紀百千万人材プロジェクトの実施方案」(55号文書,2002年),「国家傑出青年科学基金の実施管理方法」(2002年),「海外の優秀な留学人材の招致活動を一層強化することに関する若干の意見」(2007年)が公布された。

　また,優秀な留学人材支援の一環として,2003年から政府はそれまでに公費留学生だけを対象に実施してきた国の留学生への資金援助システムを改め,私費留学生に対しても資金面での支援を本格的にスタートさせ,初となる「国家優秀私費留学生奨学金」制度を創設した。現在,奨学金の給付対象地域は,当初の5カ国(アメリカ,日本,イギリス,ドイツ,フランス)か

ら31カ国に，奨学金の人数枠も当初の95人から204人に拡大された。

このように，近年の留学政策と制度は，基本的には海外の優秀な留学人材の帰国促進，招聘と獲得に重点が置かれ，政策とプロジェクトもそれと関連するものが主に実施されている。

3．留学人材の帰国促進政策とプロジェクト

（1）帰国促進政策

先進国にキャッチアップするには，海外から優秀な留学人材を帰国させ，活用するのが最も効果的であることは周知のとおりである。

改革開放政策が実施されて以来，中国から海外へ留学する留学者の数は年々増加し，2010年までに累計174.2万人が海外に渡った。さらに，関係部門の調査で，現在，学業を終えてからも帰国せず，そのまま海外に残って仕事に従事している留学者の数は，主要先進国で約20万人，また，准教授以上あるいは一定レベルの職務に就いている45歳以下の留学者は約6.7万人，世界の有名企業やハイレベルな大学と科学研究機関で，准教授以上あるいは相当レベルの職務に就いている留学者は約1.5万人いることが明らかになった[9]。彼らには，長年の海外生活と海外で積み重ねてきた仕事経験から国際感覚が身についており，国内人材に不足がちなそれらの部分をカバーできる力を持っている。

こうした留学者の持つ強みを意識し始めた中国政府は，1990年代に入ってから，海外留学人材の帰国促進政策を次々と打ち出し，海外優秀人材の帰国と祖国への貢献を呼びかけた。

海外留学人材の帰国促進政策として，政府が最初に打ち出した政策は「在外留学人員の関連問題に関する通知」（1992年）である。この「通知」では，海外留学者の自由意志の尊重と自由に出入国ができるよう，留学者の旅券の延長や公用から私用への切り替え許可および中国の国籍離脱希望者に対する

適切な手続きの実施，再入国許可のある者に対する再出国する際の審査，許認可手続きの再度実施の廃止などについて明確な基準を定め，規制緩和を行った。つまり，留学者の出入国に対して，政府が柔軟に対応することを明確に示したのがこの「通知」の特徴である。また，「通知」の中には留学者の過去の政治姿勢を問わないことも盛り込み，すべての海外留学者の帰国を歓迎するという中国政府の帰国留学者に対する基本方針を明らかにした。

2000年代に入ってからは，帰国促進政策をさらに具体化していくとともに，実践的な応用を含めて，効果的な実施を目指して，問題点を徐々に整備していった。2000年に発表された「海外のハイレベルな人材が帰国して就業することを奨励することに関する意見」では，海外のハイレベルな留学人材が帰国して就業する際に適用される具体的な優遇措置（たとえば，住宅手当，医療保険，家族の就職斡旋，特許がある場合の配当金としての株式の割り当てなど）が明示された。続いて2001年に公布された「海外留学生が多様な方式で国に奉仕することを奨励することに関する若干の意見」では，海外で学んだ留学者が，その先進的な科学技術や管理ノウハウを国の建設に活かすことのできるよう，良い環境を作り上げることに重点を置き，それと関連する政策を多く盛り込んだ。また，2005年には「海外のハイレベルな留学人材を界定（定義）することに関する指導意見」が発表され，海外のハイレベルな留学人材範囲についての具体的なガイドラインが定められた。

2006年にも，「留学人員の帰国促進事業に関する第11次5カ年計画」（123号文書）が人事部によって制定された。同「計画」は，これまでの海外留学者の帰国促進事業，特に優秀な留学人材の帰国促進事業および海外のハイレベルな人材資源の開発，活用への取り組みが不十分であると指摘し，これからは15～20万人規模の海外留学者の帰国を目指して，留学人材の帰国促進事業をさらに強化することを明らかにした。

その後も「海外のハイレベルな留学人材が帰国して就職する際に緑色通道（特別ルート）を提供することに関する意見」（26号文書，2007年）および「海外の優秀な留学人材の招致活動をさらに強化することに関する若干の意見」

(2007年),「中央人材工作協調小組(チーム)の海外ハイレベル人材の招致計画を実施することに関する意見」(「千人計画」ともいう,2008年),「中国の留学人員の帰国創業始動支持計画を実施することに関する意見」(112号文書,2009年)を公布して,優秀な留学人材の帰国促進をさらに強化するという国の政策方針をより具体的かつ明確に示した。主な内容としては,海外のハイレベルな人材が帰国後就職しやすいように,国が「特別ルート」を開設し,税収面での優遇措置と配偶者の就職斡旋を実施すること,雇用主と海外の留学人材を結びつける「双方向交流のプラットフォーム」を構築すること,コア技術の突破やハイテク産業の発展および新興学科(新しい学問)の推進過程で,中核的な役割を果たす戦略的科学者および科学技術の発展をリードできる人材を重点的に招致すること,人力(人的)資源社会保障部の指定した重点創業プロジェクトおよび優良創業事業に参加する者[10]に対し資金面で支援をすること,などといった内容が盛り込まれた。

海外人材招致計画(プロジェクト)は,1994年に実施された最初のプロジェクト「百人計画」から数えると,17年の年月を経過しているが,その間,「百人計画」「長江学者奨励計画」「国家傑出青年科学基金」など,様々な海外人材招致計画が推進されてきたため,中国は優秀な人材を海外から多く招致することに成功した。教育部実施のプロジェクト「長江学者奨励計画」によって招聘された「長江学者」は,10年間で1,308人に上っており,そのうちの「講座教授」は全員海外からの招聘で,「特別招聘教授」も90%以上が海外留学または海外での勤務を経験している。

また,近年,各地方政府も独自の政策で海外優秀人材の誘致・獲得に乗り出している。2008年9月,江蘇省は「江蘇の万人海外ハイレベル人材招致計画」を始動させ,2008～2012年の5年間で,世界先端水準の科学者および科学技術リーダー50人を筆頭に1万人規模の海外ハイレベルな人材を招致する計画を打ち出した。四川,広州,吉林などの他の地域も独自の「海外ハイレベル人材招致計画」を打ち出している。

（2）帰国促進プロジェクト

　海外留学人材の帰国促進事業の一環として，政府は一連の関連政策を順次発表すると同時に，様々な帰国促進事業（プロジェクト）を立ち上げた。これまでに，「留学帰国人員の科研始動基金」（1990年），「百人計画」と「国家傑出青年研究計画」および「留学人員の創業パーク」（1994年），「百千万人材プロジェクト」（1995年），「春暉計画」（1996年），「長江学者奨励計画」（1998年），「海外留学人材の学術休暇を利用し帰国して仕事する際に（提供される）プロジェクト」（2001年），「国家傑出青年科学基金実施管理方法」（2002年），「千人計画」（2008年），中国科学院の「外国専門家特別招聘研究員計画管理方法（試行）」（[2009] 26号）および「外国籍青年科学者計画管理方法（試行）」（[2009] 27号），「外国青年学者研究基金」（2009年），「アインシュタイン講義教授計画」（2009年）など，多くのプロジェクトが立ち上げられた。ここでは，「百人計画」など，4つの主要プロジェクトについて取り上げる。

1）「百人計画」（1994年）

　同「計画」は，中国科学院が海外から優秀な人材を招致するために，1994年に実施し始めた中国最初の海外人材招致・育成計画である。同計画は，1997年より「海外傑出人材導入計画」と「国内百人計画」に分けられ，2001年には「海外有名学者計画」が追加された。任期は3年で，処遇は「海外傑出人材」と中国科学院以外の外部からの「国内人材」には，給与，医療保険，手当のほかに，科学研究費，器械設備および住宅手当を含む経費200万元（約2,600万円，1元＝13円のレートで換算，以下同），「海外有名学者」と「中国科学院内部からの人材」には，100万元（約1,300万円）の経費が支給される。

　「計画」が実施されてから2008年3月までに，国内外の優秀人材1,459人（内訳は，「海外傑出人材」846人，「海外有名学者」224人，「国内優秀人

材」251 人）に対し，研究助成が行われた。この「計画」の研究助成を受けた人のうち，中国科学院院士に 14 人，研究所所長および局長クラスに 85 人，国家および中科院（中国科学院）重点実験室主任に 51 人が選出された。また，13 人が「973 計画」（基礎研究プロジェクト）の主席科学者に，29 人が「973 計画専門家グループメンバー」に，170 人が「973 課題」責任者に，57 人が「863 計画」（ハイテク研究プロジェクト）と関連のあるプロジェクトの責任者に選出された。さらに，222 人が「国家傑出青年科学基金」賞を，43 人が「国家自然科学賞」を，33 人が「国家科学技術進歩賞」を受賞した[11]。

このように，「百人計画」は，学術リーダーの育成および重要領域における研究の促進，若手研究者・科学者（同「計画」採用時の平均年齢は 36.3 歳）の育成，先端分野を含む多くの分野における科学技術の発展に大きく寄与している。

2)「春暉計画」（1996 年）

同「計画」は，海外から帰国して国の建設に貢献する優秀な海外留学生を支援するために，1996 年から教育部によって実施されている「海外人材帰国促進プロジェクト」の 1 つである。主に，国の重点発展領域および先端技術分野の研究に対して資金援助が行われる。2007 年には，農業，エネルギー，情報科学，資源環境，人口・健康，新材料，宇宙科学の技術分野・領域に対し，資金援助が実施された。海外で博士号を取得し，かつその専門領域において顕著な成果を挙げた留学者（海外での長期滞在，永住，再入国資格を有する者を含む）が主な助成対象となる。国際シンポジウムや共同研究，学術交流，または研究会，講座，博士共同養成コースおよび貧困地域への技術誘致，国有大中型企業の技術改造などの活動に参加する場合は，必要旅費が支給される。

また，2001 年から，「海外留学人材の学術休暇を利用して帰国して仕事する際に（提供される）プロジェクト（原文：「教育部"春暉計画"海外留学人材学術休暇回国工作項目」）」および「実施方法（試行）」を新たに追加して，

海外留学者が，学術休暇（在外研究）を利用して帰国して高等教育機関での講義や研究活動に参加する形で，中国が目指す世界トップ大学と高水準の学科建設，そして若手人材の育成に貢献できるよう政策調整を行った。

同「計画」の助成を申請する者は，国外の有名大学もしくは一般大学の有力学科で准教授以上の職歴（専門技術職）を有し，なお，その専門分野においては国内外に認められ，かつ顕著な研究成果を収めた留学者であるという基本条件を満たさなければならない。過去に実施された「留学者帰国促進事業」に比べて，明らかに，同「計画」の選抜条件が厳しくなっており，より優秀で優れた人材を獲得することを念頭に置いていることが見てとれよう。

また，同「計画」に採用され，助成を受けた者は，国家の重点発展領域とハイテク技術，新しい学問分野，高等教育機関の重点学科建設に携わる仕事に従事しなければならない。具体的な分野と領域として，主に通信科学，生命科学，材料科学，資源環境科学および農業，エネルギー，法律，経済，管理科学の分野と領域が含まれる。

2006年までに，「春暉計画」は，140余りの留学者団体，12,000人に上る個人に対して，研究助成を行ってきた[12]。

3）「長江学者奨励計画」（1998年）

この「計画」は，国内外の優秀な学者を中国の高等教育機関に招いて，世界トップレベルの人材育成および「国家重点学科」の世界先進水準へのキャッチアップを目指して，1998年から，教育部と香港李嘉誠基金会が共同で実施しているプロジェクトである。満45歳以下（人文科学は50歳以下）の国内外の科学研究および教育研究に従事している学者（海外の場合は准教授以上，国内の場合は教授以上）が対象となる。採用された者には，給与，保険のほかに，年間，「特別招聘教授」の場合は10万元（約130万円），「講座教授」の場合は1.5万元（約19.5万円）の手当が支給される。「特別招聘教授」は年9カ月以上，「講座教授」は年3カ月以上の中国国内での勤務が求められる。また，招聘期間中に自然科学研究分野で，世界が認める顕著な研究成

果を挙げた者には、「長江学者成果賞」を授与する。「成果賞」の授与は、年1回実施され、原則1等賞1人に100万元（約1,300万円）、2等賞3人に各50万元（約650万円）の奨励金が支給される。

1998～2006年の間、8期に分けて「特別招聘教授」799人、「講座教授」308人が同「計画」に採用され、97校の高等教育機関に招聘された。採用された学者のうち、海外での留学、勤務経験を持つ者は全体の94％、博士号を取得した者は全体の98％、着任時の平均年齢は42歳（最年少は30歳）となっている。また、2006年までに、14人が「長江学者成果賞」を授与され、24人が中国科学院と中国工程（エンジニアリング）院の院士に選出された[13]。

4）「千人計画」（2008年）

この「計画」は、2008年12月に海外のハイレベルな留学人材の招致計画として、中央政府により批准された大規模な海外優秀人材の招致プロジェクトである。同「計画」の実施に当たり、政府は「中央人材工作協調小組（チーム）の海外ハイレベル人材の招致計画に関する意見」（2009年1月）を公布した。それによると、2008年から5～10年間かけて、海外から約2,000人規模のハイレベルな留学人材の帰国を実現し、また、40～50個になる「海外のハイレベル人材のイノベーション基地」を建設して、産学研の緊密な連携を促し、世界に通用する科学研究と技術開発を行うという。

この「計画」が目指す方向性は、ハイテク産業や新しい分野・領域をリードできる、ハイレベルな科学者およびリーダーを海外から多く招致して、国の重点イノベーションプロジェクト、重点学科と重点実験室、中央直属の国有企業と国有商業金融機構およびハイテク技術産業開発区において、コア技術の面で画期的な進展をもたらすことである。具体的な対策として、「計画」の中に彼らの帰国創業を重点的に支援することを明記した。

同「計画」への申請条件として、海外で博士号を取得し（国籍は問わない）、かつ海外の有名な高等教育機関、研究機関で教授またはそれと同等レベルの

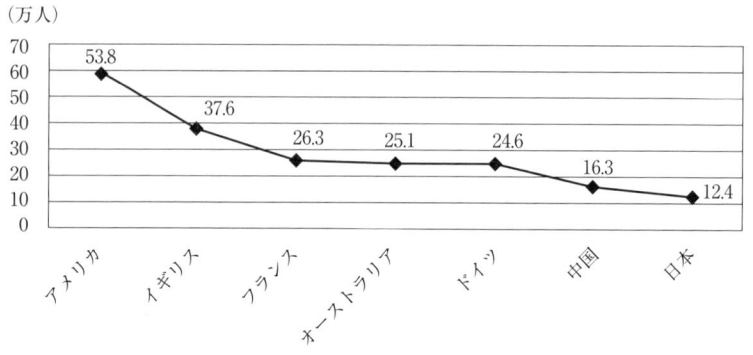

図1-2　世界主要国における留学生の受け入れ数（2007年）
出所：文部科学省『科学技術白書』平成21年版，p.20のデータより筆者作成。

ポストに就いているか，または世界の有名企業や金融機関で上級管理職を経験した経営管理人材および専門の技術職人材であること，年齢は原則55歳以下で，しかも中国国内で毎年6カ月以上の研究活動ができること，が要求される。同「計画」に採用された者には，国籍を問わず，中国の高等教育機関，研究機関，金融機関の上級管理職および専門の技術職，国家重点プロジェクトおよび国家実験室，「863計画」「973計画」「国家自然科学基金委員会」などのような国家級の重要科学技術プロジェクトの責任者の要職が用意される。

研究資金に関しては，一括補助金（国家奨励金とみなし，個人所得税が免除される）として，中央財政から一人当たり100万元（約1,300万円）が支給され，賃金面では，中国に帰国する前の賃金水準を参考に本人と協議した上で賃金額を決定する。この他にも，医療，保険，住居購入時の居住年限制限の免除，配偶者への生活補助と子女の就学援助といった優遇措置，また，外国籍の者には「外国人永久居留（居住）証」（永住権）が，中国籍の者には任意都市の戸籍選択権が与えられる。

同「計画」は，海外留学者の間で大きな反響をもたらしている。特に，2008年9月以降，世界的金融危機の影響で，コスト削減の一環として研究

経費が削減されるケースが世界各地で多発しており，海外の研究環境が必ずしも良好とはいえない状況の中，帰国を考えている留学者がかなり増えているという。これは中国にとっては，海外からハイレベルな人材を招致する好機であり，チャンスであろう。

上述したように，研究開発力の維持と強化を図るため，政府は中国人留学者の帰国促進政策を推進すると同時に，外国籍の優秀な人材を確保するための奨励政策も積極的に講じてきた。さらに，将来の研究者の育成という観点から，留学生の受け入れにも2000年以降から力を入れるようになった。その成果として，図1－2で示されているように，中国の留学生の受け入れ数が2007年には，先進国の日本を上回るようになった。

4．国内人材の海外派遣政策とプロジェクト

国内優秀人材の海外派遣政策とその取り組みは，海外優秀人材の帰国促進政策とその取り組みが始まった同じ時期の1990年代にスタートした。

主な政策と取り組みとして，「私費出国留学に関する政策および実施細則」(1993年)，「客員研究員（ポスドク研究を含む）公費派遣プロジェクト」(1996年)，「西部地域人材育成特別プロジェクト」(2001年)，「国家留学基金が助成する出国留学人員の選抜要項」(2002年)，「国家ハイレベル研究者公費派遣プロジェクト」(2003年)，「大学および大学以上の学歴を有する者の私費出国留学審査認可手続きの簡素化に関する通知」(2003年)，「国家優秀私費留学生奨学金実施細則（試行）」(2004年)，「国家ハイレベル大学建設のための大学院生公費派遣プロジェクト」(2007年)，「国家公費派遣大学院生の出国留学管理規定（試行）」(2007年)，「国家公費派遣大学院生の特別奨学金プロジェクト」(2008年)，「国家公費出国留学の選抜方法」(2008年)などが実施されている。ここでは，「客員研究員（ポスドク研究を含む）公費派遣プロジェクト」など，3つの主要プロジェクトについて取り上げる。

（1）「客員研究員（ポスドクを含む）公費派遣プロジェクト」（1996年）

　この「プロジェクト」は，国家の発展に必要なイノベーション型人材を育成することを目的に，中国政府が各機関から優秀な研究者を選抜して，海外の大学，研究機関へ派遣する人材政策で，1996年より国家留学基金管理委員会によって実施されている。2008年の実施要領では，大学，企業などから1,000人規模の研究者を3～12カ月間，国費で海外に派遣し，国際往復旅費と在外期間中の生活費を国家留学基金が援助し，選考は，本人の申請と部門の推薦に基づき，専門家による審議を経て，成績優秀者順に採用する，と書かれている。

　申請に際しては，一般の研究者の場合は，申請時の年齢が50歳以下で，大学，企業，政府機関，研究機関に在籍しており，かつ専門分野において，一定水準の基礎学力と潜在的能力を有し，外国語の運用能力においても「2008年の国家留学基金の学資援助出国留学における外国語条件」を満たさなければならない。なお，大学の学部卒業者の場合は5年以上，修士課程修了者の場合は2年以上の勤務経験が必要となる。博士課程の修了者には勤務経験を問わない。ただし，ポスドク研究を申請する場合は，申請時の年齢が40歳以下で，かつ，博士号を取得した上，高等教育機関または科学研究機関において，優秀教師または研究者として，教育，研究に携わっており，なお，博士課程を修了してから3年以内である，といった条件をクリアしなければならない。

（2）「国家ハイレベル研究者公費派遣プロジェクト」（2003年）

　これは，「国民経済と社会発展の第11次5カ年計画綱要」（2001年）を着実に実行し，イノベーション型国家建設に必要なハイレベルな人材を育成するための「人材育成事業」の一環として，2003年より，国家留学基金管理委員会によって実施されているプロジェクトである。具体的には，毎年，全

国の大学研究機関，行政部門，企業などから190人規模の優秀な研究者を選抜して3～6カ月間，海外の一流大学へ派遣し，国際往復旅費と在外期間中の生活費を国が援助する。

派遣分野は，主にエネルギー，資源，環境，農業，製造業，情報などの重点分野と生命，宇宙，海洋，ナノ技術，新材料などの戦略分野および人文，応用社会科学分野が主流となっている[14]。

同「プロジェクト」の申請者は，申請時の年齢が55歳以下で，しかも，高等教育機関，企業の事業部門，行政機関，科学研究機関の正規の教職員であること，なお，4年制大学の卒業者は5年以上，修士課程修了者は2年以上の勤務経験（博士課程の修了者は勤務経験を問わない）を有し，しかも，下記の条件，すなわち，国家重点実験室，教育部重点実験室，国家工程（エンジニアリング）技術研究センターの中心メンバーであること，「長江学者」の特別招聘教授，当該年度の教育部による支援が確定されたイノベーショングループの中心メンバー，あるいは「新世紀優秀人材計画」の採用者およびその他の国家級人材計画の採用者であること，教育部が認定した「国家重点学科」の学術リーダーであること，中央の政府機関・地方の行政管理部門，国有大中型企業の上級管理職担当者であること，なお，教育科学研究に携わる者は，博士課程の大学院生の指導資格を有する教授であり，中央の国家機関・地方の行政部門および国有大中型企業に勤める者は，副局長クラス以上の職務に就いている者であること，のいずれかの条件を満たさなければならない。選考は「公正，公平，公開」の原則に基づいて，「個人申請，職場推薦，専門家による評価審査，優秀者順に採用」する方式で実施される。

（3）「国家ハイレベル大学建設のための大学院生公費派遣プロジェクト」（2007年）

2007年1月8日，北京で「国家ハイレベル大学建設のための大学院生公費派遣プロジェクト」の調印式が行われ，国家留学基金管理委員会は，それぞれの関係する高等学校との間で「共同で"国家ハイレベル大学建設のため

の大学院生公費派遣プロジェクト"を実施することについての協定書」に署名し,「国家ハイレベル大学建設のための大学院生公費派遣プロジェクト」を正式に立ち上げた。

　この「プロジェクト」が立ち上げられた主な目的と狙いが,国際的視野を持つ優秀なイノベーション型人材の育成であることを念頭に,政府は国の重点的支援を受けられる同プロジェクト(ハイレベル大学建設プロジェクト)の対象校を「985 プロジェクト」[15]に指定された「重点建設大学 49 校」に絞って認定した。支援金は直接国家財政の「特定プロジェクト」予算に計上され,国家留学基金管理委員会が「現行規定」に基づいて支給する。アメリカへ派遣される場合は,月額約 1,000 〜 1,100 米ドルが支給される。

　具体的には,2007 年から 2011 年の 5 年間で,「985 プロジェクト」の指定「重点大学 49 校」から毎年 5,000 人規模の優秀な大学院生を選抜して,海外一流大学に派遣し,一流学者・研究者から指導を受けさせる。派遣期間は,博士学位専攻コース(一般の博士課程)の大学院生の場合は 36 〜 48 カ月間,博士共同養成コース(海外協定校との共同養成プログラム)の大学院生の場合は 6 〜 24 カ月間である。

　派遣される大学院生は,博士学位専攻コースと博士共同養成コースの 2 コースに分かれている。派遣分野と主な専門領域は,エネルギー,資源,環境,農業,製造技術,情報通信などの重点領域および生命,空間,海洋,ナノ技術,新材料などの戦略的分野と人文,応用社会科学の領域と分野である。選考は,「公正,公平,公開」の原則に基づき,本人の申請と部門による推薦をもとに,専門家が評価審査を行い,成績優秀者順に選抜する方式で行われる。

　同「プロジェクト」の申請者には,全日制大学の優秀な学生であること,一定水準の専門的基礎知識と潜在的能力を有し,外国語の語学運用能力が派遣先大学の語学要求水準に達していること,申請者の申請時の年齢が 35 歳以下で,かつ在籍する大学に海外協定校があること,なお,博士学位専攻コースの申請者は,申請時に 4 年制大学の卒業生(卒業見込みの者も含む)で

あるか，あるいは修士課程の修了者（修了見込みの者も含む），または博士課程の1年次に在籍していること，博士共同養成コースの申請者は，申請時に博士課程に在籍し，かつ，海外の受け入れ先機関からの入学許可証または招聘状と国内外双方の指導教授から許可を得た詳細な研究計画書を提出すること，また，どのコースも受け入れ先教育研究機関から学費免除が得られること，が条件として課されている。

同「プロジェクト」がスタートした初年度の2007年の実施状況を見ると，3,952人の学生（うち，博士共同養成コースの院生3,549人，博士学位専攻コースの院生403人）が全国から選抜されて，教育・科学技術が発達しているアメリカ，イギリス，ドイツ，日本などの34カ国のトップ大学と研究機関へ派遣された（表1－1）。

表1－1 「国家ハイレベル大学建設のための大学院生公費派遣プロジェクト」で派遣された留学生の派遣先国別状況（2007年度）

順位	派遣先国	派遣者数	博士共同養成コース	博士学位専攻コース	順位	派遣先国	派遣者数	博士共同養成コース	博士学位専攻コース
1	アメリカ	1,977	1,833	144	18	ノルウェー	16	15	1
2	イギリス	358	324	34	19	オーストリア	14	11	3
3	ドイツ	295	232	63	20	アイルランド	13	9	4
4	カナダ	286	264	22	21	ニュージーランド	12	12	0
5	日本	181	159	22	22	イスラエル	5	4	1
6	フランス	176	150	26	23	ロシア	4	4	0
7	オーストラリア	172	158	14	24	南アフリカ	4	4	0
8	シンガポール	110	107	3	25	ポルトガル	2	2	0
9	スウェーデン	61	49	12	26	ギリシャ	2	2	0
10	オランダ	60	48	12	27	ポーランド	1	1	0
11	スイス	46	39	7	28	クロアチア	1	1	0
12	イタリア	41	35	6	29	マレーシア	1	1	0
13	韓国	28	19	9	30	モンゴル	1	0	1
14	ベルギー	25	19	6	31	スロベニア	1	0	1
15	デンマーク	20	16	4	32	タイ	1	1	0
16	フィンランド	18	13	5	33	ハンガリー	1	1	0
17	スペイン	18	14	4	34	インド	1	1	0

出所：潘晨光主編（2008），p.225のデータより筆者作成。

表1-2 「国家ハイレベル大学建設のための大学院生公費派遣プロジェクト」で派遣された主な専門分野と領域（2007年度）

専門分野と領域	派遣者数	比率（％）
重点領域及び優先項目 ①	1,092	27.63
エネルギー	160	4.05
水，鉱産物資源	61	1.54
環境	191	4.83
農業	167	4.23
製造業	50	1.27
交通運輸業	64	1.62
情報通信産業と現代サービス業	42	1.06
人口と健康	151	3.82
都市化と都市発展	56	1.42
公共安全	8	0.20
国防	142	3.59
先端技術 ②	1,279	32.36
生物技術	277	7.01
情報通信技術	497	12.58
新材料技術	284	7.19
先進製造技術	84	2.13
先進エネルギー技術	34	0.86
海洋技術	30	0.76
レーザー技術	29	0.73
航空宇宙技術	44	1.11
基礎研究 ③	764	19.33
学科発展	236	5.97
先端科学分野	351	8.88
国家重点戦略と合致する基礎研究	99	2.51
重点科学研究計画	78	1.97
①②③の合計	3,135	79.32
人文および応用社会科学	621	15.71
その他	196	5.00
全体合計	3,952	100

出所：潘晨光主編（2008），p.226のデータより筆者作成。

　また，専門分野では，表1－2で示しているように「国家中長期科学技術発展規画鋼要（2006～2020）」の中に定められた重点領域と優先課題，先端技術，基礎研究分野に全体の約8割に上る3,135人が派遣され，人文と応用

社会科学分野への派遣は全体の約16％に留まった。一方，情報通信技術分野への派遣が突出しており，全体の約13％を占めている。これは，情報通信技術の高度な発達で，産業分野だけではなく，すべての分野がハイペースで変化している中，それに対応できるノウハウを身につけなければ，いまの情報化時代を生き延びることができないという中国政府の危機感の表れでもあろう。

今回の「プロジェクト」は，これまでの公費派遣留学とは違って，「ハイレベル，長期間，大規模」という特徴を持っている。

公費派遣留学制度は，1978年から実施されてきたものの，2005年までには，海外への派遣規模は年平均約3,000人程度で推移し，しかも，訪問学者としての派遣が主であった。そのため，海外での滞在期間も3～12ヵ月程度と短かった。今回の「プロジェクト」の実施により，公費派遣留学制度は量質ともに画期的な変化をもたらしている。まず，派遣規模でいえば，博士学位の取得を目指す博士学位専攻コースの大学院生と博士共同養成コースの大学院生だけで，毎年5,000人規模の人が派遣されており，これに毎年海外へ派遣される約5,000人規模の訪問学者をも含めれば，2007年以降からは，毎年約1万人規模の公費留学生と学者が海外へ派遣されていることになる。

今回の「プロジェクト」では，派遣規模の拡大だけではなく，在留期間も大幅に延長されている。博士学位専攻コースの大学院生の在外滞在期間は平均4年間，博士共同養成コースの大学院生の在外滞在期間は平均1年間と，過去に比べて海外での在留期間が長くなった。さらに，3段階方式の審査制度[16]が導入されたため，派遣者の質を保証することができ，派遣者のレベルはこれまでの中で一番高いレベルになっていることは間違いない。

また，実施初年度の2007年の状況を踏まえ，政府は2008年10月に，同「プロジェクト」の対象大学を今後は「985プロジェクト」の指定校からさらに「211プロジェクト」の指定校にまで拡大し，大学院生の派遣規模も今の5,000人規模から6,000人規模に拡大すると発表した。2009年7月末までに，同「プロジェクト」に採用された大学院生の数は13,570人に達し，対象大

学も最初の49校から60校に拡大されていった[17]。

5．おわりに

　本章ですでに述べたように，留学政策は，この31年間，顕著な実績を上げてきた。海外留学者の数は，改革開放当初の860人（1978年）から，2010年には174.2万人に達し，留学先も世界100以上の国と地域に及んでいる。帰国する留学者の数も年々増加し，2009年までに44.35万人が帰国した[18]。公費留学生に関しては，1995年からの海外留学選抜派遣管理体制改革の実施や「国家公費出国留学人員の選抜派遣方法改革の全面的試行を効果的に実施することに関する通知」（1996年）に基づいて，新しい国家公費出国留学人員の選抜派遣方法を実施してから，帰国率がさらに上昇し，今は98％に達している[19]。

　帰国した留学者は，中国では通称「海亀」と呼ばれており，中国の大学教育の質の向上や科学技術の発展，世界先進レベルへのキャッチアップ，イノベーション型国家建設などといった重要な局面において，主要戦力として大きな役割を果たしている[20]。現在，中国科学院院士の84.29％，中国工程院院士の75.14％，教育部直属の72大学の学長の77.6％，大学院博士課程の指導教授の62.31％，大学院と学部責任者の47.77％が海外からの帰国留学者であり，科学院院長と研究所所長のポストにおいては，その比率は95％以上にも達している。他にも，国家重点実験室および教育研究基地主任の71.65％，「長江学者」の94％，国家「863計画」の主席科学者の72％が海外からの帰国留学者である。また，帰国した留学者のうち，939人が国家レベルの表彰を受けたことが教育部の調査で明らかになった[21]。その一方で，海外から優秀な留学者が多く帰国するにつれ，ポストに就けない「海待族」と呼ばれる帰国留学者も出始めており，中国の留学政策と制度は，新たな課題に直面している。

　大学属性別の現役大学卒業生の就職率と未就業者の内訳分布率（図1－3）

2006～2009年における現役大学卒業生　　2009年度現役大学卒業生の未就業者の内訳
　　　の半年後の就職率　　　　　　　　　　　　　　　分布率

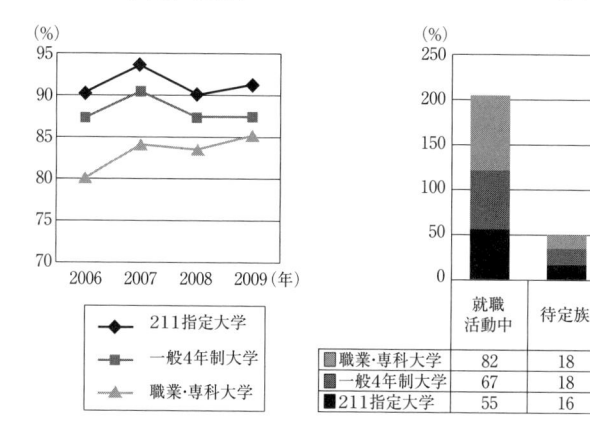

	就職活動中	待定族	進学準備中	海外大学院進学準備中
職業・専科大学	82	18	0	0
一般4年制大学	67	18	12	3
211指定大学	55	16	24	5

図1-3　大学属性別現役大学卒業生の就職率および未就業者の内訳分布率

注：「待定族」は，ニートを指す。
出所：麦可思研究院編著／王伯慶主審，2010，p.36, p.107 より筆者作成。

を見ると，国が重点的に支援する「211プロジェクト」の指定大学の就職率は一貫して9割を超えている。未就業者の場合でも，その大半は国内外の大学院への進学準備のためによるものである。それに比べて，職業・専科大学の就職率は大学属性別に見て一番低く，未就業者の場合も，大学院への進学が理由ではなく，ほとんどが就職活動中かニートである。

　1980年代では，大学生は貴重な人材として扱われ，有利な条件で職を選ぶことができた。しかし，今では，大学への進学率も当初の1％未満から25％前後にまで上昇し，大学生が貴重な人材として扱われ，就職が保障される時代は終わり，中国の大学生も，「能力至上主義」という「資本主義の競争メカニズム」の洗礼を受けざるを得なくなってきた。「海待族」現象がその一端を表しているように，帰国留学者といえども競争に負ければ，国内大学生と同じように職に就けなくなる。しかし，こうしたチャンスがつねに勝者にしか回ってこないような「弱肉強食的な社会構造」は，貧富の格差をさ

らに拡大させ，中国社会が今抱えている社会的矛盾を一層激化させることにつながり，是正が必要である。

　2011年6月6～8日までの3日間，中国では大学入試試験（「中国統一高考」，中国版大学入試センター試験）が実施された。今年の受験者は933万人と昨年（2010年）の957万人（合格率69％）より24万人減少し，合格率が史上最高の72～73％になると予想されている。2008年の受験者数1,050万人をピークに，2009年から3年連続して受験者数が減少している。1つの理由として，就職できない国内大学で学ぶより，海外の大学で学んだ方がキャリア形成に有利だと考える高校生が増え，海外の大学に進学する高校生が年々増えていることが挙げられている[22)]。若者が海外へ留学することは良いことで，奨励すべきであろう。中国政府も一貫して海外留学を奨励してきた。しかし，昔と違って今の若者が留学を選択する主な理由の1つは，国内大学を卒業しても就職できないからである。この状況を放置すれば，人材の大量流失を招きかねない。関係部門の早急かつ有効な対策を期待したい。

付記：
　本章は，「国士舘大学特色ある教育・研究支援プログラム」（平成20～21年）の助成による研究成果の一部である。

注：
1) 許海珠ほか編著（2009），第1部　第2章を参照されたい。
2)「科教（科学教育）興国戦略」は，1996年3月に開催された第8期全国人民代表大会第4回会議で採択された「国民経済および社会発展に関する"第9次5カ年計画"（1996～2000年）と2010年長期目標綱要および"綱要"報告に関する決議」の中で初めて正式に盛り込まれ，以後，中国の基本国策として位置づけられるようになった。「科教興国戦略」は，「科学技術は第1の生産力であり，教育は根本である」という考えのもと，科学技術と教育を経済および社会発展の重要な位置に据え，国家の繁栄を実現するために打ち出された国家戦略である。「科教興国戦略」を実施して以来，9年制の義務教育の普及が加速され，国民全体が教育を受けられる年数が改革開放前の5年未満から，今は8.49までに上昇し，高等教育機関（大学）への進学率も，1990年の3％から2007年には23％に上昇した（「第8期全国人民代表大会第4回会議」の

一部内容より http://www.spc.jst.go.jp/sciencepolicy）。
3）「人材強国戦略」は，2002 年に公布された「2002〜05 年の全国人材小組（チーム）建設規画鋼要」の中で初めて打ち出された。その後，2003 年 12 月に開催された全国人材工作会議で，人材問題について，胡錦濤総書記が重要講話を発表し，「人材問題は党および国家事業の発展の要であり，党は人材強国戦略の実施を党と国家の重大かつ差し迫った任務として取り組み，数億の高度な技能を持つ職業人，数千万の専門人材と多くの優秀なイノベーション型人材の育成に努めなければならない」と指摘した。胡錦濤総書記の講話を受けて，政府はすぐに「中共中央国務院の人材工作を一層強化することに関する決定」（2003 年 12 月 26 日）を発表し，国を挙げて「人材強国戦略」の実施に取り組む姿勢を明確にした。
4）許海珠「改革開放後の中国の留学政策」国士館大学政経学会編『政経論叢』平成 22 年第 2 号（通号第 152 号）（2010 年 6 月発行）を土台に，本章を修正加筆した。
5）「中米留学生相互派遣協定」は，1979 年に当時の中国最高実力者である鄧小平がアメリカを訪問した際に，アメリカとの間に調印した初の中米間における留学生の相互派遣協定である。この「協定」の調印は，中国の世界への門戸開放を促し，中国が世界を，そして世界が中国を知るきっかけとなった。
6）『中国教育報』2008 年 12 月 16 日／12 月 31 日。
7）「補充規定」では，大学以上の学歴を有する者は定められた勤務期間を終えた後に初めて私費出国手続きを申し込むことができると定められ，私費留学するためには，まず定められた勤務期間を終えることが必須条件となった。
8）ここでいう海外ハイレベルな留学人材とは，中国の公費または私費留学者が，学業を終えた後も帰国せず，引き続き海外で，科学研究や教育，エンジニアリング技術，金融管理などの分野の仕事に従事し，かつその分野で活躍し顕著な業績を収め，同時に中国国内で緊急を要する上級管理職人材と上級専門技術職人材，学術と技術リーダーおよび産業化（商品化）開発につながる見込みのある特許・発明，または専門の技術を有する人材を指す（政策文書：原文：「関預鼓励海外高層次留学人材回国工作的意見」「関預界定海外高層次留学人材的指導意見」／訳文：「海外のハイレベルな留学人材が帰国して就業することを奨励することに関する意見」「海外のハイレベルな留学人材を定義することに関する指導意見」http://www.cutech.edu.cn を参照されたい）。
9）政策文書：原文：「中央人材協調小組関与実施海外高層次人材引進計画意見」（中弁発 25 号文書，2008 年 12 月 23 日）／訳文：「中央人材協調チームの海外ハイレベル人材の招致計画を実施することに関する意見」を参照されたい。
10）「中国の留学人員の帰国創業始動支持計画を実施することに関する意見」（112 号文書，2009 年）では，人力（人的）資源社会保障部の指定した重点創業プロジェクトに参加する場合は，一括して 50 万元（約 650 万円，1 元＝13 円のレートで換算，以下同），優良創業事業（プロジェクト）に参加する場合は，一括して 20 万元（約 260 万円）の資金を提供することを明記した。

11)「国家傑出青年科学基金実施管理方法」のホームページ http://spc.jst.go.jp/personnel/talent を参照されたい。
12)「春暉計画簡介」2009年4月8日 http://Melbourne.china-consulate.os.on/,『神州学人』2007年3月21日,『中国僑網』http://www.chinagw.con.cn
13) 中華人民共和国教育部人材発展弁公室 http://www.cksp.edu.cn/news/ http://www.spc.jst.go.jp
14) 詳しい内容については,国家留学網"国家留学基金の優先的に助成する学科,専門領域(分野)"を参照されたい。
15)「985プロジェクト」とは,1998年に,世界一流大学の建設を目指すための重要政策として,教育部が創設したプロジェクトで,49のトップ大学を「重点支援対象大学」と指定したことを指す。
16) 今回の「プロジェクト」では,派遣者の質と派遣先のレベルを保証するために,推薦先,海外受け入れ先の指導教授と大学,国家留学基金管理委員会による3段階審査による選抜方式を採用した。具体的に,第1段階では,指導教授の推薦に対し,大学専門家チームによって構成される「評価審査委員会」が審査を行い,推薦の可否を決める。第2段階では,海外受け入れ先の指導教授と留学希望者に対する資格審査が行われる。第1段階をクリアした者は,受け入れ先大学の入学通知書と授業料免除の証明書を添付した申請資料を「国家留学基金管理委員会」に提出しなければならない。第3段階では,「3つの一流(一流学生,一流専門学科,一流指導教授)」原則に従って,申請者に対し,国家の重点資金支援の対象領域・分野との関連性等を含めて,「留学基金管理委員会」の中で構成される専門家が審査を行い,最終的な派遣者リストを確定する。

今回の派遣において,派遣する学生の質を保証するために,受け入れ先大学の学費援助(または学費免除)を必須条件としたのは,他のプロジェクトでは見られない特徴である(潘晨光主編,2008,p.228)。
17)「国家ハイレベル大学建設のための大学院生公費派遣プロジェクト工作(活動)会議」(2009年10月12日)の内容を参照されたい。同上,pp.235～236。
18) 出国,帰国留学者の累計数に1981～1984年のデータは含まれていない。
19) 1996～2007年の間,3.5万人の公費留学生が海外へ派遣された。そのうち,帰国期限を迎えた留学生2.8万人に対し,98％に達する2.75万人がすでに帰国したという(潘晨光主編,2008,p.232)。
20)『中国教育報』2008年12月31日。
21) 潘晨光主編,2008,p.220,p.232。
22)『国際貿易』2011年6月14日。

参考文献：
林沢炎主編(2006)『中国人力資源発展報告　中国企業人材優先開発―政策評価和戦略思考』

（*Developing Human Resource First for Chinese Enterprises*）中国労働社会保障出版社.

潘晨光主編（2008）『人材藍皮書（青白書）中国人材発展報告 NO.5』（*Blue Book of Chinese Talents The Report on The Development of Chinese Talents*）社会科学文献出版社.

李桂芳主編（2008）『中国企業対外直接投資分析報告』（*Report on Chinese Enterprises Foreign Direct Investment Analysis*）中国経済出版社.

中華人民共和国国家統計局編『中国発展報告 2009』中国統計出版社.

中華人民共和国国家統計局編『中国統計年鑑 2010』中国統計出版社.

麦可思研究院編著・王伯慶主審（2010）『就業藍皮書（青白書）2010 年中国大学生就業報告』（*Blue Book of Employment Chinese College Graduates' Employment Annual Report* (2010)）社会科学文献出版社.

㈱科学技術振興機構中国総合研究センター『日中の研究者の交流状況に関する現状及び動向調査報告書』平成 21 年.

文部科学省『科学技術白書』平成 20 年版（2008 年版），21 年版（2009 年版）.

OECD Reviews of Innovation Policy China Synthesis Report, August 2007 Beijing Conference Version.

許海珠ほか編著（2009）『中国の改革開放 30 年の明暗―とける国境，ゆらぐ国内』世界思想社.

本文で引用された政策文書（原文）.

中国教育部のホームページ.

第Ⅰ部　マクロ的視点から見たチェンジング・チャイナ

第2章

農村から都市への労働移動の特徴
－農民工の移動を中心に－

1．はじめに

　「農民工」とは中国の特定の労働者に対する呼び方である。その定義は，「農村戸籍の者で，非1次産業で就業している就業者」ということである。一般的にいうと，本来は農村で農業を営む労働者であったが，農業を離れて製造業，サービス業などのような非1次産業で就業するようになった人たちである。

　経済発展とともに，労働力は農業を代表とする第1次産業から工業・サービス業などの非1次産業へシフトしていく現象，いわゆるペティ＝クラークの法則は日本を含め多くの発展国の成長過程で見られた。中国の就業者数の長期時系列データを見ても，主として農業部門から構成される第1次産業の相対的，絶対的縮小と第2次産業および第3次産業の拡大が観察される。第1次産業，第2次産業，第3次産業の就業者数はそれぞれ，1981年には3億800万人，8,000万人，5,900万人であったが，2007年には，3億1,400万人，2億600万人，2億4,900万人となった[1]。それを全就業者数に占める割合で見ると，第1次，2次，3次産業の割合はそれぞれ，1981年には68.1％，18.3％，13.6％であったが，2007年には40.8％，26.8％，32.3％と変化した。

　このような産業構造の変化とともに産業間，さらには地域間（たとえば，都市・農村間）労働力移動も起こると考えられる。ところが，1950年代か

ら1980年代の半ばまでに中国は中央集権主義の管理体制によって，戸籍制度など一連の政策により農村部の労働力が農村部に束縛されていた。改革開放政策が打ち出されて以来，農村部労働力の移動に対する制限が緩められてきており，特に1990年代に入ってから基本的に自由に移動ができるようになったが，戸籍制度はそのまま残され，農村戸籍労働者の移動に影響を与え続けている。後で詳しく説明するが，農村戸籍の労働者は戸籍を変更するのがなかなか難しく，農村戸籍のままで非1次産業に就業したり，都市部に行って仕事をしたりするのが普通である。この人たちは農民工と呼ばれている。

実際に現在は農民工が中国の製造業，建築業，サービス業などの非1次産業を支える重要な労働力になりつつある。そこで，農民工は中国の中でどのような存在で，どのような特徴を持ち，どのように移動しているかといった興味深い疑問がある。これらの疑問に答えるために，本章では以下の構成のように議論する。第2節で中国の農村部労働力の移動に影響を与える政策の変遷を見ることによって農民工の社会的な地位などを説明する。第3節では，マクロデータを使い，時系列的に農民工の規模の変化を分析する。第4節では，農民工の属性的な特徴および移動の特徴について分析する。

2．中国の「農民工」とは何か

農民工は中国の中でいったいどんな存在であるかを見てみよう。冒頭で述べた農民工の定義には2つのキーワードがある。「農村戸籍」と「非1次産業」である。特に「農村戸籍」は中国の特殊な制度であるため，まず「農村戸籍」および関連の政策を紹介しよう。

中国の労働力は登録戸籍によって，都市部労働力と農村部労働力とに分かれている。すべての住民は1958年から都市戸籍か農村戸籍かを登録させられている。それがいわゆる戸籍制度である。戸籍制度は単に戸籍を管理するものではなく，本来は有限な都市部の生活資源を都市部住民に配分するために生み出されたものである。戸籍と関連して，就職，住宅，教育，医療など

図2−1 中国の行政区画

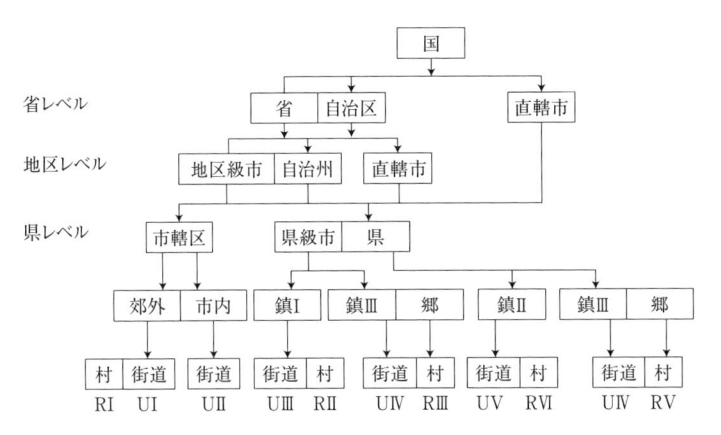

R：農村　UⅠ+UⅡ：狭い意味での都市　　UⅠ+UⅡ+UⅢ+UⅣ+UⅤ+UⅥ：広い意味での都市
UⅠ+UⅡ+UⅢ：統計上の都市　　UⅢ+UⅣ+UⅤ+UⅥ：小城鎮

出所：楽君傑（2001）を参考に，筆者が修正，作成。

生活に関わるものが政府により，統一的に管理されている。すべての農村部住民は農地を配分されているので，自給自足の生活ができるという理由もあり，農地を持っていない都市部住民は上述した就職と福祉が保障されているが，農村部の住民は就職と福祉がいっさい保障されていない。

次に都市部労働力と農村部労働力との分け方を整理しておきたい。中国の行政単位の垂直関係が図2−1に表されている。鎮Ⅰ，Ⅱと鎮Ⅲが「小城鎮」と呼ばれ，都市と農村との中間である。これは広い意味での都市に含まれるが，狭い意味での都市はUⅠとUⅡだけである。ただし，本章で用いる中国都市統計年鑑においては，UⅠ，UⅡ，UⅢの街道委員会に戸籍が登録されている労働力は都市部労働力，その他（RⅠ，RⅡ，RⅢ，RⅣ，UⅣ，UⅤ，UⅥ）に戸籍が登録されている労働力は農村労働力に分類されている[2]。そこで，本章では中国都市統計年鑑にならって，都市を定義することにする。

以上の分類に従うと，2007年末の労働力人口約7億8,000万人のうち，都

表2−1　中国の農村部労働力に関する管理政策

年	政策	政策の意義
1949〜1984	都市部と農村部との完全隔離政策 ①1958年戸籍制度の開始，②1961年以後人民公社	戦後都市部の失業圧力を軽減したが，農民は所属の公社から離れることが厳しく制限されていた
1981	家庭生産請負制	農家は農地から解放され，農業以外の産業で就業することが可能となる
1984	農家が集鎮で常住することに関する通知	農民は村を離れ，集鎮で就業することが可能となった
1993	農村・都市部の就業協力プロジェクト	全国範囲での労働力流動に関する基本制度の整備，市場情報の整理・提供を目的にする
1994	農村労働力の省間での流動に関する暫定規定	労働力の省を跨ぐ移動をより規範的に管理することが目的である
1997	小城鎮での戸籍管理制度の改革試行拠点に関する方案	農民は小城鎮で常住することが条件つきで許可され，常住戸籍を登録できるようになる
1998	現戸籍管理制度に関するいくつかの是正	子供は両親のどちらの戸籍に登録するかが選べるようになる。扶養者が都市戸籍で，被扶養者が農村戸籍の場合，被扶養者は都市戸籍を申請できる。都市部で投資，創業をする人，家を購入した人は，条件つきで都市戸籍を登録することができる
2001	小城鎮での戸籍管理制度の改革の推進方案	小城鎮での常住戸籍の申請者に対して年間の許可人数の制限を廃止した

出所：胡鞍剛（2002）。

市部労働力人口は38.1％，農村部労働力は61.9％である[3]。さらに，都市の非農業人口数により，都市の規模は超大都市（200万人以上），特大都市（100万以上），大都市（50〜100万人），中等都市（20〜50万人），小都市（20万人以下）に分けられる。

次に表2−1の管理政策を詳しく説明しよう。1949年から1980年代の初めまでは人民公社制度を通して，農民が農村内部の農業に縛りつけられていた。人民公社とは，農村の末端行政単位である村ごとの管理機構である。村の農民は人民公社の管理のもとで，統一的に農業生産を行い，収穫した食糧は労働日数により均等に分配されていた。その政策が出されたのは，戦後中国の都市部の巨大な失業圧力を抑えることと，工業発展優先政策のためであ

ると考えられる。さらに，農民が都市部へ流出するのを防いだのは，都市部での生活資源の統一分配制度である。結果として，政府の許可なしに都市部へ流出した農民は食料さえ手に入れにくい状況であった。後に，人民公社制度は後述の家庭生産請負制により，機能しなくなるようになった。

　1981年になると，農業生産性向上のため，家庭生産請負制が打ち出された[4]。その政策により，農家が一定の量の農産物を国に納めていれば，非農業に従事することが公的に認められた。これにより，農民が村に留まったまま非農業に従事することが可能となったが，村からの流出はまだ許可されてはいなかった。1984年に「農家が集鎮で常住することに関する通知」が打ち出され，農民が村を離れて郷鎮（RⅠとRⅡとRⅢからなる農村部の中心地である）で生活，就業することが公的に認められた[5]。これらの政策により，1980年代末から農村労働力の自由移動[6]の規模が大きくなり，一時期混乱状態に陥った[7]。そこで，政府は農民の自由移動を秩序よく管理しようとし，1994年「農村労働力の省間の流動に関する暫定規定」を打ち出した[8]。その政策により農民が他の省へ移動することが公的に認められた。同時に，省間移動に関する様々な規制も設けられた[9]。こうして，農民の大規模な自由移動が起こり，流入先の大都市は社会インフラの整備などに圧力を感じたため，政府は大都市への流入をコントロールしようとした。その解決策として考えられたのが，先述した小城鎮（鎮Ⅱ，鎮Ⅲ）を農民に開放し，流出農民を吸収しようということである。その考えのもとで，1997年に「小城鎮での戸籍管理制度の改革試行拠点に関する法案」が出された。

　こうして人数の制限はあるものの，条件を満たした農民が小城鎮での戸籍登録が認められた。次の年に公表された戸籍の修正案は，一部分の条件を満たした農村戸籍者，主に富裕な農民層のすべての都市での戸籍登録を認めた[10]。さらに，2001年の「小城鎮での戸籍管理制度の改革の推進法案」は，今までの小城鎮での戸籍申請者数に対する制限を廃止し，これにより，小城鎮は農民に対してほぼ完全に開放されるようになった。

　以上の政策の流れを見ると，農村部労働力の非農業部門への移動や地域間

移動に対する制限はだんだんと緩められてきているといえる。しかし，現在でも農村部労働力は小城鎮以外の大，中規模の都市では，戸籍登録が難しく，都市部への流出に制限がかけられている状況である。ただし，「暫住証」という一時住居許可証を申請すれば，都市戸籍がなくても都市部での就労が認められる。

　総じていえば，改革開放以来，農村戸籍の労働者は戸籍と就業形態の変化により，以下のように分類できる。

①農村戸籍で，主に農業を営む人
②農村戸籍で，自営業や創業者などの非雇用者の非1次産業の就業者
③農村戸籍で，主に雇用者として非1次産業の就業者
④農村戸籍を都市戸籍に変更できた非1次産業就業者

　2004年の国家統計局農村調査隊の調査データによると，②と④はごくわずかで，合わせて農村戸籍労働者の5～6％しかない。そのうち，③番は農民工にあたる群衆であり，非農業農村労働者の90％ぐらいを占めている。さらに，農民工はその勤め先の所在地により2種類に分けられる。つまり，農村地域の企業，いわゆる「郷鎮企業」で就業する農民工と都市部で就業する農民工との2種類である。「郷鎮企業」で就業する農村労働者には農業を兼業しているものもいるが，現在はほぼ完全に農業を離れて就業しているものが多い。

　一方，都市部に移動している農民工は都市部での戸籍登録ができないことにより，次のような不利益を受けることがあり，大きな社会問題になっている。すなわち，前述したように，戸籍制度は単に戸籍を管理するものではなく，就業，住宅，教育なども管理するものである。都市戸籍を持っている住民は，住宅，医療，教育，就業など様々な面で優遇される。反対に，地元の都市戸籍を持っていない者には，その都市で生活するために，地元の都市部住民より何倍も高い費用がかかる。たとえば，子供が入学するときに，地元

の都市部戸籍でなければ，授業料の他に学校の施設利用料を負担しなければならず，その金額は授業料より何倍も高いケースがある[11]。こういう特別料金の徴収を止め，農民工の子供を積極的に受け入れようと中央政府は声をかけているが，地方の都市ではまだ徹底的に実施されていない。一部の都市では，特別料金の徴収を撤廃したが，戸籍証明書，就業証明書，1年以上の居住証明書，健康証明書など何種類もの書類を入学審査の条件にしている[12]。書類の申請手続きが非常に煩わしい中国では，農民工にとって数多くの書類を揃えることは簡単ではないため，入学審査に間に合わず，入学できない農民工の子供が数多くいる。

　一言でいえば，農民工は社会的な地位が低く，社会福祉にも恵まれていないのが現状である。

3．「農民工」の規模の長期的変化

　農民工の規模に関する正確な統計データはない。現有の公表データには農民工を統計対象にする統計項目がないため，中国のいくつかの主要な関連統計データを確認しながら，農民工の規模を見てみよう。「中国統計年鑑」「中国労働統計年鑑」などの公表データの統計項目には，産業別就業者数がある。産業別就業者数変動の原因としては，他の産業に移動したか，または非就業者になったかということが考えられるので，第1次産業の就業者数の変動数が農民工の人数と必ずしも完全に一致するわけではない。ただし，中国の労働力率が非常に高く，つねに85％以上もあるので，非就業者になる者の割合は比較的少ないと推測し，第1次産業の就業者数の変動数から農民工の規模を近似的に推測できると考えられる。したがって，以下の部分で中国の産業別の就業者数の変化を見ながら農民工の規模を考察してみよう。

　図2-2と図2-3は中国統計年鑑のデータから産業別就業者数の絶対的，相対的変化を時系列的に表している。2つの図から第1次産業の絶対的，相対的な減少を読み取ることができる。図2-3に示されるように，第1次

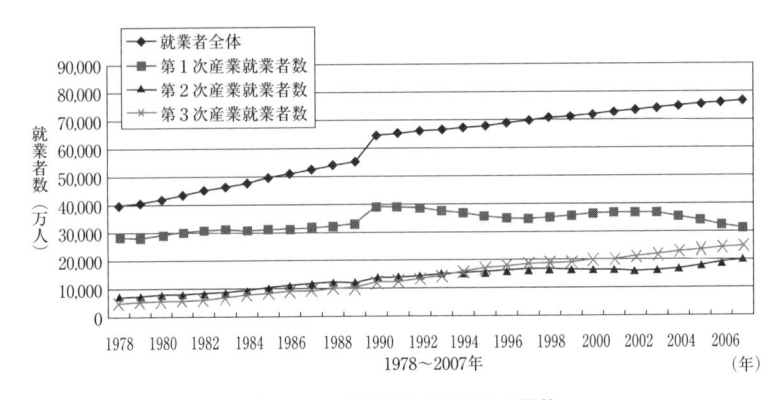

図2−2　産業別の就業者数の推移

出所：中国統計年鑑（1985～2008年）。

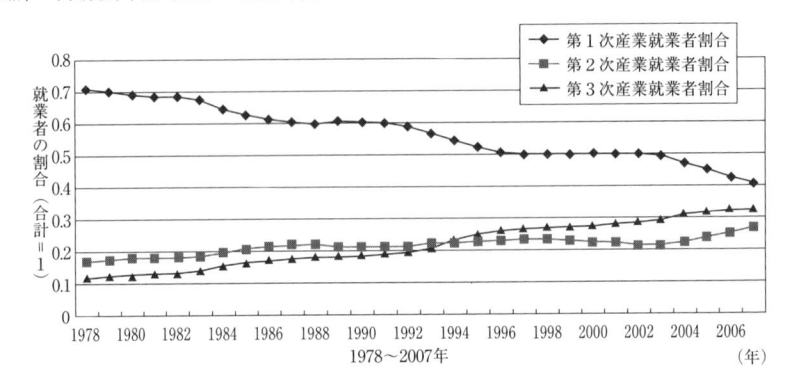

図2−3　産業別の就業者割合

出所：中国統計年鑑（1985～2008年）。

産業就業者の比率は減少しているが，その過程はいくつかの段階に分かれていることが分かる。

　まず，開放政策の初期段階1978～1983年においては，第1次産業就業者の割合が約68％でほぼ安定的であったが，1983～1988年の高度成長の期間に59％へと9％ポイント近く減少し，1991年までには，ほぼ59％で安定した。その後，第1次産業の就業者は再び減少し，1996年には51％になり，2002

年まで同じような水準が続いた。2003年以降再び少しずつ減り，2007年に41％になった。

これに対して，第2次産業と第3次産業の就業者割合はわずかではあるが，上昇を続けた。また，1978～1993年においては，第2次産業の就業者割合が第3次産業より高かったが，1993～1995年に，両者はほぼ同じ比率となり，1995～2007年には第3次産業の比率が第2次産業の比率を上回った。

さらに第1次産業からどれほどの労働力を排出しているのかを見てみよう。計算方法としては，まず各産業部門の就業者の自然増加率は等しいと仮定し，各産業の社会的な移動がない場合の就業者数と実際の就業者数との差は年間の労働者の移動者数である。Miは第i次産業の年間純移動者数とし，Liは第i次産業の就業者数とすると，次のような式になる。

$$Mi(t) = Li(t) - [L(t) / L(t-1) \times Li(t-1)]$$

計算の結果は図2－4になる。

図2－4を見ると，第1次産業はほとんどの年に純流出を記録し，1989年，1990年と1998年，1999年だけは純流入産業である。1989年には整頓政策[13]のため，非1次産業の成長が減速し，雇用量が減少して，一部の労働

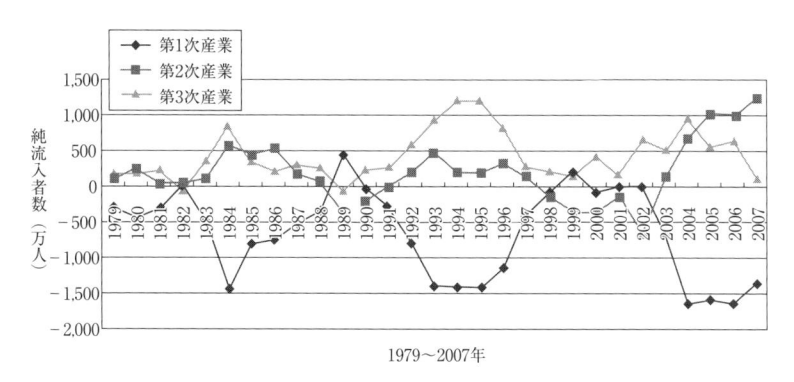

図2－4　産業別の純流入者数

力が第1次産業に戻ったことに原因があると考えられる。1998年と1999年の場合は人為的な政策ではなく，アジア経済危機で，非1次産業の雇用が減少し，一部の労働力が第1次産業に戻ったことが原因であると考えられる。

それに対して，第2次産業は上述した1989〜1990年と1998〜2002年が純流出産業となったが，それ以外の年にはすべて純流入産業である。また1980〜1990年の10年間と1990〜2000年の10年間との純流入数を比べれば，1980〜1990年のほうが多い。それに対して，第3次産業は1989年の整頓政策のため若干純流出した以外はほぼすべての年において純流入産業であり，90年代からは第2次産業の純流入者数を上回っている。このことは図3に見られた第3次産業の速い成長傾向と符合している。つまり，第3次産業が労働力を吸収する重要な産業として，成長してきたことが分かる。

全体的に見れば，1989〜1990年と1998〜2002年については産業間移動労働力の排出元は第2次産業であるが，それ以外のすべての年に関して産業間移動労働力の排出元は第1次産業である。前節で述べたように，第1次産業から排出される労働力はほとんど農民工になっている。こう考えると，農民工は政策または経済循環の原因で5〜6年度だけ増えていないが，それ以外の年は増え続け，近年では年間1,000万人以上の規模で増加している。

4．農民工の特徴

（1）農民工の属性的な特徴

前節で農民工の規模の変化を時系列データで見てきたが，次に実際に農民工はどのような人で，どのような特徴を持っているかを見てみたい。中国では2000年に第1回目の全国農業調査を行い，2009年に第2次全国農業調査を行った。この調査は全国範囲で農村人口の生活状況および農業の就業状況を調べたものである。第2次全国農業調査の公表データ[14]の中に，出稼ぎ就業者（中国語で「外出農村労働力」といい，この調査では出身地の郷を離

れて就業する人を指す)という調査項目がある。後掲の表2－5で確認できるように,出稼ぎ就業者はほぼ全員が非1次産業に就業しているため,農民工の定義に合っている。したがって,以下ではこの項目のことを農民工と言い換える。

まず表2－2から農民工の出身地域別を見てみよう。農民工の全国の合計は1億3,000万人に達し,そのうち中部地域出身の者が比較的に多い。東部地域出身者と西部地域出身者はほぼ同じ規模で,東部地域出身者のほうが若干多い。

表2－3は農民工と農業就業者との比較である。性別を見ると,農業就業者は男女の割合の差が7％ぐらいと少ないが,農民工は男性が女性より18％も多い。中国の農村では,男性が外(仕事),女性が内(家事)という伝

表2－2 出身地域別の農民工

	全国	東部地域	中部地域	西部地域
農民工(万人)	13,181	4,228	4,918	4,035
割合(％)	100	32.08	37.31	30.61

表2－3 農民工と農業就業者との比較　　　　　　　　　　(単位：％)

		全体	農業就業者	農民工
性別	男性	50.8	46.8	64
	女性	49.2	53.2	36
年齢構成	20歳以下	13.1	5.3	16.1
	21～30歳	17.3	14.9	36.5
	31～40歳	23.9	24.2	29.5
	41～50歳	20.7	23.1	12.8
	51歳以上	25	32.5	5.1
学歴構成	読み書きできない	6.8	9.5	1.2
	小卒	32.7	41.1	18.7
	中卒	49.5	45.1	70.1
	高卒	9.8	4.1	8.7
	短大以上	1.2	0.2	1.3

統があるからである。

　年齢を見ると，農民工は若い年齢層に集中している。農民工の年齢構成では，21〜30歳の年齢層が36.5％で最も多く，2番目に多いのは31〜40歳の年齢層であり，40歳以下の者は農民工全体の82％を占めている。それに対して，農業就業者は比較的高い年齢層に集中し，最も多い年齢層は50歳以上で，全体の32.5％も占めている。

　学歴構成を見ると，農村労働力全体の学歴はかなり低い。小卒32.7％と中卒49.5％で，高卒以上は全体のわずか11％でしかない。

　一方，農民工は中卒が70.1％もおり，高卒以上の10％と併せると，中卒以上は農民工全体の80％も占めている。農民工は農村労働力の中で比較的学歴が高い。

　次に表2－4で地域別の農民工の属性的な特徴を見てみよう。年齢構成では，他の地域と比べると，東部地域は20歳以下の者が若干少なく，逆に50歳以上の者が若干多い。また，学歴構成では，他の地域と比べると，東部地域は小卒以下の者が比較的少なく，高卒以上の者が比較的多い。1つの理由

表2－4　出身地域別の農民工の比較　　　　　　　　　　　　　　（単位：％）

		全国	東部地域	中部地域	西部地域
性別	男性	64	65.8	62.8	63.1
	女性	36	34.2	37.2	36.9
年齢構成	20歳以下	16.1	14.2	17.6	16.1
	21〜30歳	36.5	36.1	36.6	36.7
	31〜40歳	29.5	27.3	29.3	32.2
	41〜50歳	12.8	15.4	11.9	11.1
	51歳	5.1	7	4.6	3.9
学歴構成	読み書きできない	1.2	0.9	1.1	1.7
	小卒	18.7	15	16.5	24.9
	中卒	70.1	70.9	73	65.5
	高卒	8.7	11.4	8.4	6.9
	短大以上	1.3	1.8	1	1

表2−5 出身地域別の農民工の移動状況　　　　　　　　　　　　　(単位：%)

農民工の移動先	全国	東部地域	中部地域	西部地域
郷外県内	19.2	29.9	13.5	15.2
県外市内	13.8	18.4	9.9	12.4
市外省内	17.7	33.1	9	12.8
省外	49.3	18.6	67.6	59.6
合　計	100	100	100	100
農民工の就業産業	全国	東部地域	中部地域	西部地域
第1次産業	2.8	2.5	2.2	3.6
第2次産業	56.7	55.8	57.1	58.4
第3次産業	40.5	41.7	40.7	38
合　計	100	100	100	100

として考えられるのは，東部地域は中国で最も経済発展が進んでいる地域であるため，中学までの義務教育を終えた後も進学する余裕があり，進学率が比較的高いということである。また，東部地域の地元産業が成長しているため，東部地域出身の50歳以上の労働者は他の地域の出身者より地元の就業機会に恵まれていると考えられる。

　さらに，表2−5で農民工の移動先を行政単位別で見てみると，全国平均では，省を跨る移動が最も多く，49％も占めている。次は，同じ県内での移動であり，19.2％である。一方，地域別で見ると，東部地域出身の農民工は省を跨る移動が他の地域より明らかに少ない。他の地域では全国平均と同じように，省を跨る移動が最も多い。東部地域の農民工は省内の就業機会が豊富であるため，移動距離の少ない省内での移動を選択するのが合理的な行動となる。一方，他の後進地域では，省内の就業機会が少ないため，経済の進んでいる東部地域に移動しているケースが多い。ただし，1つの共通点としては，どの地域でも2番目に多いのが同じ県内での移動である。中国では県を1つの最小単位の文化共同圏と考える傾向があり，また同じ県内での移動が日帰りできるため，心理コストおよび金銭的なコストを含める移動コストが最も少ない。そこで農民工にとっては県内での移動が1つの良い選択肢に

なると考えられる。

（2）農民工の移動の特徴

次に，具体的に農民工はどんな理由で何を求めて移動しているかを見てみたい。この分析には，ミクロデータが必要なため，筆者が2005年に中国の浙江省の台州市で農民工を対象に行った調査のデータを使用することにする。

台州市は浙江省の南部にあり，漁業や養殖業が昔から盛んであり，近年製造業の民間私有企業が著しく成長している。現在，台州市では自動車部品，プラスティック金型，機械工業，製薬などの産業が発展し，特にプラスティック金型については中国で最大の生産地ともいわれている[15]。また，急速な経済発展で，台州市の第2次産業，第3次産業には台州市内の農村労働力だけではなく，台州市外の農村労働力も雇用されている。2000年に行われた全国人口センサスのデータによると，台州市外から台州市に移動してきた人口は年間約83万人（台州市総人口547万人）である。移動人口の中には，非農村労働力も含まれているが，その大多数が農村労働力であるので，その数字から移動してきた農村労働力の規模を想像することができる。

調査の方法としては，当地の中国工商局にある企業登録リストから1つの鎮で従業員数100人以上の製造業企業を2～3社ランダムに抽出し，企業にアンケート調査の協力を依頼した。工商局の紹介があったため，コンタクトした企業はすべて協力を承諾してくれ，合計27社の企業での調査を実施できた。調査表は全部で3,000部を配ったが，27社から，合計932の有効な調査票を回収することができ，有効回収率は31％である。

表2-6でサンプルの全体像を確認できる。サンプルの属性的な特徴はこの節の前半で紹介した農業調査のデータと類似しているところが多い。やはり若年層の男性が半数以上になっている。その他の特徴としては，農民工の出稼ぎ前の職業を見ると，農業従事者が3分の1ぐらいで，学生が同じく3分の1である。農村の若い人は農業を経験せずに学生から農民工になった者

表2-6 サンプルの全体の特徴（表中の％はサンプル全体に占める割合）

性別	男性 580 人（62.2％） 女性 352 人（37.8％）
年齢	平均年齢 27.3 歳で，75％の者は 32 歳以下。最年長者 53 歳，最年少者 17 歳
婚姻状況	既婚者 475 人（51％），未婚者 457 人（49％）
学歴	小卒以下 132 人（14.2％），中卒 516 人（55.4％），高卒 234 人（25.2％），大卒以上 50 人（5.4％）
技能資格の有無	無資格者 816 人（87.5％），有資格者 116 人（12.5％）
出稼ぎ前の職業	学生 319 人（34.2％），農業従事者 322 人（34.5％），職人 140 人（15％），運送業従事者 29 人（3.1％），工場従事者 74 人（7.9％），その他 48 人（5.2％）
現在の小城鎮での居住年数	平均年数 2.49 年で，75％の者は 3 年以下。最長 18 年，最短 0.5 年
現職の勤続年数	平均年数 2.21 年で，75％の者は 3 年以下。最長 16 年，最短 0.5 年
他の都市・小城鎮での居住・仕事歴	ない 705 人（75.6％），ある 227 人（24.4％）
移動歴のある者の前居住場所	大中都市 183 人（80.4％），他の小城鎮 44 人（19.6％）

が多い。この意味では，一般の都市部の若い人とは教育年数の違いがあっても，学校から就職という過程はさほど違わない。ただし，農村戸籍ということで，都市部での定住環境に恵まれないまま農民工になり，非1次産業に就業してもなかなか安定的な職業に就けない。今回のサンプルの中でも，農村を出ていくつかの町を転々している者が全体の24.4％も占めている。

このような農民工の就職ルートは表2-7で確認できる。農民工は半数以上が血縁・地縁を頼りにして移動し，公的職業紹介ルートはあまり使われていない。農村労働者が血縁地縁を頼りにしているのは，相互の信頼関係のほかに，公開されている情報が少ないか，入手するための費用が高いかという原因が考えられる。

次に農民工の移動の動機は何かを見てみよう。人的資本理論によると，移動は自己投資の一種である。労働力が移動を通して取得するベネフィットには金銭的なものと非金銭的なものがある。金銭的なものは賃金に代表されるが，非金銭的なものとしては，技術，知識，経験などが挙げられる。一方，投資をするにはコストがかかるが，そのコストにも金銭的なものと非金銭的

表2-7 農民工の就職ルート

就職ルート	人数（人）	割合（%）
親戚友人の紹介	455	58.36
自分で募集広告を見て応募	165	21.19
この町の職業紹介所の紹介	57	7.37
他の町の職業紹介所の紹介	6	0.77
この町での知り合いの紹介	36	4.61
自分で仕事の有無を工場に訪ねる	110	14.13
現在の就業先が故郷に来て募集した	13	1.69
合同説明会を通して	26	3.38
労働力人材市場（いちば）を通して	44	5.68
その他	19	2.46
合　計	932	100.00

なものがある。金銭的なコストとは，移動の交通費，求職の機会費用などで，非金銭的なコストは環境の変化による心理的なコストなどである。このように，移動によりもたらされるベネフィットがコストを上回るときに移動が行われる。したがって，移動前の便益よりも移動後の期待便益が大きいことが移動の条件になる。

　実際に労働者の移動要因を分析する際に，要因をプッシュ要因とプル要因に分けて考えることが多い。簡単にいうと，プッシュ要因は移動前の場所の問題点，プル要因は移動後の場所の利点である。農村労働者にとっては，生まれ育った農村から離れて他の場所へ移動する理由には，まず農村の事情に起因するものがあると考えられる。

　しかし，一言で農村といっても，中国では経済が発展している地域にある農村と遅れている地域にある農村との間に格差が存在している。農村を離れる理由において，先進地域の農村出身者と後進地域の農村出身者ではプッシュ要因に差異があると考えられる。中国では，経済の発展レベルは東部，中部，西部[16]と順番に低くなるので，ここで農村労働者の出身地をこの3つの地域に分けて分析することにする。

表2-8　農村側のプッシュ要因

プッシュ要因	東部 (N=147)	中部 (N=550)	西部 (N=255)	全体 (N=932)
農地が少ない	2.19 (1.25)	2.41 (1.29)	2.49 (1.26)	2.35 (1.27)
農業が好きではない	3.08 (1.44)	2.90 (1.35)	2.56 (1.25)	2.91 (1.37)
農業以外の仕事が見つからない	3.05 (1.41)	3.33 (1.36)	3.31 (1.40)	3.24 (1.39)
農村では新しい地域を学べない	3.49 (1.39)	3.62 (1.30)	3.82 (1.33)	3.61 (1.34)
農村では収入が少ない	3.59 (1.44)	4.03 (1.26)	3.88 (1.31)	3.87 (1.34)
農村では出世できない	3.53 (1.41)	3.74 (1.27)	3.53 (1.37)	3.64 (1.34)
農村の生活が単調すぎる	3.29 (1.42)	3.42 (1.31)	3.07 (1.23)	3.32 (1.34)
農村の施設が整備されていない	3.09 (1.40)	3.33 (1.30)	3.02 (1.37)	3.21 (1.35)
農村の生活環境が好きではない	3.99 (1.30)	3.97 (1.21)	3.67 (1.36)	3.93 (1.26)

注：表中の（）は標準偏差。

　調査用紙で農村側のプッシュ要因について表2-8に示される9つの項目を設定し，1の「あてはまらない」から5の「あてはまる」までの5段階評価で回答してもらったところ，表2-8のような結果となった。

　全体的に見ると，村を出る理由のうち「農村の生活環境が好きではない」と「農村では収入が少ない」「農村では新しい知識を学べない」「農村では出世できない」について，いずれの地域でも，平均値は比較的高い。つまり，農村労働者は「生活環境を変えたい」「収入を高めたい」「知識を習得したい」「出世したい」というような願望を持ち，農村から離れると考えられる。地域別で見ると，東部地域出身の農村労働者は知識，収入，出世，生活環境が動機である。それに対して，中部出身者にとって，上位4位の理由は収入，生活環境，出世，知識を求める願望である。また，西部出身者にとっては，収入，知識，生活環境，出世の順番である。東部出身者より，中部，西部出身者は農村の仕事機会の少なさが強いプッシュ原因になっている。その他に，中部の労働者は単調な農村の生活スタイル，整備されていない施設，少ない非農業仕事機会が比較的に強いプッシュ要因になっている。西部出身者にと

っても，非農業仕事機会の少なさが1つ大きなプッシュ要因である。こうした動機の差異は中国での地域間格差が原因であり，動機の裏に農村の生活環境の厳しさがある。

　中部と西部地域の農村地域では，いまだに水道水が飲めない村，車の通行ができない村がある[17]。道路などのインフラが整備されていないため，農作物の生産・販売などに支障があるだけではなく，非農業の発展も難しい。一方，中国政府は2003年に農業税[18]を廃止すると公示したが，学校のような村の公共施設の建設資金などは基本的に地方が負担することになっているため，農民は様々な名目で費用を徴収されている。米などの伝統農業だけを営む農家は，収穫のよい年でも，費用を納めた後の年間純収入がわずかであり，一人当たりの平均年間純収入が230元の村さえ存在している。

　中国では1986年から義務教育制度を実施し始めたが，地方への財政的な分配が不十分なため，一部の辺鄙な農村地域では，生徒・児童が雑費などの名目で費用を徴収されている。農民の一人当たりの平均収入は3,200元／年に対して，1人の小中学校の生徒・児童が納める費用は800元／年である。2004年に，中国の農村地域では小学校を中退した児童は2.45％，中学校を中退した生徒は3.91％もいる。特に中部と西部地域の農村地域では厳しい状況である。

　さらに，中部と西部の後進地域の農村地域では，非農業産業はまだ十分に成長していないので，非農業機会は東部地域より少ない。伝統農業だけでは十分な収入が得られない農村では，非農業仕事機会は収入レベルを大きく左右することになることは先行研究で言及されている[19]。

　こうした状況の中で，農家の人にとって，農村の生活環境の厳しさ，収入が少ないこと，先端知識を習得する機会が少ないこと，全体的に出世の望みが少ないことは農村を出る重要なプッシュ要因となる。総じていえば，就業機会や収入アップの機会を求めて，貧しい生活環境から脱出したい気持ちが農村を出るプッシュ要因の背後にある。

　さらに農民工は何に引きつけられて現在の移動先に来たのかを見てみよ

表2−9　移動先におけるプル要因

プル要因項目	平均値	標準偏差
こちらに親戚・友人がいる	3.18	1.45
こちらが故郷に近い	2.57	1.40
大都市と比べると，こちらの物価が安く，生活費用がかからない	2.54	1.14
こちらの気候，生活風習になじみやすい	3.10	1.30
こちらは整備されていて，生活しやすい	2.92	1.27
こちらの城鎮戸籍を取得できる可能性がある，子供が教育を受けやすい	2.53	1.28
こちらの賃金が高い	3.22	1.28
こちらの企業の募集条件は学歴・資格を厳しく問わない	3.05	1.23
こちらの企業の募集条件は戸籍を厳しく問わない	3.33	1.38
こちらの企業は給料の不払い，遅延が少ない	3.57	1.28
こちらの企業では時間・福利厚生の管理が比較的適切に行われる	3.42	1.24
こちらの企業は仕事環境がいい	3.36	1.22
こちらでは仕事の機会が多い	2.91	1.21
こちらに民営企業が多いので，個人創業のノウハウが学べる	3.44	1.26
こちらでは自分の将来の発展可能性が大きい	3.27	1.18

う。移動先のプル要因を15項目に設定した。この15項目も先述した他の要因項目と同じく，設問が5段階評価で，その平均回答値は表2−9に示されている。これを見ると，「こちらの企業は給料の不払い，遅延が少ない」「こちらに民営企業が多いので，個人創業のノウハウが学べる」「こちらの企業では時間・福利厚生の管理が比較的適切に行われている」という項目の平均値が最も高い。農村出身の労働者にとって，移動先での賃金支払い状況・労働時間などの労働条件と，個人創業のノウハウが最も大きな魅力だといえる。また，調査地の台州市で農民から多くの企業創業者が生まれたことに励まされることもあり，地方地域で創業する機会がまだ比較的に多く残されていることも背景原因の1つであると考えられる。その他に，「こちらの企業は仕事環境がいい」「こちらの企業の募集条件は戸籍を厳しく問わない」「こちらでは自分の将来の発展可能性が大きい」「こちらの賃金が高い」などの項目も比較的に高い平均値になっている。やはり仕事環境・賃金などの労働諸条

件は移動労働者にとって重要なプル要因である。また，台州市の企業には農村出身の創業者が多く，従業員の戸籍を厳しく問わないことが，農村労働者に評価されているようである。

5．まとめ

　本章では，中国の労働政策の特殊性を考察した上で，第1次産業から排出される農民工の移動について分析した。

　中国の労働政策は都市部労働力と農村部労働力を区別して取り扱っている。1980年代まで，中国の農村部労働力に関する労働政策は労働力を農村部の第1次産業に縛りつけるものであり，非1次産業あるいは都市部への移動は禁じられていた。1980年代以後，労働政策が徐々に変わり始め，農村部労働力の非1次産業への就業が認められ，2001年には小規模都市へほぼ完全に自由に移動できるようになった。しかし，大・中規模都市への移動はやはり規制が多く，移動する際に政策的なコストが発生している。

　農民工の規模の近似数値として第1次産業からの純流出者数を時系列データで検討した。中国の産業別労働力の純流入者数を見ると，第1次産業がいくつかの年を除けば，すべて純流出産業である。第2次産業は1989～1990年，1997～1999年には純流出産業であるが，それ以外の時期には純流入産業である。それに対して，第3次産業はほとんどの年に純流入産業である。第1次産業から排出される労働力はほとんど農民工になっているため，言い換えれば，農民工は政策または経済循環の原因で5～6年度だけ増えていないが，その以外の年は増え続け，近年では年間1,000万人以上の規模で増加している。

　最後に，農民工の特徴について分析した。農民工は一般の農業従事者と比べて，比較的若く，学歴が高い。農民工の出身地域により，異なる特徴を呈示することがある。比較的経済発展が進んでいる東部地域では，農民工のうち，高卒以上の割合が後進地域より高い。農民工の就業先を行政単位別に見

ると，東部地域は省内での移動が多いが，後進地域は省外に移動し就業する者が明らかに多い。東部地域は省内の就業機会が豊富であるため，移動距離の少ない省内での移動を選択するのは合理的である。一方，他の後進地域では，省内の就業機会が少ないため，経済の進んでいる東部地域に移動しているケースが多い。ただし，1つの共通点としては，どの地域でも2番目に多いのが同じ県内での移動である。中国では県を1つの最小単位の文化共同圏と考える傾向があり，また同じ県内での移動は日帰りできるため，心理コストおよび金銭的なコストを含める移動コストが最も少ない。農民工にとっては県内での移動が1つの良い選択肢になるわけである。さらにそれは，戸籍制度などの政策上の制限を受けた行動だとも考えられる。

　また農民工の移動の動機についてミクロデータを使用して分析してみた。まず農村側のプッシュ的な要因として，農村の生活環境の厳しさ，収入が少ないこと，先端知識を習得する機会が少ないこと，全体的に出世の望みが少ないことなどが上位の要因に挙がる。つまり，農民工は収入や収入アップの機会を求めて，貧しい生活環境から脱出したい気持ちが農村を出るプッシュ要因の背後にある。一方，移動先の引きつけ力になるプル要因では，移動先での賃金支払い状況・労働時間などの労働条件は最も重要なことである。また，当該調査は民営企業が成長している地方都市で実施されたため，地域の創業のノウハウを学びたいということが大きな要因の1つとなっていた。若年層が多い農民工はチャレンジ精神が旺盛で，創業する夢を持ちながら積極的に移動するということであろう。

　農民工は中国の製造業などの諸産業を支える重要な労働力である。現時点では，農村余剰労働力の規模でいえば，まだ供給が需要を上回る状況であるが，農民工の世代間交替とともに，従来の金銭目的の出稼ぎ労働者と違い，新しい農民工はより良い仕事・生活環境全般の向上を求めるようになる。

　2003年以降中国南部の珠江デルタ地域では労働力不足の問題が発生している。この背景には中国の他の地域の経済発展が進み，農民工の選択肢が増えたということが重要な原因であるが，珠江デルタ地域の仕事条件は芳しく

ないというのも大きな理由のようである。現在，中国政府は農民工に社会保障を与えるように工夫しているが，雇用側である企業も良い仕事環境を提供することにより，質の良い労働力の確保に向けて努力する必要があろう。

注：
1）『中国統計年鑑』2008年。
2）「街道委員会」は街道の住民の戸籍登録手続きをする役所である。「村委員会」は村の住民の戸籍登録手続きをする役所である。
3）『中国統計年鑑』2008年。
4）家庭生産請負制とは，土地の所有権を集団所有として残しながら，土地を各農家に分配し，経営を各農家に請け負わせるやり方である。
5）胡鞍鋼（2002）を参照。
6）農村労働力の移動は戸籍変更を伴う移動と戸籍変更を伴わない移動がある。後者は自由移動と呼ぶ。張記濤（1997）を参照。
7）曹新（2000）を参照。
8）胡鞍鋼（2002）を参照。
9）省間移動に対して，所要の登録手続きの内容が明確に規定され，すべての登録手続きが済んだ労働力は移動を公的に認められる。所要の書類は，たとえば出生登録，健康検査報告書など様々な名目である。
10）胡鞍鋼（2002）を参照。
11）李培林（2003）を参照。農村労働者の子供が公立学校に入学するためには，初年度に2,000〜5,000元の校舎建設費を寄付するほかに，年に1,200元の学校使用料を払わなければならないというケースがある。
12）以下のURL参照。http://www.hengyang.gov.cn/main/jdmsfw/jyfw/jcjy/wlrkbdjdfw/dd06a3cd-ed2a-4d04-bfa8-0c0cc0858f88.shtml
13）政府は1986年〜1988年のインフレを抑制するため，1989〜1991年「整頓政策」を打ち出した。その内容は経済成長速度を調整し，社会全体の消費需要を抑制するなどである。「人民網　中国共産党80年大事記」www.pepole.com.cn
14）中国国家統計局 http://www.stats.gov.cn/tjgb/nypcgb/
15）http://www.xitong.net/jceco/pra4.pdf, http://sh.idec.or.jp/jp/industry/setsunan.html
16）国家統計局農村調査隊の定義を参照にする。
　　東部：北京，天津，河北，遼寧，上海，江蘇，浙江，福建，山東，広東，広西，海南。
　　中部：山西，内モンゴル，吉林，黒龍江，安徽，江西，河南，湖北，湖南。
　　西部・重慶，四川，貴州，雲南，チベット，陝西，甘粛，青海，寧夏，新疆。
17）詳細は『中国農村貧困観測報告2000』を参照。

18) 1958年から実行された「中華人民共和国農業税条例」により徴収される税であるが、2005年12月29日をもって廃止された。農業税の税率は地域により違いがあるが、全国の平均数字は農家の年間農業収穫量の15％ぐらいであった。
19) 李培林（2003）を参照。

参考文献：

楽君傑（2002）「中国沿海農村における労働力外出の決定要因に関する分析——浙江省舟山市宮門村の事例を中心として」『アジア研究』（アジア政経学会）、48(4)、pp.32～51。

小野旭「第6章 戦前・戦後の労働移動」『日本の労働市場——外部市場の機能と構造』東洋経済新報社。

中兼和津次（1999）『中国経済発展論』有斐閣。

張記濤（1997）『中国の労働政策と労働市場』日本労働研究機構。

厳善平（2005）『中国の人口移動と民工』勁草書房。

章智（2006）「中国における産業間労働移動」『早稲田経済学研究』。

村上由紀子（2003）『技術者の転職と労働市場』白桃書房。

李培林（2003）『農民工—中国進城農民工的経済社会分析』社会科学文献出版社。

胡鞍鋼（2002）『拡大就業與挑戦失業』中国労働社会保障出版社。

曹新（2000）『当代中国流動人口研究』中国研究。

李培林・張翼・趙延東（2000）『就業與制度変遷——両個特殊群体敵求職過程』浙江人民出版社。

李軍峰（2005）『中国非正規就業研究』河南人民出版社。

劉懐廉（2005）『中国農民工問題』人民出版社。

国務院研究室課題組（2006）『中国農民調研報告』中国言実出版社。

Cai, Fang (1998) "Spatial Patterns of Migration Under China's Reform Period," *Asian and Pacific Migration Journal,* Vol.8, No.3.

Lewis, W. A. (1954) "Economic Development with Unlimited Supplies of Labor," *Manchester School of Economics and Social Studies,* Vol. 22, May, pp.139 - 191.

Ehrenberg, Ronald G. and Robert S. Smith (2002) *Modern Labor Economics,* 8th Edition., Addison Wesley.

Stark, Oded (1991) *The Migration of Labor,* Basil Blackwell, Inc.

Todaro, M. P. (1969) "A Model of Labor Migration and Urban Unemployment in Less Developed Countries," *American Economic Review,* Vol. 59(1), pp.105 - 133.

第Ⅰ部　マクロ的視点から見たチェンジング・チャイナ

第3章

社会保障制度の変容による人的資源管理への影響

1. はじめに

　急成長を記録し続けてきた中国は，2010年に世界第2位の経済大国となった[1]。しかし，急速な経済発展を遂げ，「世界の工場」から「世界のマーケット」へと成長してきた中国は，人材の活用，労働力の流動，労働力の権益をめぐる人的資源管理に関わる様々な問題を抱えている。人的資源に関わる諸問題を解決するために，2008年1月1日に新「労働契約法」が施行された（それについて詳しくは第5章を参照されたい）。さらに，同年3月に行政機関や事業単位の人事業務を主管していた前人事部と，労働関係と社会保障業務を主管していた前労働・社会保障部が統合され，人的資源・社会保障部として社会保障制度の実施，労働紛争の調整，人的資源の管理などの業務を総合的に行うようになった。今回の省庁再編からも分かるように，社会保障と人的資源管理との関係はたいへん緊密的なものであり，両分野における問題は現在の中国においてきわめて重要なテーマであることがうかがえる。

　本章においては，1990年代末以降に創設された現行の社会保障制度の仕組みを考察するとともに，新制度と旧制度との違いを明らかにする。その上で，現地調査から得られた情報を加味し，変容しつつある現代中国の社会保障制度が人的資源管理にもたらした影響を明らかにする。なお，本章では社

会保障制度の中核である社会保険制度を分析対象とする。

2．現行の社会保障制度の形成と仕組み

　1978年以降，改革開放政策の実施によって，経済構造と社会構造がともに大きく変化してきた。従来の計画経済体制から新たな市場経済体制への移行により，経済成長が急速に進むと同時に企業の所有制が多様化し，個人の所得格差も著しく拡大した。このような状況の中，市場経済に対応できるような社会保障制度が強く求められていた。この節においては，1990年代末以降創設された現行の社会保険制度の仕組みを中心に考察してみよう。

（1）中国における「職域保険」と「地域保険」の構築

　社会保障制度改革は1980年代半ばごろから始まり，1990年代初頭までの模索期を経て，1993年ごろから加速してきた。1997年7月に「統一した企業従業員基本年金保険制度の確立に関する国務院の決定」が公布され，それに基づき，新たな都市部企業従業員基本年金保険制度（以下，基本年金保険制度と称する）が創設された。また1999年1月から，公務員に相当する行政機関と公共セクター職員を除く都市部賃金労働者を対象とする新しい基本医療保険制度（以下，基本医療保険制度と称する）と新たな失業保険制度が実施されるようになった[2]。さらに，2004年1月から「労災保険条例」が公布され，賃金労働者を対象とした労災保険制度も全国で実施されるようになった。

　このように，1990年代末から21世紀初頭にかけて，中国ではまず，都市部の賃金労働者（公務員に相当する行政機関と公共セクター職員を除く）を対象に，年金・医療・失業・労災という4つの社会保険制度が創設され，さらに出産保険（中国語＝生育保険）を加えた5つの社会保険制度（中国では"五険"と呼ばれている）が整備された。

　日本の社会保険制度は，職域保険と地域保険という2つの枠組みの中で展

開してきたと特徴づけることができる。中国における上記の5つの社会保険制度を日本の制度分類に当てはめて考えれば，職域保険に加入している企業サラリーマンに対応するものである。

　企業に勤めている賃金労働者以外の都市部の行政機関と公共セクター職員に対しては，計画経済期に整備された従来の社会保険制度で対応している。主な制度として，年金には「機関事業単位養老制度」，医療には「公費医療制度」がある。1990年代以降の社会保障制度の構築を考えてみると，まず都市部において公務員に相当する行政機関と公共セクター職員に対しては従来の制度を適用しつつ，経済改革，特に財政改革や企業改革に対応できるように企業の賃金労働者を対象とする社会保険を徹底的に改革した。この二大グループの賃金労働者に対する社会保険制度の確立は中国における職域保険の完成ともいえよう。

　次に取り組んだ改革は地域保険である。それはまず農村部の住民から始まった。農村部住民の老後所得保障に関しては，1990年代初頭に至るまで家庭内の家族扶養に依存していた。1992年に完全積立方式の農村養老保険制度が発足したが，任意加入のため，制度の拡大は一部に限られており，2000年以降は加入者の増加は鈍化傾向にあった[3]。「2007年労働社会保障事業発展統計公報」によれば，2007年末現在，農村養老保険制度の加入者は5,171万人であり，農村人口のわずか7％しかない。医療保険制度に関しては，計画経済期の農村合作医療制度がよく知られていた。しかし，この制度は1980年代後半，農村部の経済改革によって農業の集団化の解体とともに姿を消した。2003年のSARS事件を契機にして，公衆衛生の強化という方針のもとで2004年から新型農村合作医療制度（"新農合"と呼ばれている）が実施されるようになった。ところが，新型農村合作医療制度の制度設計と財源調達は都市部の基本医療保険制度のそれとかなり異なり，保障水準もたいへん低いものである。農村人口に対するもう1つの社会保険制度の構築は，農村人口でありながら都市部に出稼ぎに出かけている「農民工」という特殊なグループに対するものである。農民工の社会保険制度は1990年代末から

試行錯誤を繰り返しながら，一部の地域で実施されている。

　地域保険のもう1つの取り組みは都市部の一般住民を対象としたものである。2007年から都市部の企業従業員，行政機関と公共セクター職員以外の都市部住民に対して，都市部住民基本医療保険制度も創設された。この制度は都市部の無職者，短大以下の学生，児童を対象とするものであるが，加入条件や財源調達方法および給付水準では職域保険のそれと異なっている。なお，都市部の一般住民に対する年金保険制度はまだ整備されていない。

　このように，1980年代からの改革実験を経て，1990年代末から21世紀初頭にかけて新たに実施された一連の社会保険制度は，まず第1に都市部の正規労働者，そして第2に農村人口，第3に都市部の非正規労働者・無職の人を対象としてきた。中国政府は2020年までに中国版の「皆保険」を目指しているが，職域・地域保険という異なる土台の上で形成されてきた現行制度を見ると，この中国版「皆保険」をいかにして統合していくのかが今後の課題である。第4節では，職域保険と地域保険における相違性，およびそれによって生じた諸問題を分析しながら，人的資源管理への影響について検討してみる。

（2）重要な制度の仕組み

　以下，職域保険の重要部分である基本年金保険制度，基本医療保険制度および失業保険制度を中心に各制度の仕組みを考察してみよう。

1）基本年金保険制度

　1980年代半ばになると，改革開放政策の進展に伴い，従来の年金保険制度の問題が露呈し始めた。それに対応して，年金保険制度改革が着手された。改革は地方での実験から始まった。代表的な実験には次のようなものがある。たとえば，1980年代半ばに江蘇省泰州市および無錫市で行われた基本年金基金の社会プール化の実験，1990年代初期に広東省深圳市で行われた個人口座と共済基金による給付の実験，そして，1990年代半ばに上海市で行わ

れた個人口座による有期給付の実験などである。

　1980年代半ば，1991～94年，1995～97年の実験段階を経て，1997年7月に，「統一した企業従業員基本年金保険制度の確立に関する国務院の決定」が公布された。それにより，新たな都市部企業従業員基本年金保険制度が発足した。

　基本年金保険制度の被保険者とは，国有企業，都市部集団企業，その他の企業，都市部私営企業，企業化管理を実施している事業単位[4]およびその従業員である。個人経営・自営業者の年金保険制度への加入に関しては，各省・自治区・直轄市政府が各地域の現状に応じて加入するかどうかの決定権を持つ。基本年金保険制度の創設によって，被保険者範囲は従来の労働保険[5]の被保険者範囲に比べて大幅に拡大された。

　基本年金保険基金の財源は政府・企業・従業員の三者負担となっている。具体的には，国が負担する部分は社会保険管理機構の人件費を含む管理費用と，年金保険基金に赤字が出た場合の財政補助金である。企業が負担する部分は当該企業従業員賃金総額の20％[6]に相当する保険料である。個人が負担する部分は本人平均賃金の8％[7]に相当する保険料である。年金保険制度に，社会プールの役割を果たす基礎年金口座と強制貯蓄機能を持つ個人年金口座が設けられている。個人年金口座には，個人が納付する保険料の全部が入る[8]。基礎年金口座には，2006年1月までには個人年金口座に繰り入れた企業側の納付分以外の保険料が入るが，2006年1月から企業側が納付する保険料の全部が入るようになった[9]。

　基本年金保険が創設されてから2005年の改正に至るまで，年金の受給条件とは15年以上保険料を納付し続けることである。この条件に満たした定年退職者に年金が支給される。年金給付は基礎年金口座からの給付と個人年金口座からの給付から構成される。基礎年金口座からの給付は当該地域における前年度の平均賃金の20％と定められている。個人年金口座からは，口座にある積立金の120分の1を120カ月にわたって支給される。このような受給条件と給付基準は2005年の改正を受け，2006年1月から変更された。

以下，その主な変更点を整理しておこう。

2005年12月，国務院は「企業従業員基本年金保険制度の改善に関する国務院の決定」を公布し，基本年金保険制度の受給条件および給付基準に関する改正を行った。この改正では，基礎年金口座の社会プール的役割を向上させたいという方針のもとで，まず個人口座への入金割合を以前の11％から8％に下げた。つまり，個人口座の財源は個人からの保険料拠出のみとなった。また，受給条件に関する改正は次のようなものである。保険料の最低支払期間は従来の15年のままとしたが，支払期間1年ごとに1％の年金給付率に換算することにした。さらに，年金給付に対する改正は以下の通りである。①基礎年金の部分である該当地域の平均賃金の20％を給付するという以前の給付率基準を廃止し，年金の給付率を保険料の支払期間とリンクすることにした。つまり，最低支払期間に達した場合は15％，それを超える人に対して，1年間1％の上乗せで計算する。40年間保険料支払った場合には給付率は40％になる。②以前の該当地域の平均賃金のみという給付基準も見直して，年金の給付基準を個人の保険料支払金額と連動する方式にした。すなわち，給付基準は該当地域の平均賃金に調整された本人の保険料基準金額（これまでの保険料支払状況にしたがい，60～300％の範囲内に調整する）を加えた金額の2分の1にする。それを数式で表示すると以下のようになる。C_nは第n年に支払った保険料額である。実際の支払額は個人の所得状況に応じて該当地域の平均賃金の60～300％範囲内になる。W_nは第n年の該当地域の平均賃金である。nは保険料の支払年数である。

$$\{1+(\frac{C_1}{W_1}+\frac{C_2}{W_2}+\cdots+\frac{C_n}{W_n})／n\}×該当地域の平均賃金$$

この2つの改正は加入年数や保険料の支払にインセンティブを与えただけではなく，保険料を多く支払った人が多くの年金を受け取ることができるという公平性ももたらしている。③以前の個人口座にある積立金を120カ月分に分けて給付する方法を止め，個人口座は定年退職年齢（平均余命と利息）

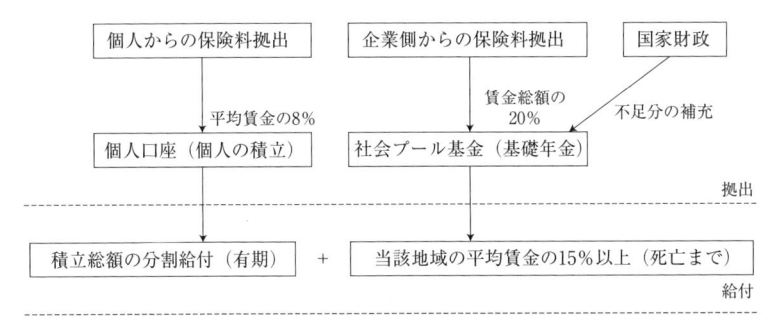

```
個人からの保険料拠出        企業側からの保険料拠出      国家財政
       │                    │                    │
   平均賃金の8%          賃金総額の20%         不足分の補充
       ↓                    ↓                    ↓
 個人口座(個人の積立)     社会プール基金(基礎年金)
```
                                                              拠出

 積立総額の分割給付(有期) + 当該地域の平均賃金の15%以上(死亡まで)
                                                              給付

図3－1　都市部基本年金保険制度の概要（2006年以降）

と連動するようになった。人的資源・社会保障部の社会保障研究所が示したモデル型の計算例によれば，60歳で定年退職した場合に積立金を139カ月分に，50歳で定年退職した場合に積立金を180～190カ月分に，70歳で定年退職した場合に積立金を80～90カ月分に分けて給付するというものである。

なお，個人年金口座の積立金は原則として定年退職前に引き出すことが禁じられる。転職する場合には，個人年金口座およびその積立金は本人と一緒に転職先に移る。個人年金口座内の積立金がなくなった後は，基礎年金口座からの給付のみとなる。図3－1は2006年以降の基本年金保険制度の仕組みを示したものである。

２）基本医療保険制度

医療保険の改革もやはり1980年代半ばごろから一部の地域で試行され始めた。その背景には，経済改革による医療供給の市場化と従来の公的医療保険制度の間隙から生じた医療資源の浪費，国民医療費の急上昇などの問題があった。1992，93年ごろから，医療保険改革のスピードが加速し，1992年から企業内で重病医療保険が広げられ，1994年からいくつかの地方都市で医療保険改革を本格的に試行し始めた。その中で，江西省九江市，江蘇省鎮

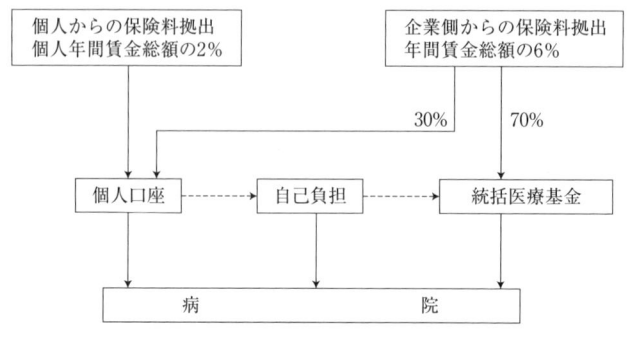

```
     個人からの保険料拠出                企業側からの保険料拠出
     個人年間賃金総額の2%               年間賃金総額の6%
              │                              │
              │              30%      70%    │
              │         ┌─────┴────┬────────┤
              ▼         ▼          │        ▼
         ┌────────┐  ┌────────┐    │   ┌──────────┐
         │個人口座│--│自己負担│    │   │統括医療基金│
         └───┬────┘  └────┬───┘    │   └─────┬────┘
             │            │                  │
             └────────────┴──────────────────┘
                          │
                          ▼
                   ┌──────────────┐
                   │   病    院   │
                   └──────────────┘
```

図3−2　都市部基本医療保険制度の概要

出所：于洋（2002），p.128。

江市で行われた「両江式」の改革は成功例として知られている。1990年代半ば以降，経済改革の加速に伴い，国有企業改革が急速に進められた。企業改革に適応できるような医療保険制度が求められつつあった。朱鎔基氏が首相になった1998年から全国レベルの医療保険改革に関する検討のスピードが一気に増した。同年12月に，国務院が「都市部賃金労働者の基本医療保険制度に関する国務院の決定」を公布し，1999年から両江式の改革案に基づいた基本医療保険制度が登場した。

基本医療保険制度は私営企業の参加を認め，郷鎮企業，個人企業の参加も地方政府の決定次第で参加できるようになった。図3−2が示しているように，基本医療保険制度では，企業が拠出する保険料は前年度在職者の年間賃金総額の6％[10]，従業員が拠出する保険料は個人年間賃金総額の2％[11]としている。統括医療基金に企業4.2％（6％×70％），個人口座には企業1.8％（6％×30％）と従業員2％（全部）が入れられる。医療費金額の大きさ，外来と入院との区分，病種の区分などによって医療給付の支給口座が決められる。給付される手順は両江式と同様に，個人口座から自己窓口負担，そして統括医療基金への順序である。統括医療基金からの支払う条件（入り口金額）は，個人口座の支払いと自己窓口負担分の合計が該当地域の平均年間賃

金の10%を超えることである。統括医療基金から支給されても，定率の自己負担も要求される。なお，統括医療基金からの支払いの上限額は該当地域の平均年間賃金の4倍となっている。

3）失業保険制度

　中国の失業保険制度の発足は1986年の「国営企業[12]従業員待業保険暫定規定」（以下，「待業保険」とする）である。それは，経済改革当初に発生した国有企業の経営悪化による工場閉鎖のために現われた失業者に対応する措置として捉えられる（呂・田多，2000, p.19）。1993年には，待業保険の改正が行われた。それは失業者の急増に対して，保険金受給者範囲を拡大させ，財源を拡充させるという改正であった。現行の失業保険制度が正式に成立したのは，1999年の「失業保険条例」によってである。失業保険条例の成立によって，はじめて都市部のほとんどの企業・事業単位の従業員が失業保険制度の適用対象となった[13]。以下，以前の待業保険の内容と比較しながら，1999年から実施した失業保険制度の内容を見てみる。

　第1は，被保険者の範囲についてである。被保険者の範囲は①都市部企業（国有企業，集団企業，外資系企業，私営企業，その他の企業を含む），②都市部事業単位の従業員としているが，都市部のほとんどの企業・事業単位の従業員が適用対象となった。

　第2は，保険基金の収入についてである。保険基金の収入は，①企業が納付する保険料，②従業員が納付する保険料，③保険料の利息収入，④財政からの補助金から構成されている。そのうち，従業員が納付する保険料は1999年以降加えられた部分である。

　第3は，保険料率についてである。1999年以降は，企業は賃金総額の2％，従業員は本人賃金の1％を拠出するように定められたが，それまでは従業員の負担分もなく，企業の負担分も1％以下であった。保険料収入は1993年より増加傾向にあるが，特に1999年以降は顕著な伸びを示している[14]。

　第4は，保険基金の支出についてである。本来，失業保険の支出は失業者

に対する失業給付や職業訓練に関わるものが主である。1986年の待業保険基金の支出は確かにこのようになっていた。しかし，1993年改正によって，その支出項目が徐々に拡大されており，とりわけ，1999年以降は再就職センターへの支出も加えられた。再就職センターは国有企業の下崗職工の基本生活保障と再就職促進を担当している部署である。失業保険制度を通して非国有セクターから徴収した失業保険料の一部を国有企業の下崗職工に使うことは，国有企業改革の際に生じた余剰人員の処理を助けるという政策目的が含まれているであろう。しかし，このような政策目的は一時的なものであった。2000年に中国政府は2001年から再就職センターの新規加入を停止し，2004年から再就職センターを廃止すると決めた。この決定を受けて，失業保険から再就職センターへの支出は2004年以降徐々になくなった。

第5は，給付期間および給付水準についてである。1999年以降の基準は次のようになっている。①勤続年数が1～5年の者に対して最長12カ月分，②勤続年数が5～10年の者に対して最長18カ月分，③勤続年数が10年以上の者に対して最長24カ月分の給付を支給する。なお，給付水準は当該地域の最低賃金より低く，最低生活保障水準より高いように，各省・自治区・直轄市政府の設定に任せるようになっている。失業給付の金額が失業前の所得水準によるものであることは国際的な慣例であるが，中国の場合は最低生活保障の基準に対応している。このような事実から，中国の失業保険制度は生活保障としての色合いが強いと考えられる。

3．現行の社会保険制度の特徴

第2節で見てきたように，1990年代末から21世紀初頭にかけて創設された職域保険の主要部分である企業賃金労働者の社会保険はいずれも十数年の実験過程を経て最終的に全国普及に至ったものである。実験を重ねて創設された新たな社会保険制度は従来の労働保険制度とは大きく異なっている。この節において新制度の特徴を検討する。

第1の特徴は，経済改革によって新興勢力として活躍している非国有セクターへ配慮し，社会保険の適用対象を非国有セクターの企業と従業員にまで拡大したことである。

　年金保険制度を例にとり，被保険者の変化を検討してみる。各保険制度の被保険者の所属別のデータは2000年までのものしか入手できないため，残念ながら最近の変化と比較することができない。1990年代半ばから国有・集団企業の被保険者数が減少し，その他の企業の被保険者数は増えている。被保険者数合計に占める国有・集団企業の被保険者数の割合は，1997年に96.0％であったが，2000年には76.0％に減少した。一方，非国有・非集団企業の同割合は，1997年の3.9％から2000年の24.0％に上昇した（于洋，2003a, p.66）。

　失業保険の場合も同様である。被保険者数合計に占める非国有・非集団企業や事業単位の被保険者数の割合は，1998年の9.3％から2001年の33.5％に急上昇した（于洋，2003b, p.40）。

　適用対象の拡大により，すべての企業が同じ土俵で競争し合う条件が成立した。経済改革の初期においては，非国有・集団経済セクターは従来の労働保険制度に取り込まれておらず，不平等な立場になっていたが，むしろそれによって生産コストが低く抑えられ，競争力において優位性を持っていた。しかし，すべての国民に社会保障を受ける権利を与えるという考えにしたがえば，新興非国有セクターの従業員を社会保険制度の適用対象にすることは当然のことである。また，公平に競争し合うという市場理念にしたがえば，国有企業であれ，非国有企業であれ，社会保障制度は同じように適用するべきであろう。

　さらに，適用対象の拡大は企業に人材がスムーズに移動できるよう平等な土台をつくった。経済改革当初，労働保険に代表される国有企業の高福祉から離れがたく，自分の能力がより発揮できる新興企業への転職を断念した人は少なくなかった。逆に，若いときに新興企業に勤め，高い給料を取るが，年をとると国有企業の労働保険を当てにして国有企業へ転職した人もいた。

人的資源管理の視点から見ると，当時国有・集団企業の従業員の特権である労働保険は人材の流動性を妨げるものであった。社会保険改革によって，ほとんどの労働者が社会保険制度に包摂されることになり，人材の流動性を阻害する厚い壁がなくなった。それについては高く評価されている。

　第2の特徴は，財源調達が単一の政府財政資金から政府・企業・従業員による三者負担の仕組みに改編されたことである。三者負担のうち，政府は社会保険管理機構の人件費を含む管理費用を負担するほかに，保険基金に赤字が出た場合の補助金も負担するようになっている。三者負担のもとで，保険料収入の構成に大きな変化が生じた。

　保険料の内訳に関するデータは2002年以降公表されなくなったため，2001年までの変化を検討してみる。失業保険の場合は，1998年から2001年まで，保険料収入に占める企業側の納付割合は82.6％から69.6％にまで下落した。一方，従業員側の納付割合は1998年の17.6％から2001年の30.4％に上昇した。また，企業側の納付額に占める国有企業の割合は，1998年の79.1％から2001年の58.1％まで急落した。集団企業の同割合も，1998年から2001年にかけて，10.7％から8.0％まで下落した。一方，非国有・非集団企業や事業単位・社会団体の同割合は，1998年の10.3％から2001年の33.8％まで大幅に上昇した（于洋，2003b，p.42）。保険料収入の構成におけるこのような変化は，失業保険だけではなく，年金・医療も同様である。

　上記のような変化は，保険料の主要な収入源が国有・集団企業からそれ以外の企業およびその従業員へと移行していることを示している。言い換えれば，このような変化は社会保険への政府財政資金の減少である。この傾向はいうまでもなく国有・集団企業における従業員数の減少と，それ以外の企業や事業単位などにおける従業員数の増加と密接に関連していると考えられる。第4節では，政府財政支出の減少を補うために強いられた企業負担について人的資源管理と関連づけながら詳しく検討する。

　第3の特徴は，年金および医療保険に個人口座が導入され，年金財政は従来の賦課方式から部分立方式へと変換されたことである。部分積立方式およ

び個人口座の導入に関しては，社会保険財政の健全性への配慮や加入を促すために個人にインセンティブを与えるという政策目的がうかがえる。

第4の特徴は，保険料負担および保険給付が個人単位で行われることである。日本の社会保険制度において，地域保険には個人単位，職域保険には家族単位という特徴があるが，中国の場合はすべての制度では保険料の負担と保険給付の受給は個人単位となっている。これは従来の低賃金・高就業という体制のもとで，共働きが多いという中国の独特な労働パターンと強く関連しているように考えられる。個人単位のような仕組みは企業側や社会保険機構にとって事務手続上は簡単になるが，今後労働パターンが変化し，専業主婦がどんどん増えるようになると，被扶養配偶者の無年金問題の導火線になりかねない。

第5の特徴は，保険給付の業務が勤務先から社会保険サービス機構に変わったことである。以前の労働保険においては，現役の従業員と引退した者の医療サービスの費用や年金の支給など，すべての社会保険給付業務は企業内部で行われていた。新制度では社会保険給付業務は社会保険サービス機構（たとえば銀行，郵便局）に転換された。これは社会保険給付業務の「社会化」と呼ばれている。文魁・楊宜勇・楊河清主編（2008）によると，調査した1,883社の企業のうち，2007年現在94.2％の企業は社会保険給付業務を「社会化」した。

社会保険給付業務の「社会化」は従来企業が行わなければならなかった業務負担を軽減させ，本来の生産投資活動に専念できるようにさせた。また，社会保険給付業務の「社会化」により，企業の生産コスト（余計な人件費）を節約することができ，市場競争力を向上させることもできた。筆者が訪問した企業の多くでは，社会保険事務を担当する人事要員らは社会保険給付業務の「社会化」について高く評価している。

4．社会保障制度の変容による人的資源管理への影響

　地方での実験を重ねた上で誕生した現制度には様々な問題が存在する。この節では，従来の労働保険から変容してきた現行社会保険制度におけるいくつかの問題を分析しながら，それらの問題が企業の人的資源管理分野に及ぼしている影響について検討してみる。

（1）非統一的な制度

　社会保険制度は全国レベルで実施しているものの，社会保険に関する立法が遅れているため，その実施内容にはばらつきがある[15]。まず，現行社会保険制度の財政方式は部分積立方式となっているが，地域によって完全積立方式となっているものもある。その代表的地域は上海の隣にある江蘇省蘇州市の蘇州工業園区である。蘇州工業園区は1994年に中国とシンガポール両政府の協力によってできた国際的な政府間協力開発区である。2008年現在，園区には約2,000社の外資系企業が操業している。そのうち，日系企業は300社近くある。蘇州工業園区で実施されている社会保険制度はシンガポールの積立方式（強制貯蓄）を模倣して創られた特殊な制度である。2008年3月現在，その制度は区内住民約40万人をカバーしている。蘇州工業園区の社会保険制度の最大の特徴は，財源調達は企業と従業員からの保険料で構成されており，政府財政からの支出がほとんどないことと，積立金の95％が個人口座に入り，被保険者個人の医療・年金等に使われ，社会プールの機能はほとんど有していないことである。また，企業側の負担を軽減するために，労使の負担割合を折半（それぞれ賃金の22％）にしたことも特徴の1つである。22％という企業負担率は他の地域の企業負担率の半分程度しかなく，企業側は大変優遇されている負担率である。

　このように，財源調達方式，保険料負担割合などにおいてまったく異なる社会保険制度を実施している地域・企業間においては，人材の流動は起こり

にくい。蘇州工業園区を訪問した際に社会保険の担当者にインタビューしたが，彼らも左記の見解を示した。その理由は，まず蘇州工業園区以外の企業への転職希望者に対しては，転職先の社会保険機構から苦情がある。なぜなら，それまでに転職者が社会プール基金をほとんど払っていないため，転職先の地域の社会プール基金への貢献がないからである。また，そのため，転職者本人に対して社会プール基金からの支給もできないという問題がある。さらに，蘇州工業園区内の企業への転職希望者にも問題が生じる。つまり，それまでに支払った社会プール基金はこれから自分と無縁になるだけではなく，個人口座にある積立金が少ないため，将来の給付金額も少ないかもしれないという問題である。受益と負担の整合性という視点だけではなく，人的資源管理の視点から見ても制度の統合を含め，何らかの解決方法が必要である。

　また，法律による強制性が欠けていることや，第2節で述べたように加入条件などに関して地方にかなりの権限を持たせているため，加入率には地域格差や企業格差も存在している。地域格差に関しては，西部内陸地域は東部沿岸地域より加入率が低い傾向にある。文魁・楊宜勇・楊河清主編（2008）は各地域の年金，医療，失業，労災，出産保険の加入率を調べている。それによれば，西部地域は東部地域よりそれぞれ2.7％，7.7％，2.0％，21.5％，8.7％低い。また，企業格差についても彼らの調査によると以下の通りである。表3－1は，主要制度である年金保険と医療保険の企業加入状況をまとめたものである。それによると，医療保険より年金保険への加入率が高く，国有企業と三資企業（外資との合弁企業，外資との合作企業，外資独資企業）の加入率が高いことが分かる。また，いずれの社会保険制度においても私営企業や集団企業は加入率が最も低いグループであることも分かる。

　地域間および企業間における企業加入率のばらつきが大きいということも人的資源管理に影響を及ぼしている。第1には，社会保険の加入率の格差が大きければ，人材の獲得にも大きな格差が生じてくる。なぜなら，社会保険制度が発達するにつれて，人々は所得保障・生活保障に対する認識が強まっ

表3-1 各種企業の社会保険への加入率
(単位:%)

	年金保険	医療保険
国有企業	96.6	87.9
集団企業	85.7	71.4
私営企業	86.2	66.2
三資企業	96.8	83.4
株式企業	94.7	82.2

出所:文魁・楊宜勇・楊河清主編(2008)。

てくる。そのため,社会保険が整備されているか否かによって,勤め先を選ぶ人々が増えてくるからである。第2には,社会保険に加入しているかどうかは法令遵守しているか否かにもつながるので,加入していなければ罰則を受けるだけではなく,企業のイメージ・ダウンによって業績にも悪影響が出ると思われる。

さらに,加入率だけではなく,地域によって保険料率が異なったり,給付基準が違ったりするケースも少なくない。たとえば,年金保険制度の保険料を例にとってみると,北京市では全国基準の雇用側20%,個人側8%となっているが,上海市ではそれぞれ22%と8%となっている。医療保険にも同様のケースがある。たとえば,国の規定では雇用側の保険料率は賃金総額の6%となっているが,広州市では8%になっている。

社会保険の給付に関する例も挙げておこう。まず,年金保険の場合は該当地域の平均賃金を基準にしているが,平均賃金はばらつきが大きいため,地域間の年金格差も大きくなる。『中国統計年鑑2008』によれば,2007年の年間平均賃金は全国31の省レベルの行政地域においては,10,000元台が5地域,20,000元台が26地域,30,000元台が2地域,40,000元超が3地域となっている。その中で最も高いのは上海市の49,310元,最も低いのは江西省の18,400元である。年金給付の方式にしたがえば,地域間の年金格差は3倍近い。保険料率における違いは企業の競争力にも影響をもたらす。一般的にいえば,企業側の保険料負担割合が高ければ,企業の生産コストが上昇す

る。他の条件が同じであれば，保険料負担割合の高い企業は競争市場では優位性を損なう。社会保険料は人的コストに分類されるので，人的資源管理部門に対応策が求められるだろう。後の項で分析するように，現段階では多くの大手企業と三資企業はまだ人件費に悩まされていないため，保険料率に対して敏感ではないようである[16]。しかし，今後は経済成長とともに所得水準が上昇し，企業は従業員の賃金および社会保険料などの人件費の上昇に対して厳しく対応せざるを得なくなるだろう。

（2）職域保険と地域保険の相違

職域保険と地域保険との間には，加入に関する規定，財源調達の方法，給付水準のいずれにおいても大きな違いがある。職域保険では建前上は強制加入となっているが，地域保険では任意加入の場合が多い。財源調達に関しては，職域保険では労使で共同拠出する保険料が主要な財源となっている一方，地域保険においては財政からの補助金の割合が大きい。保険料の負担基準も異なっている。職域保険では定率負担となっているが，地域保険では定額負担が多い。さらに給付水準に関しては職域保険の方が断然高い。

職域保険と地域保険の違いによって生じる最も厄介な問題の1つは，農民工の社会保険である。企業において非正規労働者の大半は農民工である。農民工の社会保険は地域保険に属しているため任意加入である。農民工は流動性が激しく，また現金収入を重視しているため，社会保険への加入意思は薄い。他方，企業側も生産コストを削減したいという考え方のもとで，農民工に対して社会保険へ加入しないように働きかけをする。このような現象は特に私営企業や集団企業に多い。多くの農民工は職を変えていく過程において社会保険があったり，なかったりする。これは本人にとっても，企業の社会保険担当者にとってもきわめて対応困難なことである。1.5億人の規模に達している農民工という人的資源を上手く活用するために，社会保険制度のさらなる改革が必要であろう。

(3) 政府財政責任の欠如と高い保険料率

　日本の社会保険制度では政府が持つ財政責任は明確に決められている。たとえば，医療保険制度の協会けんぽの場合には国庫負担が給付費の13％，国民健康保険の場合には国庫負担が給付費の50％と明らかになっている。また，介護保険については国25％，都道府県12.5％，市町村12.5％のように，中央政府と地方政府の負担割合まで明確に決められている。

　ところが，中国の社会保険改革においては，政策理念が明確に提示されておらず，政府財政が引き受ける財政責任に関する解釈も曖昧である。社会保険財源の三者負担のうち，企業と従業員に関わる保険料率が定められているが，政府が引き受ける負担は社会保険機構の人件費を含む管理費用や赤字補填となっているに過ぎない。このような政府財政責任に関しては，明確化しているとはいいがたい。

　年金保険制度において，基礎年金口座と個人口座との統合を実施する前に，年金保険制度の転換コストに関する綿密な推計が行われなかった[17]。そのため，基礎年金口座に生じた年金支出の不足分は個人口座から補填するようになっていた。政府財政の支援がほとんどなかった状況のもとで行われた年金改革は，結局個人口座の「空口座」を形成させた[18]。また，1990年代半ばから後半にかけて，年金給付の支払い不足や遅配といった問題は各地で発生していた（楊良初，2003，p.227）。上記のような事態が発生した背後には，政府が受け持つべき責任が十分に果たされていなかったことがある。

　上述の事実から，社会保険改革の過程で生じた莫大なコストに対して，政府が財政負担を回避しようとしていたことが分かる。効率性を優先するという認識のもとで，社会保険の財源政策は企業と従業員に負担が強いられるようになっていた。

　表3－2は，筆者が2003年12月と2004年9月に実施した現地調査に基づき，まとめたものである。日本の保険料率と比べると，中国の社会保険料率は明らかに高い。日本の場合は，企業と従業員の負担合計は約27％であ

表3－2　高い保険料率の実態　　　　　　　　　　　　　　　　　　　　　　（％）

	合計		年金保険		医療保険		失業保険		労災保険[1]		介護保険	
	企業[2]	従業員	企業	従業員	企業	従業員[3]	企業	従業員	企業	従業員	企業	従業員
北京F社	31.50	10.50	20.00	8.00	10.00	2.00	1.50	0.50	NA	NA	－	－
北京O社	31.90	10.50	20.00	8.00	10.00	2.00	1.50	0.50	0.40	0.00	－	－
天津O社	32.00	11.00	20.00	8.00	10.00	2.00	2.00	1.00	NA	NA	－	－
大連N社	26.00	9.24	19.00	8.00	3.50	0.24	2.00	1.00	1.50	0.00	－	－
昆明O社	38.40	11.00	25.00	8.00	10.00	2.00	2.00	1.00	1.40	0.00	－	－
日本[4]	14.27	12.97	7.675	7.675	4.10	4.10	0.90	0.60	1.00	0.00	0.595	0.595

注：1．大連N社や昆明O社の労災保険に生育保険も含まれている。
　　2．中国の企業合計保険料負担には，上記のもの以外に住宅積立金や企業が別途で負担する医療保険管理費・商業医療保険などがある。住宅積立金は企業と従業員が折半で負担するが，保険料率が8％から20％（片方）までそれぞれである。別途の医療保険負担は企業単独負担であるが，数百元で，賃金総額の5～10％程度である。
　　3．公的医療保険では，北京の場合は従業員が2％の保険料のほかに，毎月2元を追加される。しかし，北京O社の場合は，企業側から3元を肩代わりしている。
　　4．日本の場合は業種によって保険料率が変わることが多い。特に労災保険がそうである。労災保険の保険料率は製造業の平均である。また，介護保険は40歳以上の賃金労働者の保険料率である。
出所：中国側のデータは筆者が2003年12月と2004年9月に行った現地調査の成果である。日本側のデータは2008年10月以降現在のものである。

るのに対して，中国は日本の1.5倍以上である[19]。

　実際，中国の企業は5つの社会保険のほかに，住宅積立金や商業医療保険[20]の負担も負わなければならない。住宅積立金は社会保険制度に属しているか否か明確に定められていないが，住宅改革に伴い創設された社会保障的な制度である。住宅積立金は企業と従業員が折半で負担しているが，商業医療保険の場合はすべて企業側が負担する。住宅積立金や商業医療保険の負担率は企業によって様々である。たとえば，住宅積立金に関して，労使それぞれの負担割合は北京F社が8％となっているが，北京O社が16％，天津O社が13％となっている[21]。商業医療保険の企業側の負担割合は，北京O社が10.1％，天津O社が8.6％となっている。年金・医療・失業・労災保険のほかに，住宅積立金や商業医療保険の負担を加えると，企業側の負担はさらに高くなる。たとえば，北京O社の場合は58％，天津O社の場合は

53.6％となっている。このような社会保険負担率は「小さな政府」という発想のもとで強いられたものと考えられ，先進諸国にも例のない高いものであろう。

　表3－2から，従業員より企業側の負担率がはるかに高いことも分かる。日本では，企業と従業員は労使折半で負担するが，中国の場合は3：1の割合で企業が多く負担している。住宅積立金や商業医療保険の負担分をも加算するならば，5：1か4：1ほどになる。先進諸国の保険料負担構造と比べると，中国では，企業と従業員の間の負担割合はスウェーデンやフランスのそれに似ている。このような負担構造のもとでは，企業の社会的責任が負荷され，従業員の負担が軽減されるというメリットがある。しかし，経済システムがまだ移行過程にあるため，企業に押しつけられる負担が大き過ぎると，企業収益に圧迫をもたらしてしまう。現地調査によって明らかになった事実であるが，保険料負担を減らすために，従業員数や賃金所得を過小申告している企業が少なくない。虚偽申告の多発によって社会保険料の徴収は予想より少なくなっている。社会保険負担を企業側に転嫁し過ぎると，かえって社会保険財政に赤字構造をもたらし，政府財政の補塡が求められる。財源政策の中立性基準を考慮し，偏っている負担率の構造を見直す必要があると思われる。

（4）業務担当機関の非整合性

　賃金労働者の生活を保障する"五険一金"（5つの社会保険制度に住宅積立金を加えたもの）は，保険料（住宅積立金）の徴収および給付の支給に関わる業務が統一の機関によって行われず，いくつかの行政機関が分担している。また，地域によって担当機関はかなり異なる。担当機関の整合性が欠けているといわざるを得ない。2008年8月に大連市（遼寧省）と長春市（吉林省）で行った現地調査から得られた情報をベースに徴収と支給の担当状況を紹介しておこう。

　保険金の徴収に関してはおおむね徴税機関と社会保険機構が担当するが，

大連市の場合は大連市社会保険基金管理センターが業務を担当している。大連市社会保険基金管理センターは大連市社会保障局が所管する第三セクターのような機関で，"五険"のほかに寒冷地域である東北地域に特有の暖房費をも徴収するが，住宅積立金の徴収業務は行っていない。保険給付の支給に関しては，年金と暖房費のみを担当しているが，医療，失業などは別の機関によって行われている。吉林省では，年金，失業および出産保険制度の保険料徴収と保険給付については，省社会保障局が直接担当し，医療保険制度については省衛生局が担当し，労災保険については民間の保険会社が担当している。同じ東北地域に位置しながら，社会保険の徴収と支給機関がまったく異なっているだけではなく，社会保険と商業保険が業務上混在していることは理解に苦しむ。

　社会保険制度の実際業務の取り扱い機関が地域によって異なっていることは，被保険者本人と企業の人事担当者の両方にとってたいへん不便なことである。労働者が地域間を移動する際，所定の手続きをとるためには無駄な時間と費用を費やしているとよく聞く。人材流動に伴う社会保険手続きの更新を容易にするためには，社会保険の実務を取り扱う機関の統合が必要であろう。

5．おわりに

　1990年代，福祉国家と脱商品化の議論は福祉国家の比較研究の第一人者であるエスピン-アンデルセンによって広げられた。その内容とは，労働力が擬似商品として市場において「売買」されるが，疾病・高齢などのリスクによってその労働力が擬似商品として「売買」されなくなるときに，労働力を保護するための福祉政策が脱商品化という概念で捉えられ，脱商品化の程度によって福祉国家であるかどうかを測ることができるというものである。このような脱商品化の議論を中国の社会保険改革に照らし合わせてみると，以下のように理解することができよう。すなわち，経済改革による市場経済

の形成は，社会主義時代に商品化になっていなかった労働力を擬似商品にした。脱商品化の考え方にしたがえば，中国の社会保険制度は擬似商品になった労働力を様々なリスクから解放するために，徹底的な脱商品化の制度設計とならなくてはならない。しかし，従来の制度から変容してきた現行の社会保険制度は統一性に欠けているため，徹底した脱商品化とはなっていない。そのため，擬似商品になった労働者に対して公平な保障ができていない。それだけではなく，本章の第3節と第4節で検討したように，統一性が欠如している現行社会保険制度は人材流動の面や人的資源管理の面にも様々な影響を与えている。

今後の中国版「皆保険」を形成していく過程においては，脱商品化の視点，または人的資源管理の視点から制度の統合性をいかに図っていくかが重要な課題であろう。

注：
1) 2011年1月20日，中国国家統計局は2010年の名目GDPが約39兆7,983億元と発表した。これにより，2010年の中国の名目GDPは米ドル換算すると約5兆8,790億ドルとなり，日本の約5兆4,740億ドルを超え，アメリカに次ぐ世界第2位の経済大国となった。
2) 医療保険制度は1998年12月に公布された「都市部賃金労働者の基本医療保険制度に関する決定」，失業保険制度は1999年1月に公布された「失業保険条例」に基づいて実施された。
3) 任意加入による制度の拡大が困難であるため，1999年から農民の年金保険制度は一部の地域で中止された。
4) 計画経済期において，事業単位は国有企業と同様に予算経費で運営されていた。しかし，市場化すると，事業単位の運営費用は自らの事業収入によって賄うようになった。これは企業化管理といわれている。
5) 計画経済期において実施していた社会保険制度である。その適用対象は国有企業，集団企業の従業員のみである。
6) 企業が負担する保険料は企業の経営状況に合わせて，20％を超えないように規定している。また，2005年の改正前は，企業負担分には個人年金口座に繰り入れる3％の保険料が含まれていたが，2005年の改正により個人年金口座への繰り入れ義務はなくなった。

7) 本人平均賃金の8％というのは，2004年になってからの基準であるが，1997年以前の実験段階では4％が普通であった。1998年より2年ごとに1ポイントずつ引き上げるように計画された。
8) 2005年の改正前は，個人年金口座に企業が納付する保険料の3％も入るが，2005年の改正によりなくなった。なお，1997年時点では個人年金口座への企業の納付分の移転は7％だったが，1998年より2年ごとに1％を引き下げ，2004年に3％になった。
9) 2005年の改正により個人年金口座に入る企業納付保険料の3％がなくなったことによって，2006年から個人年金口座に入るのは個人納付する保険料のみになっている。
10) 企業側が負担する保険料のベースとなる賃金総額には離退休・退職者の年金額が含まれていない。その目的とは，古い企業と大企業の負担を抑えることである。古い企業や大企業は数多くの離退休・退職者を抱えている。これらの人の年金額を算入すると企業側の負担は大きくなり，新しい企業との競争に不公平となる。
11) 離退休・退職者は保険料を負担しない。
12) 建国から1990年代まで国営企業と称していたが，1993年から全国人民代表大会により国有企業と変えられた。本章では正式文書（1993年まで）の名称以外の場合は，「国有企業」としている。
13) 行政機関職員（公務員）は含まれていない。
14) 1986年の待業保険では企業側が負担する保険料は標準賃金総額の1％と定められていたが，1993年の改正では，それが賃金総額の0.6～1％に変えられた。さらに1999年以降は現行基準になった。賃金総額の概念が標準賃金よりかなり大きいということと，経済成長による所得水準の上昇も著しいということによって，保険料収入が大幅に増えた。
15) 本章を完成した段階までは，中国において社会保険法はまた検討中だった。その後，2010年10月28日，全国人民代表大会常務委員会は『中華人民共和国社会保険法』を採択し，2011年7月1日より施行することを決めた。
16) これまでの企業訪問において，保険料の割高感から何らかの対応を打つという意見は聞いたことがない。
17) このような指摘は，劉暁梅（2002），鄭功成主編（2002），楊良初（2003）にある。
18) 中国における個人口座の「空口座」問題については于洋（2003a）を参考されたい。
19) 年金・医療・失業・労災保険を見た場合は，大連N社を除けば，企業と従業員の負担合計はすべて40％以上になっている。
20) 現地調査で明らかになったことは，公的医療保険で受けられる医療給付が限られているため，多くの企業は定期的な健康診断，扶養家族（特に子供）の医療支出を提供するために，商業保険に加入していることである。
21) 北京O社，天津O社，昆明O社は，大手日系機械メーカーの北京本社，天津支社，昆明支社である。

参考文献：

鄧大松・劉昌平編著（2008）『2006～2007年中国社会保障改革与発展報告』人民出版社。
任遠・彭希哲（2007）『中国非正規就業発展報告』重慶出版社。
王小章主編（2007）『中国発達地区社会保障——来自浙江的報告』浙江大学出版社。
文魁・楊宜勇・楊河清主編（2008）『中国人力資源和社会保障発展研究報告（2008）』中国労働社会保障出版社。
楊良初（2003）『中国社会保障制度分析』経済科学出版社。
鄭功成主編（2002）『中国社会保障制度変遷与評估』中国人民大学出版社。
国家統計局・労働社会保障部編『中国労働統計年鑑』中国統計出版社，1992年～各年版。
財政部編『中国財政年鑑』中国財政雑誌社，1990年～各年版。
中国労働社会保障部編『労働和社会保障事業発展統計公報』（各年版）
于洋（2002）「中国の医療保障制度の展開－市場経済と関連させて－」『早稲田経済学研究』，NO.54，pp.111～131。
于洋（2003a）「中国の年金保険制度における問題」日本年金学会編『日本年金学会誌』2003年3月，第22号，pp.62～73。
于洋（2003b）「中国の失業問題とその対策－1998年以降の失業保険と再就職センターを中心に－」『早稲田経済学研究』，NO.58，pp.31～52。
于洋（2005a）「体制移行期における中国の財政制度」馬場義久編著『マクロ経済学と経済制度』早稲田大学出版部，pp.126～157。
于洋（2005b）「労働市場の変化と社会保障政策：失業政策を中心に」白木三秀編著『チャイナ・シフトの人的資源管理』白桃書房，pp.88～108。
于洋（2006）「中国における医療保険の形成とその実態」社会政策学会編『東アジアにおける社会政策学の展開』法律文化社，pp.213～236。
武川正吾（2008）「東アジアの地域統合と社会保障」『週刊社会保障』第2510号，pp.42～47。
田多英範（2007a）「東アジア福祉国家論はいかに論じられるべきか」社会政策学会編『経済発展と社会政策　東アジアにおける差異と共通性』社会政策学会誌第18号。
田多英範（2007b）「日本の福祉国家化と韓国の福祉国家化」『週刊社会保障』第2423号，pp.40～45。
田多英範（2008）「日本の福祉国家の成立をいかに捉えるか」『週刊社会保障』第2484号，pp.40～45。
中兼和津次（1999）『中国経済発展論』有斐閣。
丸川知雄（2000）「失業問題の現状と展望」中兼和津次編『現代中国の構造変動2　経済―構造変動と市場化』東京大学出版会，257～286頁。
丸川知雄（2002）『労働市場の地殻変動　シリーズ現代中国3』名古屋大学出版会。
G.エスピン－アンデルセン著，岡沢・宮本監訳（2001）『福祉資本主義の三つの世界』ミネルヴァ書房。

劉暁梅（2002）『中国の改革開放と社会保障』汐文社。

第Ⅰ部　マクロ的視点から見たチェンジング・チャイナ

第4章

労働契約法の法的解釈とその実務的適用

　近年，工業化，都市化，経済構造調整の進展が加速するのに伴ってレイオフ労働者，農村からの出稼労働者が大幅に増加したため，一時的に，労働力の供給が需要をはるかに上回る現象が発生しており，労働契約の未締結や使用者側による労働関係の一方的解除，試用期間の濫用，残業代の未払いといった問題が多発するようになった。確かに，労働法は，社会主義市場経済体制に適応する雇用制度を確立する上で大きな役割を果たしてきたが，これらの問題を解決し，現代的な新しい雇用制度を規制・規律する法律として機能するには限界があった。

　このような背景の下，労働契約法（2007年6月29日採択，2008年1月1日施行）が制定され，2008年に施行されるに至ったが，労働法と比較すると，労働契約法は，労働者保護の基本理念を全面的に貫き，労働者の権利を大幅に拡大するなど，いわば「社会的弱者」である労働者の保護を重視する側面がきわめて強いといえよう。

　本章では，現在，中国労働法制の根幹をなす重要法律であり，「労働法」と同様の法的位置づけにある「労働契約法」とその実施条例のほか，労働争議事件審理に係る法適用の若干の問題に関する最高人民法院の司法解釈などにつき論じたい。

1.「労働契約法」およびその実施条例の概要

(1) 労働契約法の制定と主な内容

1) 制定の背景

労働法は,市場経済体制の確立初期における立法であるため,労働力市場,労働関係に対する認識が決して十分であったとはいえず,労働契約に関する規定,不明確な法的責任などの問題が残されていた。また,労働法の下では,労働契約の締結率が低く,たとえ締結されても契約期間があまりに短いこと等に起因した労働紛争が頻発し,労働社会保障部の統計によれば,労働紛争の件数は,1995年から2006年までの12年間で13.5倍増加した[1]。こうしたことから,労働者の合法権益の保護,安定し調和のとれた労働関係の構築,労働法律制度の完備が急務となっていた。

2) 主な内容

労働契約法は,中国の労働契約に関する現実的な問題に着目して,労働契約制度の骨格をなす労働契約の締結,履行,変更,解除,終了等について全面的に規定を設けている。これにより,外商投資企業を含む全企業は,たとえば雇用体制,労働契約期間の設定,人材確保,競業禁止,派遣労働者の使用,労働契約解除時における経済補償金[2]など,人事・労働管理の面で大きな影響を受けるものと思われる。

(2)「中華人民共和国労働契約法実施条例」の制定と主な内容および問題点

1) 制定の背景

労働契約法は,企業の人事・労働管理に及ぼしうるその影響力ゆえ,つねに社会の関心を集めてきた。しかし,同法の内容にも,不明確な部分が少な

からず残されており，特に，同法により人件費が増大するのではないかという点が大きな論点となった。

これらの問題の解決・明確化を図るため，政府部門，研究者，実務家等によって慎重な議論が重ねられ，「中華人民共和国労働契約法実施条例」（以下，「実施条例」という）が行政法規として国務院に採択・公布されるに至った。

2）主な内容および問題点

実施条例は，労働契約法の具体的な運用を指導し，不明確な部分を補充する立法であり，これにより，労働契約法の，曖昧だと批判されていた部分がかなり解消された。しかし，依然として明確化されたとはいえない箇所もあり，また，外国企業の在中事務所が中国国内において行う労働者直接雇用など，激しい議論のあったいくつかの論点は，結局，実施条例に反映されなかった。なお残存するこれらの問題をめぐり，中国の労働契約法に関する立法が今後どのように展開していくか，その動向を注意深く見守り続けていく必要がある。

2．労働契約の締結

労働契約とは，労働者と使用者との間に労働関係を確立し，双方の権利義務を明確化する合意と定義されており（労働法16条），その締結に際しては，合法，公平，平等，自由意思，協議一致，信義誠実の各原則に従わなければならない（労働契約法3条）。

労働法と比較して，労働契約法は，公平，信義誠実の両原則を特に強調している。これは，契約法の精神を継承したものであり，労働契約についても，契約締結の一般原則が妥当することを確認したものといえる。

実務においては，特に合法原則に注意する必要がある。ここにいう「合法」とは，労働契約の内容の合法性のみならず，労働に関する手続き（労働契約の締結手続き，労働者採用手続き，契約者適格，契約形式等）の合法性も要

求するものである。現に，労働紛争が引き起こる要因は，労働契約の未締結ばかりでなく，締結された労働契約の実体的合法性，手続的合法性の不備に求められることが多い。

（1）労働契約法の適用範囲

労働契約を締結する主体，すなわち労働契約の当事者は，労働者と使用者である。この使用者には，企業，個人経済組織，民営非企業単位のみならず，会計士事務所，法律事務所等のパートナーシップ組織，基金会等も含まれる。また，国家機関，事業単位，社会団体も，そこで働く労働者（清掃員，守衛等）と労働関係を確立する場合には，労働契約法の適用対象となる。

（2）労働契約書の記載事項

1）必要な記載事項

労働紛争の発生を可能な限り抑止するためには，適法かつ有効な労働契約の締結がきわめて重要な意味を持つ。これに関し，労働契約法は，労働契約において一定の事項を定めることを義務づけており，法定の必要的記載事項を盛り込んでおかなければならない。これらの事項が欠落した労働契約は，それにより直ちに無効になるわけではないが，労働行政部門による是正命令，労働者に損害をもたらした場合における賠償責任など，使用者に対し一定の法的責任が課される（労働契約法81条）。

労働契約法17条は，労働契約の必要記載事項を定めている。ここでは，実務経験から特に注意する必要があると思われる事項を抽出し，その適切な規定方法について説明するものとしたい。

（a）労働契約の期間

労働契約の期間という観点からすると，労働契約は，ⅰ）一定の期間を定める固定期間労働契約，ⅱ）期間を定めない無固定期間労働契約，およびⅲ）一定の業務の完成をもって期間とする不確定期間労働契約の3つに分類される。固定期間労働契約とは，使用者と労働者が契約の終了時期について合意

している労働契約をいうのに対し，無固定期間労働契約は使用者と労働者が契約の終了時期について合意していない労働契約である。さらに，不確定期間労働契約とは，使用者と労働者とが合意して，ある一定業務の完成をもって契約期限と見なす労働契約をいう。法定事由がある場合，無固定期間労働契約を締結しなければならず，その他の場合には，使用者と労働者が協議により合意に達した上で，上記で述べた各類型の労働契約を締結することができる。

これに関し，企業側は，職場における現実的な要求に基づき，労働者の能力に応じて，各労働者に最も適した類型の労働契約を活用することが望まれる。

これらのうち，最も多用されているのは，ⅰ）の固定期間労働契約である。日本の労働基準法は，労働契約の期間を定める場合には，原則として，最長3年間と制限している[3]のに対し，中国法は，このような限度を設けていない。

中国労働契約法が施行された2008年1月1日以降，労働契約の期間を定めるにあたって正しい対応をしないと不利益がもたらされるようになった。すなわち，労使間において2回連続して固定期間労働契約を締結した場合，これをさらに更新するときは，原則として，無固定期間労働契約を締結しなければならなくなった。この点に関し注意が必要である。

もっとも，2回連続して締結した固定期間労働契約を更新するとき，使用者がその更新を行わないとの選択ができるか否か，労働契約法はこの点を明確に定めていない。法が明文化して禁止していない限り可能との解釈も成り立つが，これについては，全人大常務委員会法制工作委員会の非公式の見解であるが，1回の更新を経た固定期間労働契約が終了する際，労働者がその雇用期間において法令，社内規則を遵守していたこと，さらに，会社の業務を適切に遂行していたことが認められれば，会社は，その労働者の雇用を継続しなければならない旨が示されている。これを受けて，2回目の労働契約の更新にあたり，使用者は，正当な理由がない限りその更新を拒否しえず，

このとき，無固定期間労働契約とするか固定期間労働契約とするかについては，労働者に選択権があるとの考え方がほぼ通説化していた。これに対し，一部の地方では，これと異なる運用が見受けられる。たとえば，上海市人力資源社会保障局の担当者によると，「上海市人力資源社会保障局，上海市人民法院の内部においては，3回目の労働契約の締結にあたり使用者がその更新にかかる選択権を有するとの共通認識が形成されている」とのことである。これら地方ごとに異なる解釈や運用についても，注意が必要であると思われる。

このような立法事情を反映して，実務においても，無固定期間労働契約問題への対処法について相談を受けることが多くなった。これに対しては，具体的な職種，職務に応じて労働契約期間を定める工夫をすることが必要である，とのアドバイスを毎回行っている。すなわち，ある具体的な職種・職務に関し，その労働者の適性・能力を全面的に把握するのに必要な期間を予測することが企業にとって重要であり，たとえば，その把握に3年の期間が必要と判断したときは，第1回目の労働契約を締結するにあたって，その期間も3年とすることが推奨される。こうすれば，この3年の期間が経過したとき，その労働者の適性・能力の全面把握もできているので，企業は，その要求を満たさない者と無固定期間労働契約を締結するという不利益を回避することができる。

特に，後述するように，第2回目の固定期間労働契約が期間満了となったときは，原則として自動的に契約が更新される運用がなされているため，企業がその要求を満たさない者との契約締結を拒否するチャンスは，第1回目の労働契約の期間満了時に限られている。そこで，第1回目の労働契約については，労働者の適性・能力を把握するに足りる十分な期間を確保する必要があり，また，固定期間労働契約の期間を長期化させておけば，法により強制された無固定期間労働契約の締結を先延ばしにすることができ，これを回避するための時間を稼ぐことができる。

(b) 無固定期間労働契約

労働契約法の成立以来，つねに論争されてきたのは，無固定期間労働契約は「終身雇用」と同義か否か，という問題である。中国政府が両者を混同してはならないと強調しても[4]，外資系をはじめ，企業の多くはこれら2つを同一視して，終身雇用を回避するべく無固定期間労働契約を締結しない工夫を重ねてきた。

　この問題については様々な議論がされてきたが，現在では，無固定期間労働契約は，固定期間労働契約と同じく解除することが可能であって，決して終身雇用を意味するわけではない，との通説が定着しつつある。すなわち，無固定期間労働契約であっても，途中で解約することができないわけではない。ただ，これまでの労働契約は1年単位で締結されるのが普通であったため，企業側は，契約期間の満了を待ちさえすれば，契約終了という形で労働者を解雇することができた。しかし，労働契約法によって労働契約の期限が無固定とされたことにより，従来のような「年に1度やって来る解雇のチャンス」はなくなった。このような理由から，両者は混同されることとなった。

　以上のような論争はともかく，無固定期間労働契約の導入により，企業の負担増となることは間違いないであろう。これに対し，企業は何もすることができず，ただ無固定期間労働契約を締結する義務を履行するしかないのだろうか。そこで重要となるのが，既述のように，第1回目の労働契約の期間をどのように設定するかである。これに関し，立法機関の見解によると，基本的に，第1回目の労働契約の更新によって第2回目の固定期間労働契約が締結された場合において，この第2回目の労働契約が満了したときは，労働者側の原因による労働契約解除事由（労働契約法39条[5]），その他の労働契約解除事由（労働契約法40条1号[6]，2号[7]）がない限り，使用者は，さらに同契約を更新して無固定期間労働契約を締結しなければならない。すなわち，第2回目の更新に際しては，原則として使用者側から労働契約の終了を申し出ることはできず，無固定期間労働契約を締結するしかない。したがって，使用者は，第1回目の労働契約を更新する際，慎重な検討・決定が求められる。

無固定期間労働契約とはいっても，これは決して解除不能なものではない。よって，すでに人事や労働評価に関し適正な制度が確立されている企業であれば，さほど大きな問題が生じることはないと考えられる。
　（c）勤務内容・勤務場所
　労働契約において定められた労働者の勤務内容，勤務場所は，労働者と協議して合意に達しない限り，企業側の判断で自由にこれを変更することはできない。したがって，特に社内転勤や出向などが多い企業にとっては，勤務の内容・場所をどのように規定するべきかという点が大きな課題となる。
　（d）労働報酬
　労働報酬というと，そこには賃金そのもの，報酬全体という2つの意味が含まれる。このうち，報酬全体は，固定的な基本給のほか，特別賞与，残業手当，その他の手当等，金額に変動がある項目によって構成される。労働契約においてこれら変動のある項目のみを定め，明確な金額を確定しておかなければ，労働契約法の労働報酬に関する規定の適用，たとえば，経済補償金の計算が困難となる。それゆえ，労働契約には，少なくとも，各地の最低賃金基準を下回らない数字を基本給として明確に定めておくべきであると解される。
　これに関し，国務院は，労働者の賃金制度を改善して収入格差を是正する「賃金条例」の立法作業を現在急ピッチで進めているとのことである。同条例は，労働報酬に関する中国初の行政法規として，既述の賃金団体交渉制度のほか，同一労働同一賃金原則等労働者の権利保障に関する重要な条項を定め，また，賃金の配分，最低賃金基準，賃金支払の方法とその規制などに関する新規定の導入も予定している。これには収益の配分に関する制度改革など難しい問題も絡んでくるため，その正式な公布への道は決して平坦ではないが，国務院法制弁公室が提示した新たな要求に基づき，同条例はすでに最終の修正段階に入ったとの報道もあることから，いずれにせよ，その動向を注意深く見守る必要があろう。

２）任意の記載事項

　使用者・労働者は，労働契約において，必要な記載事項のみならず，試用期間，職業訓練，秘密保持，補充保険，福祉待遇その他の事項についても約定することができる。実務においては，特に試用期間，職業訓練，秘密保持をめぐる紛争が多発しており，それゆえ，労働契約にこれらの事項に関する条項を設けることが一般化している。

　（a）試用期間

　労働契約を締結する際には，契約期間に応じた異なる試用期間に関する規定に注意する必要がある。労働契約法の制定前は，試用期間の上限を6カ月とする規制がなされていたが，実際には，これよりも長い試用期間を設定したり，試用期間の賃金を減額するといったケースが少なからず存在し，トラブルが絶えなかった。さらには，同一の労働者に対し複数回にわたって試用期間を設定した使用者に対し，仲裁廷がその無効を認定するとともに，試用期間における賃金と正社員賃金との差額を補填するよう命じた労働仲裁事件もあった。

　これに対して，労働契約法は，使用者に対し，同一の労働者については1回の試用期間しか設けてはならないとし，その期間に関しても，労働期間が3カ月以上1年未満のときは1カ月の試用期間，労働期間が1年以上3年未満のときは2カ月の試用期間，労働期間が3年以上又は期間が無固定のときは6カ月の試用期間を上限とする制限を設けた。また，雇用期間を約定していない労働契約は，たとえ試用期間だけを定めていたとしても，試用期間に関する約定のない労働契約と見なされる。労働契約法が施行された現在，使用者は，新規に締結する労働契約において，試用期間が同法の要求どおり厳密に設定されているか否かのみならず，既存の契約についても，同法の要求と合致しているか否かをチェックする必要がある。

　（b）職業訓練

　会社にとって重要な人材が同社に在籍しながら就職活動をし，新しい就職先が見つかると労働契約の中途解除も厭わず，すぐに辞職してしまうという

例がよく見られる。これは、会社にとってたいへんな痛手となるため、一部の会社は、専門訓練費用を提供された労働者が労働契約の中途解除をした場合における違約金支払義務を労働契約に定める等の対策をとっている。

しかし、労働法には、違約金に関する明確な規定がなく、紛争が発生した場合には、雇用者の所在地の労働法令に定められた関係規定を適用するものとしている。

各地方の労働契約に関する法令は、基本的には同じであるが、相違も少なくない。中でも、「北京市労働契約規定」と「上海市労働契約条例」との差異は典型的で、各地方の労働契約に関する法令も、この北京型・上海型のいずれかに分類することができる。そして、このような違約金の設定に関し、北京の規定はこれを認めているが、逆に上海の規定は、特殊なケースでない限り、これを無効としている。

この問題について、労働契約法は、専門訓練費用を提供して労働者に専門技術訓練を行った使用者は、同労働者に対し一定期間の勤務を要求することのできる拘束期間を約定することを認めている。その詳細については、後述の「3．日常の人事・労働管理」の（3）において述べるものとする。

(c) 秘密保持

中国に進出した多くの日本企業が抱く感想として、中国では「転職こそキャリアアップの近道」という風潮が日本より強く、欧米のように転職・退職が多いということがよくいわれる。また、中国国内に進出した外商投資企業のうち、中国人スタッフの離職率が一番高いのも日系企業であった。2006年6月4日の「朝日新聞」[8]によると、日系企業で働く中国人スタッフの離職率は15.1％であり、欧米企業の6.3％に比べて2倍以上高い。2007年末の記事[9]によると、日系企業の労働報酬の増加に伴い、離職率がある程度下がってはきたが、依然として4～15％となっている。このような現象の原因については、現在の中国人就業者が成果主義を好む傾向にある一方で、日系企業では、そのような評価システムの構築が進んでいないことにある、と指摘されている[10]。

特に，転職者・退職者が会社の事業秘密を知り得るポストにあった職員の場合には，退職後に競合する同業他社に転職，又は競合する企業を自ら設立するケースが多く，従業員による営業秘密の漏洩の危険性が十分に考えられる。営業秘密は，それが一度漏れてしまうと，回復し難い損害が生じることがほとんどである。従業員の転職に際しては，ノウハウや営業秘密の流出，従前の顧客の喪失等，多様な問題が危惧されるが，現に中国においては，営業秘密を握る従業員がライバル社に転職したことから，もとの勤務先である会社が同人とその転職先の会社を相手取り，不正競争行為として損害賠償等を請求する訴訟事件が多発している。

　たとえば，2004年，北京D公司が元副総裁とその転職先である日系企業S社に対して250万元の損害賠償を求める訴訟事件が発生した（図4－1参照）。

　その背景には，競業関係に立つ原告・D公司と日系企業K社との間において，S社の買収をめぐる激しい争いがあった。結局，K社がS社買収に成功したのだが，その後，D公司の従業員十数人は，いったん他の会社に転職し，K社がS社を新S社へと変更するや，一斉にこの新生S社に入社した。さらに，D公司の副総裁であった陳氏までも，ライバル関係に立つ新S社に転職した。そこで，D公司は，訴訟という手段に訴え出たのである。

　北京市海淀区人民法院は，元副総裁とS社によるこれらの行為について，

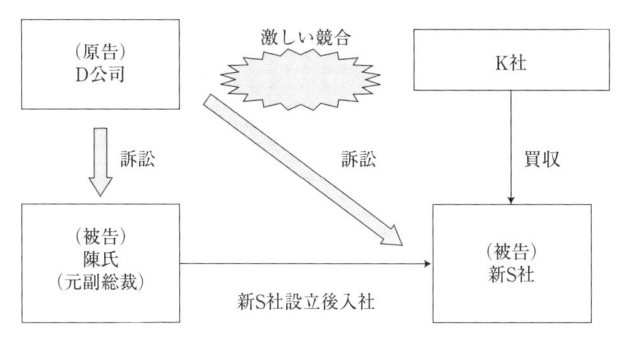

図4－1　転職に伴う不正競争行為の例

第4章　労働契約法の法的解釈とその実務的適用

不正競争行為が成立するものと判断して，損害賠償金 50 万元の支払いを命じる一審判決を下した。

このように，中国に進出する際には，従業員による商業秘密の漏洩に対し十分に配慮することが必要となる。転職・退職を決意した従業員にそれを撤回させることはなかなか困難であるが，従業員が在職中に知るに至った会社の秘密情報については，秘密保持契約を締結することにより，その在職中のみならず退職後においても秘密保持，競業避止義務を負わせ，また，退職希望者に対して「脱秘措置」をとるなどの徹底した社内体制を整備して対応すれば，ある程度のリスクは回避可能である。

この点について，労働契約法 23 条，24 条によると，使用者は，その高級管理職，高級技術員，その他当該使用者の商業秘密を知る者との間において，労働者の競業避止義務に関する約定をすることにより，労働者が当該使用者の下から退職した後に当該使用者と同種の製品を生産すること，当該使用者と同種の業務を経営すること，若しくは使用者と競争関係にある他の事業所に就職すること，又は労働者自身が開業して当該使用者と同種の製品を生産すること，若しくは当該使用者と同種の業務を遂行すること等を制限することができる。

労働法は，これら競業避止義務に関する明確な規定を定めていなかった。労働契約法により，使用者は，高級管理職，高級技術員等に対して，競業避止を義務づけることができるようになったが，この義務の有効期間は 2 年を超えてはならず，しかも，競業避止期間中においては，使用者が労働者に経済的補償金を支払う必要があることに注意する必要がある。

ともあれ，現実問題として，営業秘密保持に関する中国人労働者の意識は乏しく，外資企業は，つねに秘密漏洩の危険にさらされているといっても過言ではない。この点に関し，たとえば「深セン経済特区企業技術秘密保持条例」は，企業が従業員等に対し営業秘密保持の義務を課したと認定するためには，秘密保持をマーク等で明示したり，秘密保持に関する文書を従業員に配布し周知徹底させる等の措置が必要であるとしている。それゆえ，いざ訴

訟を提起した際に，そもそも営業秘密を保持する義務が存しないとの理由で門前払いされないよう，外商投資企業は，自己の営業秘密の管理に気をつける必要がある。

（3）労働契約未締結の責任

　労働契約法は，労働契約の形式に重点を置き，使用者が書面で労働契約を締結しない場合における法的責任を加重するものとした。この労働契約締結の義務を怠り，雇用した日から1カ月以上にわたって労働契約を書面で締結しなかった使用者は，労働者に対し，月ごとに賃金の倍額を支払わなければならない。さらに労働者を雇用した日から1年以上にわたり労働契約を書面で締結しなかった場合には，無固定期間労働契約を締結したものと見なされ，かつ，その使用者は，労働者に賃金の倍額を支払わなければならない。現行の労働関連法令が労働契約の解除を厳しく制限していることに鑑みると，無固定期間労働契約が締結されていると見なされることは，企業の弾力的な雇用を阻害する多大な圧力となる。

　また，労働契約の未締結は，企業に対する行政処罰，企業による民事賠償といった法的責任も招く。すなわち，労働契約の締結義務を履行しない使用者は，政府労働社会保障行政部門から是正命令が発せられるとともに，労働契約の未締結によって労働者が被った損害を賠償しなければならない。

　しかし，労働者に対し賃金の倍額を支払う期間について，労働契約法はこの点を明らかにしていない。これを解決するため，実施条例はこの支払期間について，雇用を開始した日から起算して満1カ月となった日の翌日から，労働契約を書面で締結した日の前日までを賃金の倍額の支払が必要な期間とした。

　実務においては，使用者の契約意識が欠如し，労働者と労働契約を締結しないケースが散見される。雇用コストが増加している中，経営費用の抑制，ならびに支出の低減は，企業側にとって大きな課題となる。そのためにも，労働契約の的確な管理方法を整備し，企業の現実的な要求に基づいて期間を

定めた労働契約を締結することが望まれる。また，労働契約の締結状況についてはつねに注意を払い，労働契約の未締結が発覚したときは，適切な対応をしなければならない。

なお，多くの者が実感しているように，企業の日常管理において発生する労働問題は実に多種多様で，法令に定めのない細かな事象が多く，直接適用しうる条文がないこともある。たとえば，労働契約が期間満了となった後，新たな労働契約を締結するまでの期間において労働に従事した者は，企業に対しこの期間の賃金の倍額を請求することができるか否かという問題がある。この場合については，旧労働契約が更新されたものと評価するべきであり，企業は賃金の倍額を支払う義務を負わないとする否定説もあれば，新たな労働契約を締結していない点こそ重要で，企業は賃金の倍額を支払わなければならないとする肯定説も主張されている。この問題は，新たな法令が制定されない限り，単純に労働契約の未締結に該当するとはいえず，具体的な事情を分析し，証拠資料を検討した上で判断しなければならない難題といえる。このように適用すべき法が不明確な場合には，まずは弁護士に相談することが問題の早期解決につながる1つの方法だと思われる。

3．日常の人事・労働管理

（1）社会保険料・住宅積立金

1）社会保険料

中国における社会保険には，①医療保険，②養老（年金）保険，③工傷（労災）保険，④失業保険，⑤生育（出産）保険の5種類があり，2010年10月28日に公布され2011年7月1日に施行された「社会保険法」も，これを踏襲している。これら5種の保険は，「住宅積立金」と合わせて「五険一金」と呼ばれている。社会保険加入者数の推移は図4－2の通りである。

中国の現行法律法規によると，社会保険料は，使用者・従業員の双方がそ

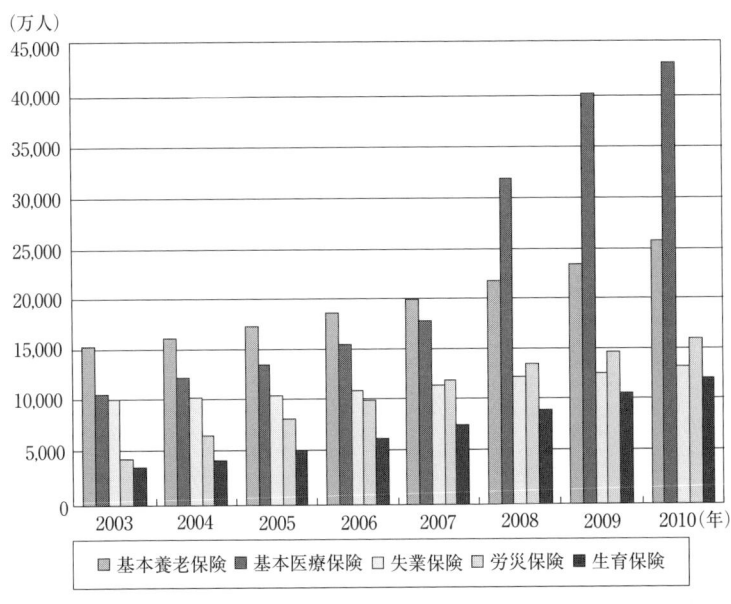

図4−2　2003年〜2010年における社会保険加入者数

注：中華人民共和国人力資源社会保障部・2009年労働社会保障事業発展統計公報（http://www.chinanews.com.cn/cj/news/2010/05-21/2298095.shtml）に基づく2010年人力資源社会保障業務進展に関する人力資源保障部の発表会（http://www.china.com.cn/zhibo/2011-01/25/content_21803701.htm）。

れぞれ一定の比率でこれを負担し，使用者は，労働者（試用期間中の者を含む）のために，労働者の給与総額（残業手当等を含む労働報酬の総額）に応じた各種保険料を支払わなければならない。社会保険料を納付せず，あるいはその納付を遅延している場合には，その追納が命じられ，場合によっては，労働法，社会保険料徴収暫定条例により罰せられることもある。したがって，試用期間中か否かを問わず，使用者は，自己と労働関係を有するすべての労働者のために社会保険料を支払わなければならない。

　なお，従来においては，香港・台湾・マカオ籍の者，外国籍の者は，これらの保険への加入が制限されていた。たとえば，北京市は，これらの者に対し労災保険への加入のみを認めているが，いずれの保険への加入も認めてい

ない都市もある。しかし，中国対外開放の拡大に伴って中国国内で就業する外国人が増加していることから，国際慣行に倣いこれらの者も社会保険の対象とするべきとの声が高まりつつあった。このような背景の下で制定された「社会保険法」は，その97条において「中国国内で就業する外国人は，本法に照らし社会保険に加入する」と定めている。とはいえ，この法律もあくまで原則，方向性を定めたものに過ぎないことから，同法の運用やその後の展開などにつき注意深く見守っていく必要があろう。

　中国には，保険に関しても地域間格差があり，保障内容や保険料負担比率が地域ごとに異なっている。ここでは，あくまで一例として，表4－1，表4－2の通り，北京市・上海市の保険料負担比率を紹介するものとしたい。

　なお，社会保険料の納付基数は，原則として，労働者本人の前年度における平均月賃金とされ，納付基数の最高限度額を当該地域の前年度における従業員月平均賃金の3倍とし，その最低限度額を同月平均賃金の60％とする。国家の法規は，社会保険料の納付基数，納付比率に関する原則的な事項しか定めていないため，実務上，各地方政府が当地の現状に応じて地方規則を定めることが一般化している。

2）住宅積立金

　住宅積立金は，企業と労働者個人とで毎月一定額を折半して積み立て，現地の住宅積立金管理センターがこれを管理・運用し，労働者の住宅の購入・新築・改築や定年時等に際して，これを取り崩して使用することが認められた一種の社会保障制度である。

　使用者は，定められた期限，金額に従って住宅積立金を支払わなければならず[11]，この支払義務に違反すると，罰せられることもある。住宅積立金の納付比率について，国家の規定は，その最低比率を5％とすることのみを定める一方で，その上限については地方政府に委ねているため，各地域ごとにその基準が異なっている。

表4－1　北京市社会保険料負担比率（2010年度）

類別	納付基数の上限	負担比率		法的根拠
		企業	個人	
基本養老保険	4,037元* × 3 = 12,111元	20％	8％	北京市基本養老保険規定（北京市人民政府令183号）12条，13条
基本医療保険		9％	2％＋3元	北京市基本医療保険規定（北京市人民政府令141号）10条，12条
失業保険		1％	0.2％	北京市失業保険規定（北京市人民政府令38号）7条
労災保険		0.8％	なし	労災保険条例に関する北京市の実施弁法（北京市人民政府令140号）
生育保険		0.8％	なし	北京市企業従業員生育保険規定（北京市人民政府令154号）7条

注：＊北京市2010年最低賃金基準の調整に関する通知（京人社労発「2010」139号）。

表4－2　上海市社会保険料負担比率（2010年度）

類別	納付基数の上限	負担比率		法的根拠
		企業	個人	
基本養老保険	3,566元* × 3 = 10,698元	22％	8％	城鎮養老保険料納付比率の調整に関する通知（滬府弁発「2004」45号）1条，3条
基本医療保険		12％	2％	上海市従業員基本医療保険弁法（上海市人民政府令第92号）5条，6条
失業保険		2％	1％	城鎮失業保険料納付比率の調整に関する上海市人民政府の通知1条（滬府発「1998」37号）
労災保険		0.5％	なし	上海市労災保険実施弁法（上海市人民政府令第29号）10条
生育保険		0.5％	なし	上海市城鎮生育保険弁法（上海市人民政府令第109号）6条

注：＊上海市2009年度従業員平均賃金および成長率に関する通知（滬労保総発「2010」20号）。

（2）最低賃金

　他国と同様に，最低賃金制度は，中国でも労働者の基本的な権利として，労働契約制度の下に組み込まれている。使用者が労働者に支給する賃金は，この最低賃金を下回ってはならない。国土が広い中国では，毎年，当地の経

済状況，物価，平均収入等に基づき，各地域ごとの最低賃金が公表されている。これに対し，産業別の最低賃金は，現在のところ算出されていない。

　企業は，その所在地における最低賃金基準を厳守しなければならない。さもないと，法により労働者に対する賃金の不足分の支給が命じられ，場合によっては，賠償金を支払わなければならないこともある。ところで，全国に支社・支店を展開する会社が，自社と労働契約を締結する労働者を本社登録地とは異なる別の都市に出向させると，労働契約の履行地（出向先）と本社登録地との間に不一致が生じる。この場合において，最低賃金は，履行地の基準を適用するのが一般的だが，本社登録地の基準が出向先より高く，この基準を適用することを使用者・労働者間で合意したときは，本社登録地の関連規定に従う。

　なお，原則として，最低賃金基準額には，社会保険料，住宅積立金の労働者負担部分など福利厚生に関する費用や，残業手当，夜勤手当，高温・低温など特殊な労働条件に関する特別手当は含まれない。それゆえ，企業は最低賃金基準に関わりなく，これらに関する金額を労働者に別途支払わなければならない。

　ところで，上海市など沿岸地域では，「民工荒（出稼ぎ労働者不足）」問題の深刻化，収入格差の拡大，経済成長モデルの転換などを背景として，2010年2月から当地の地方政府による最低賃金基準の調整が開始され，その後2010年9月末までに，中国全土で30の省・自治区・直轄市が最低賃金基準の引き上げを行った。1カ月あたりの最低賃金基準の最高額は平均で24％増，中には30％増となった地方もあった。これに触発されて自己の勤務先の賃上幅は正当でないと感じた労働者は，大幅な賃上げを要求するようになったが，1980年代，1990年代生まれの若年層労働者は，インターネット等を通じてより多くの情報に接すること，また，独立心が旺盛で，家庭を持ち自ら生計を立てることに対する周囲からの期待も大きいこと等の事情から，特に賃金増に対する欲求が強固なものとなった。他方，政府が公示する最低賃金基準をかろうじて上回る一部の労働集約型企業も，労使間の対立激化が

起こりやすい環境にある。

（3）拘束期間

　特に若者の傾向として，中国には，よりよい職場を求め，苦労して入った会社をあっさり辞める者が多く見られる。学んだことが活かせない，働き甲斐が見つからない，給与・待遇に不満がある，会社の人間関係になじめない等その理由は各人様々だが，まさに，「這山望着那山高」（こちらの山から見ればあちらの山が高い）の諺どおりである。

　このような現象は，決して若者に限られたことではない。既述のように，必要な人材の流出を何とか避けようとする会社は，会社負担で専門訓練を受けさせた労働者に対し，労働者が労働契約の中途解除をした場合における違約金の支払義務を労働契約に定める等の対策を講じてきた。これに関し，労働契約法は，次のような規定を設けた。すなわち，専門訓練費用を提供して労働者に専門技術訓練をさせた使用者は，その労働者と契約を締結する際，使用者が一定期間にわたり勤務を要求することができる期間として拘束期間を約定することができ，他方，この約定に違反した労働者は，技術訓練費用を限度とする違約金を使用者に支払わなければならない旨が明確化され[12]，こうして，使用者が労働者に対し拘束期間を設定する行為には，法的根拠が与えられた。

　労働契約法においても承認されたこの拘束期間（中国語：服務期）について最も重要となる概念は，「専門的訓練費用」である。ここにいう「専門訓練」には，職場内・職場外における研修の双方が含まれ，また工業技術のみならず，ビジネススクール研修，外国語訓練など，学習対象も多岐に渡る。その明確な意義について，人力資源社会保障部の関係者によれば，労働者の特定技能を高めるために提供される訓練のみに限られ，入社後配属前の訓練や日常的な業務訓練はそれに該当しない，との限定的な解釈が示されている。他方，実施条例は，この「専門技術訓練」の内容を確定する定義規定を設けていない。このように，「専門技術訓練」の意義は依然として明らかでないが，

この概念が不明確なまま放置されると、使用者が労働者に対し、短期間の簡単な訓練を実施しただけで、数年にも及ぶような長い拘束期間を約定する場合も考えられ、労働者にとってあまりに不公平な労働契約が結ばれることが懸念される。

　その反面、労働契約法は、労働者の約定違反となる事由についても明らかにしていない。それゆえ、労働者が自ら労働契約の解除を求めることなく、故意に職務懈怠を犯すなどして使用者側から労働契約の解除を申し出るよう仕向けるといった極端な場合であっても、労働者は違約金の支払を免れることができるのではないか、とのおそれがある。この問題について、実施条例[13]は、就業規則に対する著しい違反など5つの事由を定め、これらの事由に該当するために使用者側から労働契約解除の申し出があった場合においては、労働者に対して使用者への違約金支払を義務づけるものとした。これにより、拘束期間にある労働者が使用者に対し意図的に契約解除を余儀なくさせるような行為を防止することが可能となった。

　こうして、労働契約法の施行により、使用者が技術訓練を受けた労働者に対し一定の拘束期間を設定できることが、全国各地において明確となった。これに関して使用者が注意すべき点として、将来において労働者の違約責任を追及する場合に備え、技術訓練の提供により発生した費用を正確に把握し、その証拠を保管しておくことが挙げられる。

　筆者がかつて取り扱った事件に、次のようなものがあった。A社に就職したB氏は、入社後、A社の指示により中国国外で技術訓練を受けることとなった。その際、B氏とA社との間において「訓練協議書」が締結され、拘束期間を5年とすること、B氏の側から労働契約の解除を申し出る場合には、訓練費用に相当する5万元を違約金として全額A社に賠償する旨が定められた。訓練を終えて帰国したB氏が実際にA社への勤務し始めてから2年後、外資企業のC社からいわゆるヘッドハンティングの誘いを受けたため、B氏はA社に辞職を申し入れた。そこでA社は、「訓練協議書」に基づきB氏に対し5万元の賠償を請求した。

この場合において，確かに，「訓練協議書」には，B氏の支払う違約金を5万元とする定めがある。これに関し，労働契約法は，技術訓練費用に相当する額を違約金の上限と定めており，この5万元という金額は，まさにA社が負担した訓練費用に相当する額であることから，法律が許容する範囲内といえそうである。したがって，B氏は，約定どおり5万元の賠償金を支払わなければならないのであろうか。

　しかしながら，B氏は，5年間の拘束期間のうち2年間については現に労働に従事している以上，やはり現に義務を履行した部分については，これを除外して考えなければならないであろう。すなわち，拘束期間に関して使用者が労働者に要求しうる違約金の上限について，労働契約法は，単に全訓練費用を上回らなければよいと定めているのではなく，拘束期間のうちこれを履行していない部分に割り当てられるべき訓練費用に相当する額を上限とする，と解するべきである。なお，拘束期間に相応する訓練費用の割当は，これに関して協議書を締結する際，当事者双方が協議の上，自由に決定することができるため，必ずしも均分して計算する必要はないと思われる。具体的な事情に基づいてこの割当を調整する余地は残しておく必要があろう。

（4）競業避止

　中国には，「樹挪死，人挪活」（木が移動すれば死に，人が移動すれば生きる）という諺がある。ここには，転職に対する中国人の意識が端的に表現されている。これを大義名分として転職を繰り返す者のことを，人々は「跳槽族」という。「跳槽」とは，本来，馬が自己の飼葉桶から他馬の飼葉桶へと向かうことを意味する言葉であるが，転じて転職の隠語となり，一時期盛んに用いられた。

　このように，日本と比較して転退職が頻繁な中国では，退職後の労働者により営業秘密が漏洩される危険性がきわめて高い。そこで，中国に進出する企業は，労働者による商業秘密の漏洩に対し，これを防止する社内体制の整備が不可欠となる。

「営業秘密」[14]とは，一般には知られておらず，権利者に経済的利益をもたらす実用的で技術的・営業的な情報であって，その権利者が秘密保護措置を講じているものをいう。すなわち，営業秘密は，秘密性（非公知性），有価性（有用性），要措置性（秘密管理性）という3つの特徴を備えている。

ところで，退職後の労働者による営業秘密の漏洩を防止する方法としては，労働者に対し競業避止義務を負わせること，営業秘密保持義務を負わせること等がある。従業員の営業秘密保持義務は，労働契約法23条1項に基づくものであるが，これは労働者の法定義務であるゆえ，使用者がこれについて対価を支払う必要はない。たとえ対価の約定がなされたとしても，労働者は，使用者がこれを支払わないことを理由に秘密を漏らしてはならない。これに対して，労働契約法23条，24条に定める退職後の労働者の競業避止義務は，労働者の就業の自由，職業選択権を制限するものであるため，これを労働者に負担させた使用者は，補償金を支払わなければならないものとされている。

たとえば，次のような事例があった。合弁会社A社は，その従業員B氏と競業禁止条項を締結し，B氏に補償金として賃金総額の3倍を支払う代わりに，B氏の退職後，A社との類似業務を経営する企業に就職しないことを約定した。その後，A社を退職したB氏がA社と競争関係にあるC社に転職したため，A社は，B氏がこの競業禁止条項に違反したことを理由としてB氏を提訴した。しかし，A社は，B氏に補償金を支払っていなかった。人民法院は，A社とB氏との間で補償金の支払について約定されていても，A社がこれを実際に支払っていないことを理由として，競業避止義務の有効性を否定した。

このように，競業避止義務に関する約定をしたにもかかわらず補償金を支払わない使用者は，労働者に対しその義務の履行を要求することができなくなる。したがって，使用者は，競業避止義務条項を定めただけで安心せず，補償金の支払にかかる自己の義務も，的確に履行しなければならない。特別なケース，たとえば，労働者の居場所が分からない場合や，労働者が補償金の受領を拒否した場合であっても，使用者は，補償金の供託を行うことによ

り，自己の義務の履行を立証することができる。

　当事者間でこの補償金の支払について特に約定しなかった場合について，現行の法律・法規は，競業避止義務の効力に関し明確な規定を設けていない。しかし，判例によると，補償金に関する定めのない競業避止義務に関する契約条項は，その有効性を欠くものとされている。

（5）規則制度の制定・改正

　ここにいう「規則制度」とは，就業規則のような，企業の労働契約管理，賃金管理，勤務時間と休暇，従業員賞罰等を含む管理規定を総称するものである。企業にとってその制定・改正は，国家の立法行為に相当し，その内容は，法定手続を経た合法的なものでなければならない。これは，労働者にとっては行為規範であり，使用者にとっては企業の運営を行い，労働者を管理する重要な手段の1つとなる。使用者は，これを最大限に活用することにより，効果的に労働者を管理し，労働紛争を回避することができる。

　労働契約法は，規則制度の制定・改正について，「使用者は，労働報酬，勤務時間，休憩・休暇，労働安全衛生，保険福祉，従業員訓練，労働規律，労働ノルマ管理等に関連する規則制度又は労働規律であって，労働者の切実な利益に直接に関わるものを制定，改正又は決定する場合には，従業員代表大会又は従業員全員による討論において草案，意見を提出し，労働組合又は従業員代表との平等な協議によりそれを確定しなければならない。規則制度又は重要事項の決定の実施において，これを妥当でないと判断した労働組合又は従業員は，使用者に対して，協議による修正，整備を申し立てることができる。使用者は，労働者の利益に直接関わる規則制度又は重要事項の決定について，これを公示し又は労働者に告知しなければならない」と定めている。労働契約法が公布される以前にも，就業規則等の社内規則は，民主的な手続によってこれを制定しなければならないとの要求がされていたが，実務においては，就業規則の制定については公示すれば足り，労働者側の意見を求める必要はないとの運用が一般的であった。

このように，中国の労働契約法は，規則制度の制定・改正についてきわめて民主的な手続を使用者に義務づけた。この点に関し，日本の労働基準法は，就業規則の制定・変更に関し労働者側にその意見を求めることを要求しているが，「平等な協議」を行うことまでは義務づけていない。それゆえ，日本では，使用者が一方的に就業規則の制定・変更をすることができる。したがって，この面においては，中国法は，労働者の保護に手厚いといわれる日本法よりも手厚い労働者保護を導入したといえるであろう。

　労働契約法が就業規則など社内規則の制定手続に関する明確な規定を初めて導入したことにより，企業は，規則制度の制定・改正が同法の施行前よりも困難となることを危惧して，2008年1月1日までに自社の規則制度の改正を終えようと急いだものが多く見られた。しかしながら，これに関する労働契約法の規定は，あくまで規則制度の制定・改正の原則に関する内容に留まっており，具体的なプロセスについては定めていない。特に，「平等な協議」について，これは「実質的平等」を求めるものなのか，それとも「形式的平等」で足りるのかが判然としない。当初は，実施条例による立法的な解決が期待されていたが，結局，実際に公布された同実施条例は，詳細なプロセスまで定められなかった。そこで，関係法令に関する執筆者の理解のみならず，この分野の政府関係者，専門家等から得られた多様な見解を根拠として，企業の規則制度の制定・改正は，図4-3のような手続きに従ってこれを行うことを提案するものとしたい。

　さらに使用者の関心事となるのは，労働契約法の関連条文の解釈として，規則制度の制定過程で労働者側と協議を実施した結果，双方が合意に達することまで必要か否かという問題である。労働者側と協議しても合意に達しない限り規則制度を制定・変更することができないのであれば，使用者と労働者との利害は往々に対立するゆえ，この意味においても，労働契約法の施行後は，規則制度の制定・変更が難しくなる。

　これに関し，規則制度を制定・変更する過程で労働者側との協議さえ行えば足りるとする見解は，その理由につき，労働契約法の草案段階では，労働

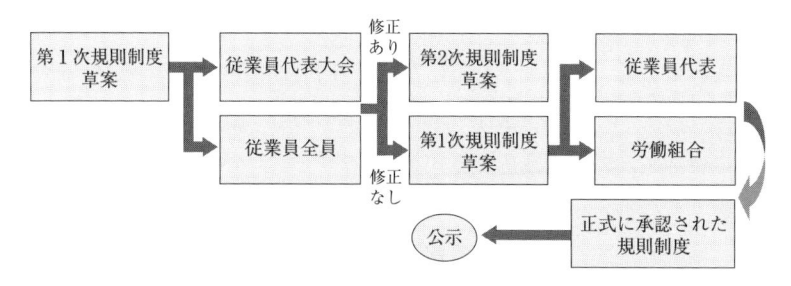

```
                修正
                あり
┌──────────┐   ┌──────────┐   ┌──────────┐   ┌──────────┐
│第1次規則制度│→→│従業員代表大会│→→│第2次規則制度│→→│ 従業員代表 │
│   草案   │   │          │   │   草案   │   │          │
└──────────┘   └──────────┘   └──────────┘   └──────────┘
         ↓         ↓               ↑               ↓
         ↓    ┌──────────┐   ┌──────────┐   ┌──────────┐
         →→→→│ 従業員全員 │   │第1次規則制度│→→│  労働組合  │
              │          │   │   草案   │   │          │
              └──────────┘   └──────────┘   └──────────┘
                修正                                 ↓
                なし                                 ↓
                          ┌────┐   ┌──────────┐
                          │ 公示 │←──│正式に承認された│
                          └────┘   │   規則制度   │
                                   └──────────┘
```

図4−3　企業の規則制度の制定手続き例

者側と協議して合意に達しなければ規則制度を制定・改正することはできない旨の規定が設けられていたにもかかわらず，最終的に採用されなかったことを論拠とする。このように，この問題をめぐっては，合意必要説・不要説が争われているが，労働契約法の立法者からは，次のような解釈が示されている[15]。

　それによると，労働契約法の草案段階では，立法者の間でもこの問題について重点的に議論したが，結局，協議の上合意に達しない限り規則制度を制定・変更することができないとすると，使用者と労働者との利害対立に起因して規則制度の制定・変更は不可能となり，それゆえ企業運営が機能不全に陥ってしまうとの見解が優勢を占めたため，労働者側との合意を規則制度制定等の要件と定める規定は，最終的にこれを採用しないものとした，とのことである。この立法者の見解が示されたことは，きわめて重要な意味を持ち，その内容も十分に首肯しうるものであるゆえ，規則制度の制定・変更の際には，労働者側と協議し，労働者への周知や労働組合・労働者から意見を聴取するなど，労働契約法に定められた民主的な手続きを踏めば足り，結果的に労働者との合意に達しなくてもよいと考えられる。

　これに対して，労働契約法が定める民主的手続きを経ないで制定された規則制度は，労働紛争が生じた際，その仲裁審理において法的根拠としての意義を認められないばかりか，裁判所や行政官庁によっても，無効なものとして扱われる可能性が高い。

また，規則制度に違法な内容が含まれているときは，労働行政部門によりその是正命令や警告が発せられるほか，その違法内容により労働者に損害をもたらしたときは，これを賠償しなければならない[16]。これにより，就業規則等の規則制度の制定をめぐる使用者の負担やコストは増大しており，これを回避するためには，労働組合・労働者代表と平等な立場で協議をした上で規則制度を制定すること，その内容が法律法規に反しないよう十分に注意することなど，慎重な対応が求められる。

4．労働契約の解除と終了

（1）労働契約の解除

　労働契約の解除とは，有効に成立した労働契約を，当事者双方の合意又は一方の当事者の意思表示に基づき，その契約期間が満了する前に終了させる法的行為をいう。

　1）労使双方の合意に基づく解除
　労働契約法は，労使双方が協議して合意に達したときは，労働契約を解除することができるものと定めている。ここには，契約の礎石である私的自治の原則が体現されている。しかし，この合意解除には，労使双方にとって思いがけない落とし穴がある。
　合意に基づき労働契約を解除する場合について，労働法は，使用者がこれを提議したときには，労働者への経済補償金の支払いを義務づけている（労働法28条）が，労働者がこれを提議したとき，使用者が経済補償金を支払う必要があるか否かについて，明確に定めていない。
　一方，労働契約法は，使用者側が解除を提議して労働者と合意に達し労働契約が解除となったときは，使用者は，労働者に対し経済補償金を支払わなければならない，と定めている（労働契約法46条2号）。これを反対に解釈

すれば，労働者側から労働契約の解除が提議され，双方がこれに合意したときは，使用者の経済補償金支払義務は生じない。これと同じ見解は，労働契約法の立法者からも示されている[17]。

したがって，後の紛争を避けるため，合意により労働契約を解除する場合においては，労使間で合意書を作成し，労使のどちらがこれを提議したのかを明確化しておく必要がある。

2）労働者による一方的な解除

労働者が一方的に行うことのできる労働契約の解除は，使用者側に対して契約解除の事前予告をしなければならない予告解除と，これを要しない非予告解除の2つに分けられる。

（a）予告解除

予告解除の制度は，労働者に対し，自由に労働契約を解除する権利を付与するものと評価しうる。これにより，労働者は，その理由を問わず，30日前（試用期間においては3日前）までに使用者に書面通知をすれば，労働契約を解除することができるようになった。たとえば，2008年10月31日をもって退職することを希望する労働者は，正式社員であれば2008年10月1日までに，試用期間であれば2008年10月28日までに，勤務先に対して書面で通知をすればよい。なお，使用者は，この予告解除を行った労働者に対して経済補償金を支払う必要はない。

（b）非予告解除

非予告解除とは，労働者が使用者に対して事前予告をすることなく，一方的に労働契約を解除することをいう。これは，予告解除と異なり，労働契約法に明記された解除事由[18]を充足する場合に限って実行することができる。

3）使用者による一方的な解除

使用者による一方的な解除とは，労働者の同意がないにもかかわらず，使用者の側からの一方的な意思表示に基づいてなされる労働契約の解除をい

う。これには，予告解除，非予告解除，整理解雇の3つがある。

(a) 予告解除

労働契約の締結後における客観的な事情の変化により契約の履行が不可能となった場合や，労働者の業務適格性に問題が生じた場合などにおいても，使用者がその正常な生産・経営を維持することができるよう，使用者に対しても，特定の事由[19]が発生した場合に限り予告解除を行う権利が付与されている。その特定事由が存するときは，使用者は，30日前までに労働者本人に対し書面で通知することにより，あるいは，賃金とは別に労働者に対して1カ月分の賃金相当額を支払うことにより，労働契約を解除することができる。

しかしながら，実務においては，使用者によるこれらの特定事由の立証が難しい場合もある。たとえば，使用者が「業務に堪えられない」と判断した労働者の担当職務を変え，変更後の新たな職務についても適任でないと判断したために，その労働契約を解除しようと考えるケースは多い。このとき，会社側は，その労働者が「業務に堪えられない」ことを立証するために，何をどのように準備しておく必要があるだろうか。これに関し，関連法令[20]は，「業務に堪えられない」とは，労働契約に約定された任務，又は同一の職種若しくは職務の人員と同じ作業量を要求どおりに達成することができないことをいい，使用者は，故意に労働基準量を引き上げて労働者がそれを達成しえないようにしてはならない，と定めている。

この規定からすると，労働者が業務に適しないことを証明するためには，会社は，就業規則において考査・評価に関する制度を定め，公開・公平・公正の原則に基づいて労働者の考査を行わなければならない，と考えられる。すなわち，考査・評価に関する制度の内容，その具体的な基準，それを実施する機関を労働者に事前に告知し，同一勤務に従事する労働者を同一基準に従って考査・評価するために客観的・合理的な考査・評価基準を定め，また，労働者が考査・評価の結果に不服を申し立てることができるような環境を整える必要がある。

また，労働契約法40条1の（三）に定めた「客観的状況に重大な変化が生じたこと」を理由に労働契約を解除するケースも多いが，ここでは，その具体的な意義が問われるであろう。

　これに関し，「労働法における若干の条文に関する労働部の説明」によると，「客観的状況に重大な変化が生じた場合」とは，不可抗力のほか，たとえば企業移転，吸収合併，企業資産の移転など，労働契約の全部・一部の条項を履行不能にする事情が生じたことをいう。しかし，「使用者が破産に瀕し，法定の再生を行う期間にあるとき，又は生産経営の状況に重大な困難が発生し，人員削減が確実に必要なとき」は，その限りでないとの例外が付されている。

　（b）非予告解除

　使用者は，法定の要件が充足された場合であれば，事前予告を行うことなく，労働者との労働契約を随時解除することができる。しかし，現実問題として労使間の地位は決して平等ではなく，使用者がその強い地位を利用して行う不合理な契約解除を防止するため，労働契約法は，非予告解除の事由を厳しく限定するものとした[21]。これについて，やはり問題となるのは，使用者側として労働者がこの解除事由に該当することをどのように証明するか，である。

　実務上よく寄せられる相談内容として，労働契約法39条に定めた「試用期間中に採用条件に適合していなかったこと」を証明するために，会社が事前に準備しておくべきことは何か，というものがある。ここにいう「採用条件」には，法律・法規に定められた基本的な採用条件のほか，使用者が求人に際して特に要求した知識文化・技術の水準，健康状態，思想品格等の条件が含まれる。当然ながら，「採用条件に適合していなかったこと」を証明するには，その証明に足りる有効な証拠を確保することが必要となるが，具体的には，募集広告，労働契約，職務説明書に採用条件を明記し，重要文書を労働契約の添付文書とするなどして，採用条件を明確に定めておくこと，試用期間における従業員の勤務態度，業務成績に関し，客観的な評価を記録し

ておくことが重要となる。

　この他にも，従業員の行為が会社の規則制度に著しく違反したか否かに関する判断方法や，遅刻・無断欠勤の多い従業員を使用者の規則制度に著しく違反したとして解雇することができるかという相談内容が多く寄せられている。

　日本法の下では，労働者の解雇に関して，合理的な理由があること，社会通念から見て妥当な解雇であることが要求されている。これに対し，中国では，従業員の行為が会社規則に著しく違反したか否かという点が，解雇の基本的な基準とされている。この基準をめぐり，2回の遅刻は会社規則に著しく違反するものとして，使用者が労働契約の解除に踏み切った事例がある。これに対し，人民法院は，さすがに2回の遅刻だけではそのような違反を認めることはできない，と判断した。

　一般論として，従業員の規則違反行為が会社規則に対する著しい違反といえるか否かについては，個別に具体的な事実を根拠とすることはもちろん，使用者の規則制度に定められた「著しい違反」の意義・内容を踏まえつつ判断することが重要となる。そして，その判断は，量・質の両面からこれを実施する必要がある。この量・質とは，たとえば，量が遅刻の回数，質は，その遅刻が会社にもたらした損害の程度を意味するが，一般の会社であれば，数回の遅刻によって被る損害はさほど大きくなく，会社規則に対する著しい違反とまではいえないように思われる。しかし，時間厳守がきわめて重要な意味を持つ会社においては，数回の遅刻でも重大な損害をもたらすことが考えられ，このような場合であれば，会社規則に対する著しい違反を肯定しうる。

　他方，遅刻を繰り返して上司から再三注意を受けても改めず，すでに遅刻が常態化したような者については，たとえ会社が被る実損害が大きくないとしても，会社規則に対する著しい違反が成立するものと判断してよい。不要な紛争を避けるため，たとえば遅刻・早退3回をもって無断欠勤1日とする，無断欠勤5日をもって解雇するというように具体的な規定を設けておくこと

が望まれる。

　ところで，遅刻や無断欠勤を反復する従業員に対し，注意・指導等の措置をとることなくいきなり「解雇」処分をもって臨んだような場合には，仲裁や裁判等において当該解雇の合理性が認められないおそれがある。したがって，従業員が遅刻や無断欠勤をした場合については，必ずその理由を確認し，正当な理由が認められなければ書面で注意するとともに，これを証拠として保管しておく対処法が推奨される。

　また，生じる可能性は少ないかもしれないが，「法により刑事責任を追及された場合」とは，どのような場合を指すか，「労働教養」[22]に処されるとき，検察院が不起訴を決定したとき，労働者は，「法により刑事責任を追及された」ことに該当するだろうか。関連法令[23]によると，労働者が「労働教養」に処された場合，使用者は，この事実をもって，労働契約を解除することができる。他方，不起訴が決定されたことは，「刑事責任を追及された場合」に該当しないため，使用者は，これによって労働者と労働契約を解除することができない。ただし，この場合，労働者に他の法定解除事由があるゆえ，使用者が労働契約を解除することを妨げない。

　(c) 整理解雇（いわゆる「リストラ」）

　整理解雇とは，企業が生産経営を行う過程において，客観的な経済的事情の変化により余剰労働力が発生した場合において，使用者がその経営上の負担を軽減するため，法的手続に則って労働者の職を解くことをいう。この整理解雇は，実務においてよく行われているが，労働契約法も，これを使用者の人員整理の一手段として認めている。整理解雇は，通常，その対象となる人数が多く，広範囲にその影響が及ぶことから，これについて何らの条件も付さなければ，労働者個人の就業権のみならず，社会的な安定にもその悪影響を与えることが容易に推測される。それゆえ，整理解雇については，解雇人数[24]，条件[25]，手続等に関する細かな規定が定められている。この法定の解雇人数に達しない解雇は，整理解雇とはならず，個別解雇として扱われる。

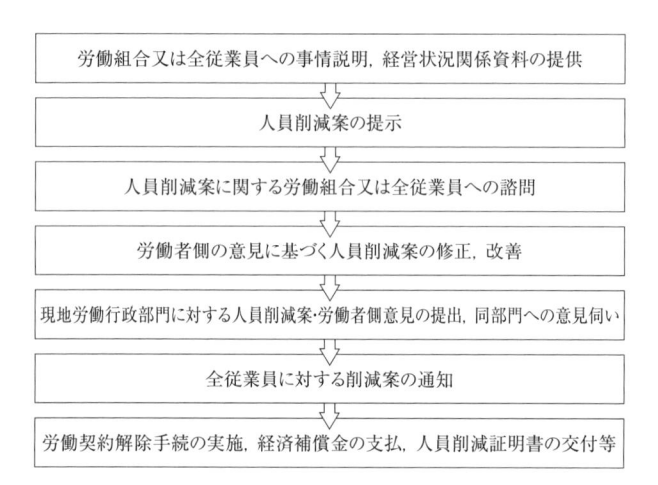

```
┌─────────────────────────────────────────────────┐
│ 労働組合又は全従業員への事情説明，経営状況関係資料の提供 │
└─────────────────────────────────────────────────┘
                        ↓
        ┌───────────────────────────┐
        │      人員削減案の提示       │
        └───────────────────────────┘
                        ↓
    ┌───────────────────────────────────────┐
    │ 人員削減案に関する労働組合又は全従業員への諮問 │
    └───────────────────────────────────────┘
                        ↓
      ┌─────────────────────────────────────┐
      │ 労働者側の意見に基づく人員削減案の修正，改善 │
      └─────────────────────────────────────┘
                        ↓
┌───────────────────────────────────────────────────┐
│ 現地労働行政部門に対する人員削減案・労働者側意見の提出，同部門への意見伺い │
└───────────────────────────────────────────────────┘
                        ↓
        ┌───────────────────────────┐
        │  全従業員に対する削減案の通知  │
        └───────────────────────────┘
                        ↓
┌─────────────────────────────────────────────────┐
│ 労働契約解除手続の実施，経済補償金の支払，人員削減証明書の交付等 │
└─────────────────────────────────────────────────┘
```

図4－4　人員削減手続きの例

　また，労働契約法は，使用者による人員削減手続きの一部に関し，これを労働法よりも簡略化するものとした[26]。ここで，現在の実務における一般的な手続きをまとめると，図4－4のようになる[27]。

　（d）労働契約の解除禁止事由

　労働契約法は，労働契約を解除しうる事由が存在する場合であっても，労働者に一定の事由が存するときは，使用者が労働者に対して行う予告解除，整理解雇を禁ずるものとした[28]。この場合には，労使双方が合意に達したとき，あるいは労働者に非予告解除を行いうる事由が存するとき，使用者による労働契約の解除が可能となる。

　（e）労働組合に対する解雇理由の事前通知

　労働者を最大限に保護し，使用者による不合理な解雇を防止するため，使用者に対しては，一方的な解雇を行う前に，労働組合に対し解雇理由を通知することが義務づけられている。他方，労働組合は，法律・行政法規のほか，労働契約の約定に違反した使用者に対して，その是正を要求することができるようになった。その是正要求を受けた使用者は，労働組合から示された意

見を検討して是正した結果につき，書面で労働組合に報告しなければならない。

　ところで，企業に労働組合が設立されていない場合にも，この事前通知をしなければならないのだろうか。この問題をめぐっては，不要説と必要説との争いがあり，必要説は，当地の上級労働組合に通知しなければならない，とするものである。立法関係者は，必要説を支持している[29]ようであるが，企業が一方的に労働契約を解除するケースが少なくない現状に鑑みると，この必要説の考え方がどれほど実務的な意義を有するのかは，必ずしも明らかではない。

（2）労働契約の終了

　労働契約の終了とは，ある法的事実が出現することによって労働関係が終了し，労働契約に基づく双方の権利義務が消滅することをいう。

1）終了事由

　労働契約法は，労働契約の終了事由として，契約期間の満了，労働者の定年退職，労働者の死亡，使用者の破産・中途解散等[30]を定めている。これらの終了事由は，法定のものに限られ，それ以外の終了事由を労使間で約定することは許されていない。

2）終了に対する制限

　普通に考えれば，契約の満了日が到来したら労働契約も直ちに終了する，ということになりそうであるが，そのようにならない場合もある。すなわち，労働者が疾病にかかり又は業務外で負傷して所定の治療期間にある場合，女子従業員が懐胎，出産，授乳期間にある場合については，その労働契約は，満了日を迎えても即時終了とはならず，これらの事由が消滅するまで自動的に延長される。また，労災従業員との労働契約を終了する使用者に対しては，労働契約法に基づく経済補償金の支払いのほか，場合により，国家の労災保

険に関する規定に基づき，労災医療助成金，後遺障害就業助成金を支払うことが必要である。

(3) 経済補償金

　労働者雇用制度の改革がなされる以前の中国においては，計画経済体制の終身雇用制の下，使用者が労働者との労働関係を終了させるという事態はありえなかった。それゆえ，労働者は，失業のリスクとまったく無縁であり，使用者による経済補償金の支払いについて考える必要もなかった。しかしながら，計画経済体制における終身雇用制の終焉に伴って労働契約制が全面的に実施されたため，企業間における労働者の流動が以前よりも活発となった反面，労働者は，失業のリスクにさらされることとなった。また，一般論として，同一の勤務先に長く勤めるほど，失業後の再就職が難しくなり，失業期間が長びくおそれがある。このような時代背景の下，労働者の不安を除去し，また収入を失った労働者の生活苦の緩和を目的として，経済補償金制度が法により確立された。

　この経済補償金制度は，日本の退職金制度に類似するものと思われがちである。しかし，退職金は法定の制度ではないのに対し，経済補償金は法により確立された制度であるという点で両者は異なり，経済補償金の支給事由，計算方法，基準は，すべて法がこれを定めている[31]。

　経済補償金の額は，労働者の勤続年数と深く関連する。すなわち，同一の企業における勤務年数が長いほど，労働契約の解除・終了時に支給される経済補償金は高額となる。しかし，経済補償金は，単に労働者の勤続年数と平均収入との乗法によって算出される金額となるわけではない。経済補償金に関する規定は，労働契約法の施行前・施行後において異なるため，労働契約法の施行前に締結されていた労働契約が，同法の施行後に解除・終了となり，同法に従って経済補償金の支払いがなされる場合には，経済補償金の年数は，同法の施行日である2008年1月1日から起算される。これに対し，その施行前の労働については，その当時の関連規定が，経済補償金の支払いについ

表4－3　経済補償金の計算・支払いに関する規定（労働契約法の施行前・施行後別）

時間別	法的根拠	支給事由	勤務期間の計算	月賃金の計算	3倍12年の制限
2008年1月1日前	「労働法」「労働契約の違反又は解除における経済補償弁法」	①使用者が，労働者との協議により労働契約を解除する場合。②使用者による予告解除の場合。③使用者による整理解雇の場合。	1年未満の場合には，1年間とする。	労働契約解除又は終了前の12カ月間の平均賃金。[1]	12年の制限はあるが，3倍の制限はない。[2]
2008年1月1日後	「労働契約法」「労働契約法実施条例」	①使用者が，労働者との協議により労働契約を解除する場合。②労働者による非予告解除の場合。③使用者による予告解除の場合。④使用者による整理解雇の場合。⑤固定期間労働契約期間満了の場合。[3] ⑥使用者主体資格の消滅による労働契約の終了。[4] ⑦法律，行政法規の定めるその他の事由がある場合。	①6カ月以上1年未満の場合には，1年間とする。②6カ月未満の場合には，半年とする。	同上	12年および3倍両方とも制限がある。[5]

注：1．この月賃金は，労働者が得るべき賃金により計算し，これには時給，出来高給および賞与，手当や補助金等の貨幣収入を含む。
　　2．労働契約当事者の協議に基づく合意により，又は，労働者が業務に堪えられず，訓練又は職場の調整を経た後もなお，業務に堪えられないために使用者が労働契約を解除する場合には，支払う経済補償金の年限は，最長でも12年を超えない。
　　3．使用者が労働契約に定める条件を維持し又は向上させ，労働契約を更新しようとするにもかかわらず，労働者が更新に同意しない場合は，この限りではない。
　　4．労働契約法44条（四）号，（五）号の定めによると，使用者が法により破産宣告を受けた場合または，使用者が営業許可を取り消され，閉鎖若しくは抹消を命じられ，又は中途解散を決定した場合には，労働契約が終了する。
　　5．労働者の月賃金が使用者の所在する直轄市，区を設ける市レベル人民政府の公布した当該地域における前年度の従業員月平均賃金の3倍を上回る場合は，その労働者に対して支払う経済補償の基準は，従業員月平均賃金の3倍の金額とし，支払う経済補償金の年限は，最長でも12年を超えない。

て定めていたときは，その当時の関連規定に従って計算・支給される。ここで，労働契約法の施行前・施行後における経済補償金の計算・支払いに関する規定を表4－3のとおりまとめる。

　それでは，企業が買収・分割される等して，旧会社から新会社に異動した労働者の勤務年数はどのように計算するのであろうか。この問題について，

これまでは明確な法規定が存在しなかった。そのため，実務では，このような労働者に対する経済補償金の支払は不要であるとして，これを支払わずに買収等に踏み切った企業もあったが，労働者との間で協議書を取り交わし，勤務年数の計算に関する問題を解決した上で買収等を実施した企業も多く見られた。

しかし，その協議書の内容は各社一様ではなく，労働契約を切り替えるまでの勤務年数に応じて経済補償金を支払い，勤務年数をゼロとしたケースもあれば，経済補償金を支払わずに労働契約を切り替え，この継続された勤務年数に従って今後経済補償金を計算するものとしたケースもあった。新会社は，旧会社における勤務年数を自社の勤務年数に加算するものとし，その旨を労働契約に定めれば，従業員の異動に際して経済補償金を支払う必要はない。

実施条例は，実務上の運用を承認する形で次のように定めた。すなわち，労働者本人の事由によらないで旧使用者から新使用者へと異動した労働者については，その勤務年数を計算するにあたり，原則として，旧使用者における勤務年数も計上しなければならない。ただし，旧使用者が経済補償金を支払ったときは，新使用者は，労働者との労働契約を解除，終了するにあたり，旧使用者における勤務年数に関しては，経済補償金を支払う必要はない。

5．労働派遣，労働組合，労働争議に関わる諸課題

これまで，労働契約の締結，日常の人事・労働管理，労働契約の解除・終了に関する労働契約法のポイントを紹介してきた。労働契約法をはじめとする2008年から施行された法令は，それ以外にも，労務派遣の特殊性，労働組合の権利義務，労働争議の解決などをきわめて重視しており，このことが企業の労働人事管理に与える影響も小さくない。そこで，これらに関しても，本節で簡潔に紹介するものとしたい。

(1) 労務派遣

　労務派遣（人材派遣）は，弾力性ある雇用を実現し，人件費も削減できる等の利点を備えた雇用形態であり，外国企業の在中事務所や外商投資企業の多くも，この制度を利用している。しかし，立法の不備[32]，当事者間の権利義務の不明確さ，労務派遣会社（人材派遣会社）と派遣先企業との間における相互の責任転嫁などに起因して，派遣労働者（派遣社員）の合法権益が害される事件が多発している。そのため，この労務派遣という雇用方式に対しては，その規範化や規制強化に関する社会的要請がますます強まっていた。

　以下，労務派遣会社のみならず，この制度を利用する会社が着目すべき論点を抽出し，それぞれ論じていく。

1) 労務派遣会社と派遣先企業との関係

　労務派遣の最大の特徴は，労働者を雇用する者と同人を使用する者が同一でない点である。すなわち，労働者との契約締結により労働関係が確立されるのは，労務派遣会社と派遣労働者との間においてであり，これに対し，実際にその労働者を使用するのは，その労務派遣会社と労務派遣協議書を締結した派遣先企業である。労務派遣会社が派遣先企業に提供する本質は，労働者そのものではなく，派遣労働者が発揮する労働力と解される。したがって，労務派遣会社と派遣先企業との関係は，労働力の提供にかかる民事関係と考えられる。

　しかし，雇用関係，使用関係という２つの関係が並存する労務派遣においては，労務派遣会社と派遣先企業との間における権利義務関係が，派遣労働者の重要利益に対し直接的な影響を及ぼす。それゆえ，労働関連法[33]は，その権利義務関係の不明確さに起因して派遣労働者の合法権利が侵害されることを防止し，その合法権益を最大限に保護することを目的として，労務派遣会社と派遣先企業との間においては，労務派遣協議書を締結しなければならないものとした。この協議書には，労務派遣会社と派遣先企業との権利義

務を明確化する約定のみならず，派遣先の場所，被派遣者の人数，派遣期間，報酬・社会保険料の金額・支払方法などの事項についても明記する必要がある。

　また，実務においては，派遣先企業が派遣労働者の昇給や社会保険料の負担などを避けることを目的として，その使用期間を分断するため，短期労務派遣協議書を何回かに分けて締結する例が非常に多かった。労働契約法は，このような運用を明確に禁止するとともに，派遣先企業における実際の必要に基づいてその派遣期間を確定しなければならないとの原則を確立した[34]。

　さらに，従来まで，法整備の不備に起因して，派遣先企業が支払った派遣労働者の労働報酬から管理費や手数料等を控除する手段により，派遣労働者の利益を搾取する労務派遣会社も存在していた。これについても労働契約法が禁止規定を定めたことにより，派遣労働者は，契約に定める労働報酬の全額を手にすることができるようになった[35]。

　ところで，派遣労働者は，労務派遣協議書を締結する当事者ではないが，その合法権益を保護するためには，派遣労働者にその契約に関して知る権利を認め，同契約の内容を同人に告知することを労務派遣会社に義務づける必要がある。そこで，労働契約法は，これを実現する規定を設けたが，その告知の方法については明確な定めがない。それゆえ，派遣労働者に対するこの告知は，必ずしも書面ではなく，口頭で行うことも可能であると考えられる。

2）労務派遣会社と派遣労働者との関係

　労働者の雇用・使用の分離という労務派遣の特徴ゆえ，派遣労働者に対する使用者の法定義務に関しては，労務派遣会社がこれを負うのか，それとも，派遣先企業が負うのかという問題が従来から争われていた。このように，使用者としての責任の所在が必ずしも明確でなかったために，派遣労働者の合法権益が害されるケースも多く，これを受けて，労働契約法は，労務派遣会社を派遣労働者の法律上の使用者として位置づけ，正社員の使用者に相当する義務を負わせるものとした。

その一方で，労働契約法は，派遣労働者による勤務の特殊性を考慮した特別な保護措置についても定めている[36]。たとえば，就業の安定を図るため，労務派遣会社が非全日制の派遣労働者を雇用することを禁止し，かつ，労務派遣会社と派遣労働者との間において締結する固定期間労働契約の期間を2年以上とすることを義務づけた。また，派遣労働者が企業に派遣されない期間における生活を保障するため，労務派遣会社は，その所在地の最低賃金基準を満たす額の月給を同人に支払わなければならないものとした。

以上のように，使用者責任の所在の明確化，非全日制雇用の禁止，2年以上の固定期間契約の締結義務，遊休期間中の賃金支払などに関するこれらの新規定は，中国の労務派遣会社に対し，きわめて大きな影響を与える内容となっている。それゆえ，労務派遣会社が自己の義務を派遣先企業に転嫁しようとする現象は，かなり顕著になってきた。

3）派遣先企業の義務

派遣労働者の雇用・管理に関する労務派遣会社の義務についてはすでに触れたが，他方，実際に派遣労働者を使用する派遣先企業にも，労務派遣の特殊性を踏まえた義務が課せられている。これには，国家労働基準を満たす労働条件・労働保護措置を派遣労働者に提供するという基本的なものから，職務遂行に必要な訓練の実施等にかかる義務などが含まれる[37]。

その他，重要なポイントとして挙げられるのは，連続して派遣労働者を雇用する派遣先企業に対し，賃金調整制度を確立・実施することを義務づけた規定である。しかし，労働契約法は，その基準についてまでは明確に定めていない。また，派遣労働者が派遣先企業の他の労働者と同一の労働に従事したときは，同人と同額の報酬を受け取ることができるという同一労働同一報酬の権利も，重要な意味を持っている。労働契約法がこの権利を定めたことにより，派遣労働者も，派遣先企業の正社員と同じ基準に基づき，その勤務年数や実績に応じて賃金が計算・調整される。

ところで，労務派遣協議書において，派遣労働者の給与を約定することは

可能でも，勤務の実績や成果に基づく残業代や特別賞与などについて定めることは困難だと思われる。そのため，労働契約法は，残業代や特別賞与の支給，福利厚生の提供については，これを派遣先企業の義務とした。したがって，派遣先企業は，労務派遣協議書に定められた労働報酬を派遣会社に支払うほか，残業代や特別賞与を派遣労働者に対して直接支払わなければならない。

なお，派遣労働者に労働報酬を支払うこと，派遣労働者の個人所得税，社会保険料の個人負担部分を労働報酬から控除して代理納付することなどは，本来，雇用主である労務派遣会社の義務である。しかし，派遣契約書又は協議書を締結して，これらを派遣先企業に行わせている労務派遣会社も多く見受けられる。

4）派遣労働者の権利
（a）同一労働同一報酬の権利
中国は，経済発展の地域格差という問題を抱えており，そのため，労務派遣は経済的に遅れ，労働力に余剰のある地域から，経済的に発展し労働力が不足した地域へと労働力が移動する形で実施されてきた。このような背景の下，派遣先・派遣元の両地域間における労働報酬や社会保険料の格差に乗じて労務派遣会社・派遣先企業が不当な利益を上げ，労働者の合法権益を侵害するケースが多発している。この問題を解決するため，労働契約法は，地域を跨いで派遣される労働者の労働報酬・労働条件については，派遣先企業の所在地における基準に従うものと定めた[38]。

また，派遣労働者の権利保護の面で最も重要となるのは，派遣労働者に認められた同一労働同一報酬の権利である。この「同一労働同一報酬」の意義は，これまでも盛んに議論されてきたところであるが，労働契約法，その実施条例のいずれも，これについて明確な定義規定を設けなかった。これに関し，実施条例の草案段階においては，「同一労働同一報酬」とは，同一の使用者の下で全日制労働に従事する労働者が，同一で，大差なく，類似する職

務において，同じ労働を提供し，かつ，同じ実績を上げた場合には，同等の給与を支給することをいう，と説明されていたが，これは結局，正式に公布された同条例には盛り込まれなかった。いずれにせよ，派遣先企業は，派遣労働者を差別することなく，合理的な基準に従って派遣労働者の報酬を定めることが望まれる。

(b) 派遣先企業の規則制度の制定・改正に関与する権利

「規則制度の制定・改正」（3の（5））ですでに述べたように，労働契約法は，使用者の規則制度（たとえば就業規則）の制定・改正に関する手続きを明確に定めており，使用者は，これらを実施するにあたって，労働者の意見に耳を傾けなければならない。これについて，派遣労働者も，派遣先会社の正社員と同じく，規則制度の制定・改正に際して発言をすることができるのであろうか。

以前は，派遣先会社と労務派遣会社との労務派遣協議書において，派遣労働者に対し派遣先会社の規則制度を遵守させることを労務派遣会社の義務として定めることにより，派遣労働者に対する規則制度の適用に関する問題を解決するのが一般的であった。しかし，労働契約法に定める労働者の民主的権利について，実施条例は特に規定を設けていない。派遣労働者は，派遣先会社の規則制度を遵守する義務を負う以上，その制定・改正にあたり自身の意見を表明する権利を有するものと解するべきであろう。

5) 直接雇用と間接雇用との比較

労働契約法は，労務派遣の範囲について，「臨時的，補助的又は代替的な職務」についてのみ実施することができると規制したが，いかなる職務がこれに該当するのかは定かでない（労働契約法66条）。これについて，一部の労働法専門家や労働管理当局の関係者からは，臨時的な職務とは，労務派遣の使用期間が1年以内の職務，また，補助的な職務とは，会社の主要な事業，核心的な事業に従事しない職務，さらに，代替的な職務とは，高レベルの専門技術を要しない職務であって，1カ月以上の教育・訓練を経ないでも実施

しうるものをいう，との見解が示された。

　これを受けて，実施条例の草案に対する意見募集稿38条は，労働契約法66条の内容について，非主要営業業務に関する職務，勤務期間が6カ月を超えない職務，または職務の労働者が休暇等の原因により勤務することができないため一時的に代替者を必要とする職務で利用する，と若干の明確化を図った。実施条例にこのような規定が採用されるとなれば，主要業務，重要ポストにおいて派遣従業員を利用している会社は，多くの職務で派遣の形で労働者を受け入れることが難しくなるため，派遣労働者の直接雇用へと切り替えざるをえない。そうなると，労務派遣は，労働契約法の定める無固定期間労働契約を回避する効果をそれほど発揮しえないと思われる。

　そのため，労務派遣会社は，自らの利益に反するこの規定に猛反対し，それが原因か否かは定かでないが，実施条例は，その導入が見送られた。まずは，労務派遣会社の立場からすると一安心という形になったが，今後の課題として残されたこの点については，管理当局の政策や規定，司法解釈や動向を注意深く見守っていく必要があろう。

　しかし，労働契約法とその実施条例の公布・実施によって労務派遣を規制する国家の姿勢が次第に鮮明になるのに伴い，将来，前出の実施条例草案に対する意見募集稿38条のような規定が採用されることも考えられないではない。そのため，日系企業をはじめとする多くの外資企業は，労務派遣の間接雇用を利用すべきか，それとも，直接雇用するべきかについて，依然として悩みを抱えたままである。そこで，以下において，使用者である企業の立場から，間接雇用のメリット・デメリットをそれぞれ明らかにしてみたい。

　まず，間接雇用のメリットであるが，これには，労働紛争の回避，雇用の安定化，人件費削減等が挙げられる。

　ところで，直接雇用をしていた外資企業が，解雇の困難な無固定期間労働契約を避けるため，固定期間労働契約の期間が満了する労働者を，労務派遣会社からの派遣に順次切り替える動きも見られる。しかし，このような方法は，実務上，脱法行為として無効とされるおそれがある。

これに関して，次のような事例があった。それは，某米国系多国籍企業が数年間にわたり事実上の労働関係のあった従業員を派遣労働者に切り替えるため解雇したというケースで，2006年度10大労働事件の1つにも数えられた。同企業は，労働契約が締結されていない以上，労働関係も存在しないとして経済補償金の支払を拒否し，仲裁，訴訟のいずれも勝訴したが，学術研究者その他の専門家の批判を浴び，最終的には自らの非を認めざるを得なかった。このように，直接雇用労働者を派遣労働者へと切り替えることは，時に困難を極める。

　これに対して，間接雇用のデメリットとしては，第1に，労働契約法に定められた使用者の義務が，労務派遣会社がこれを本来負うべきであるにもかかわらず転嫁され，派遣先企業がこれを負担しなければならない場合があること，第2に，2年以下の短期間接雇用のときは，人件費が高くなること，第3に，労務派遣を利用しうる職務は依然として必ずしも明らかでないため，新法令によりこれが一新される懸念があること，これら3点が考えられる。

6）労務派遣会社との交渉時における注意点

　実務上よく見られるように，今回の労働関連法令の施行に伴い，労務派遣会社が自己の負うべき義務を派遣先企業に負担させる例がある。労務派遣会社は，法律上の使用者として，経済補償金の支払義務を負うとの見解が従来からの通説であり，また，実施条例も，派遣会社の経済補償金支払義務を明確に定めている。しかし，実務上，労務派遣会社がこれに素直に従うことは，あまりない。結局，労務派遣会社が労務派遣協議書を盾にこの支払義務を派遣先企業に押しつける現状は，労務派遣会社の経済補償金支払義務が明確化された後も変わらないものと思われる。

　このような，派遣先企業による義務の押しつけに対処するため，企業は，労務派遣会社と十分に交渉することが重要となる。それに際しては，第1に，派遣契約の終止・解除に関する条項を定めること，第2に，個々の派遣労働者の使用を途中終了させる場合において，労務派遣会社に経済補償を支払う

条件を明確にしておくこと, 第3に, 不合理な条項については, 事前にこれを修正しておくことに注意しなければならない。

また, 労働契約法は, 派遣先企業の連帯責任に関する規定も定めている。すなわち, 労務派遣会社と派遣先企業との契約内容にかかわらず, 労働者に損害がもたらされた場合には, 両者は, 連帯してこれを賠償しなければならない。派遣先企業は, この連帯責任への対策を講じておく必要もあるように思われる。すなわち, 労務派遣会社との労務派遣協議書において,「労働者の要求に応じて賠償した派遣先企業は, 労務派遣会社がその責任に応じて負担すべき賠償金の弁済を要求することができる」旨を定めておいたほうがよいと考えられる。また, より慎重に労務派遣会社を選別し, 経営資格の有無を確認しながら, 社会的信用のある労務派遣会社を利用する必要もある。

(2) 労務組合（工会）

1) 労働者の権利としての労働組合の設立

中国では, 労働組合法のほか, 労働関係法令, 外商投資関係法令において, 多くの労働組合に関する規定が定められている。最近, 外商投資企業をはじめとする多くの企業から, 労働組合の設立は企業の義務であるのか, その設立を阻止すると何らかの不利益や処罰を受けるのか等の相談が寄せられている。

この点について, 現行法令は, 労働組合の設立を労働者の権利の1つとしているが, 企業が積極的にこれを設立する義務までは定めていない。

ところで, 中国の労働組合は, 労働条件の維持改善その他経済的地位の向上を目的とする日本の労働組合と異なり, 労働者の合法権益の保護のほか労働関係の調和も, その基本的な役割とされている。しかし, その設立が労働者の権利とされた以上, 企業がこれを阻止することはできず, そのような行為に出れば, 上級労働組合[39]からの異議や圧力が殺到するものと予測される。たとえば, 以前, 某大手外商投資企業が労働者による労働組合の設立に反対し, これを阻止したところ, 中華全国労働組合総会のほか省・市・区レベル

の各上級労働組合の強い反発を招き，メディアもこれを大きく報道した。結局，同社は，労働組合の設立を承認せざるを得なかったばかりか，その企業イメージをも傷つけてしまった。

　外資企業は，中国の労働組合に関する正確な理解に基づき，その成立に反対するのではなく，むしろ労働組合を利用して労使関係の安定を図るというように，その発想を転換する必要があると思われる。

　2）労働組合の権利と役割

　労働組合法（1992年4月3日採決，2001年10月27日改正）は，労働組合に関する基本法であり，労働組合の権利義務，経費，財産，法的責任等を明確に定めている。

　労働組合は，労働者の合法権益を保護し，これを害する企業の行為の是正を要求し，その責任を追及することに，その根本的な役割がある。たとえば，労働組合法によると，企業が従業員代表大会の制度に反する行為又は不正労働行為を行ったときは，労働組合は，その是正を企業に要求することができる。また，企業が集団契約に違反して労働者の権益を害したときは，労働組合は，企業に対して，その責任を追及することができる。さらに，集団契約の履行に関して紛争が発生した場合に，協議によりこれを解決しえないときは，労働組合は，労働争議仲裁機関に仲裁を申し立て，企業の責任を追及することもできる。

　労働組合の労働者保護機能が最も期待されているのは，やはり企業が労働者を一方的に処分・解雇しようとする場面においてであろう。そのため，労働組合には，一定の介入権が認められている。たとえば，労働者との労働契約を一方的に解除する企業は，事前にその理由を労働組合に通知しなければならず，労働組合は，この一方的解除を法令違反と認めたときは，企業に対しその再検討を要求することができる。さらに，労働組合は，仲裁を申し立て，又は訴訟を提起した労働者を支持・援助する責務を負う。すなわち，労働組合は，企業による一方的な労働契約の解除に際して，最初の話し合いか

ら仲裁・訴訟に至るまでの全過程において，労働者保護のために関与することができる。

また，企業に対しては，その経営管理，発展に関わる重要問題について，労働組合の意見を求めることも義務づけられた。しかし，この「重要問題」の範囲が必ずしも明らかでなく，商業秘密がこれに該当する可能性もあるため，実際に労働組合が意見を提出することは困難かもしれない。とはいえ，賃金，社会福祉，労働安全衛生，社会保険など労働者の重要な利益に関する社内会議に代表者を派遣してこれに参加することは，労働組合の権利として明確に定められている。この権利は，多くの企業に軽視されているが，企業にとって十分に注意する必要がある点だと考えられる。

その他にも，労働組合の設立，活動を援助することが，企業の義務とされている。これにより，企業は，全労働者の賃金の2％に相当する金額を労働組合の経費として月々支払う必要があり，また，労働組合の活動に必要な施設，活動場所等を提供しなければならない。

なお，中華全国総工会は，賃上げ要求がこれまでになく過熱化した2010年の6月6日，「企業労働組合の設置，強化，その十分な機能発揮に関する緊急通知」を発した。その目的は，小規模非公有制企業における労働組合の設立推進，労働組合指導者の養成強化にあり，特に，賃金集団協議制度を普及させ，これによる健全な共同決定体制の整備を促進することが重点とされている。一部の地区では，労働組合において「専任労働組合主席」制度を試行するものとしているが，これは，労働組合主席に就任した社外の専門家が，企業の最低賃金基準の制定や，社内管理制度の改善を推進する制度である。北京総工会も2010年7月1日から，一部の区・県における企業の労働組合の経費は，税務機関が企業からその支払いを受けた後，一定の比率で各企業・各労働組合に配分するものとした。これらの措置によって，中国の労働組合は，労働立法，労働事故の調査などの面で発言権が与えられ，多額の経費によりその活動の幅が広がることから，間違いなく，無視しがたい存在となっていくものと思われる。

3）賃金集団協議制度の推進

賃金集団協議制度を導入した企業は，これを実施していない同業企業と比較して，従業員の賃金が 10 〜 15％ほど高いとの統計[40]がある。現在，全国・地方の各政府は，この賃金集団協議制度の推進を最重要課題としている。

現在，人力資源社会保障部は，賃金引上げにかかる健全な制度の構築を積極的に推進している。特に賃金集団協議制度の構築に本腰を入れ，賃上げの問題を協議によって解決することに軸足を置いており，労使間の対立や問題に速やかに協力の手を差し伸べ，円満な解決を図るものとしている。同部は，賃金収入の配分に関するマクロ的視点からの指導と規制の強化，労働市場における賃金の指導価額，ガイドライン，業界人件費などの情報を時宜を得て発しており，企業の賃金設定，賃金をめぐる労使間協議に重要な根拠を提供している。

また，中華全国総工会は，下部の各労働組合に対し，賃金集団協議制度を確立していなかったり，これを拒絶し，賃金集団協議を継続せず放置している企業に交渉を申し入れるよう要求している。この申し入れに応じない企業に対しては，地方労働組合が「改善意見書」を発し，これが拒絶されたときは労働行政部門に処罰を申請し，期限を過ぎても改善が見られないときは労働部門と協力して法律に基づく取締りを行うものとした。また，2012 年までに，労働組合を設立済みの企業において，集団契約制度を全面的に実行し，賃金集団協議制度を推進するものとしている。

このほか，中華全国総工会は，2010 年 1,000 万人民元を試験的に投入して，全国 10 の省・市をモデルとして専任の労働組合員を試験採用し，賃金集団協議を展開する計画である。その後 3 〜 5 年間において，一定の規模を有する全国の地域・業界ごとに，下部労働組合連合会の要求に基づく専任の労働組合員の採用を実現することが，その主な目標である。

4）労働組合設立のメリット・デメリット

外商投資企業をはじめとする企業の立場からすると，労働組合の設立には，

次のようなメリット・デメリットがあるものと思われる。

（a）労働組合設立のメリット

①労使間の相互理解，問題解決の方法が増える。

②労働組合の会費を福利・文化娯楽・スポーツ活動の費用の一部に充てることができる。

③労働争議・紛争が発生した場合に，企業は労働者各人と協議をする必要がなく，解決に要する時間が短縮される。

④企業は上級労働組合を通じて企業経営に有益な情報を収集することができる。

⑤各種の会員活動を通じて，労働者の企業への帰属意識を高揚させることにより，労働者雇用の安定を保つことができる。

（b）労働組合設立のデメリット

①労働紛争の解決が順調に進まないと，労働者を援助・支持する労働組合との組織的な対立となる。

②労働組合会費の支払義務を負う企業にとって，負担増となる。

③労働組合に必要な活動条件等の提供義務を負う企業にとって，負担増となる。

④労働者が労働組合に問題を報告し，労働組合を通じて要求を提出することになるため，企業に対する圧力が高まる。

⑤労働組合が仲裁・訴訟を申し立てた労働者を援助・支持することから，労働者が企業に対抗しやすくなる。

（3）労働争議

労働社会保障部の統計資料によると，国，省をはじめとする各レベルの労働争議仲裁委員会が取り扱った労働事件の件数は，2005年から2008年の4年間において増加傾向にあった[41]。労働関連諸法の実施に伴い，今後，各地の労働争議は，増加していくものと予想される（図4－5参照）。たとえば，北京市では，2008年1月の労働契約法の施行から同年10月現在までに4万

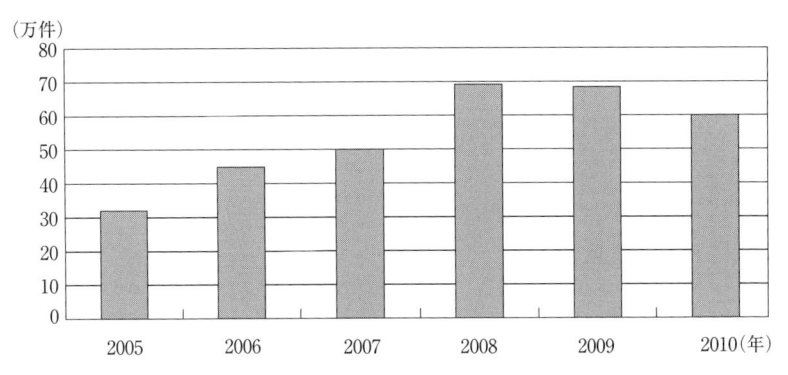

図4−5 中国各レベルの労働争議仲裁委員会が取り扱った労働事件(2005年〜2010年)

件以上の労働争議が発生しており，2007年同期間と比較して倍増となった[42]。全国の人民法院が受理した労働争議事件数は，2008年が前年比95.3％増の約29.55万件，2009年が前年比7.82％増の約31.86万件であった[43]。このような社会の動向からして，使用者としての企業は，労働争議への適切な対処法を確立しておくことがきわめて重要となっている。

現在，労働紛争の処理に関する主な法的根拠とされているのは，労働法，労働契約法およびその実施条例のほか，2008年5月1日施行の労働争議調停仲裁法である。特に，労働争議調停仲裁法の施行に伴い，中国における人事労務管理のあり方は大きく変わっていくものと推測される。そこで，以下は，同法の重要なポイントについて紹介するものとしたい。

1) 労働争議解決の方法
労働争議の解決は，当事者による協議，関係機関による調停，仲裁，訴訟という順でこれを行わなければならない。

2) 時効の期間延長（60日から1年へ）
従来，仲裁申立ての期間は，労働争議発生の日から60日とされていた。これは，労働争議の早期解決を図ることを目的とするものと思われるが，実

際には，このような短期間では，かえって労働者の権益保護が難しい状況となっていた。

そこで，労働争議調停仲裁法は，当事者がその権益侵害を知ったとき，又はこれを知りうべきときから1年間，仲裁を申し立てることができるものとした。これにより，労働争議の当事者は，自己の合法権益の保護が以前より容易になるものと思われる。

3）企業の挙証責任の加重

通常，労働争議の当事者は，自己の主張についてそれぞれ挙証責任を負うが，企業の保管・管理する人事ファイルなどの資料が必要な場合には，企業にその提供義務が課せられることになった。これを拒んだ企業は，自己に不利な仲裁結果を受忍しなければならない。たとえば，労働争議調停仲裁法6条は，労使間紛争の事実に関する証拠を保有・管理する使用者にその提供義務を負わせ，これを拒否すると使用者に不利な判断をする旨を定めている[44]。

4）仲裁費用の無償化

労働争議の仲裁費用が国庫負担となり，労働者の仲裁申立費用が大幅に引き下げられた。これにより，今後，労働者の側からの仲裁申立が急増していくものと予想される。

この労働争議調停仲裁法の関連規定によると，労働争議の解決に際しては，企業の合法権益よりも労働者保護が優先されると思われる。これらの優先措置に関しては，特に企業側の立証がきわめて重要になるものと考えられる。そのため，人事管理制度整備の一環として，表4－4に示されるような人事資料は適切に保管しておくことを提案する。

表4-4　企業の人事資料一覧

	資料名称
1	労働契約書（変更後のものを含むすべての契約書）
2	職員名簿（労働者の氏名，性別，身分証明書番号，現住所，連絡方法，雇用形式，労働契約の開始日・満了日等）
3	出勤記録
4	休暇記録
5	福利待遇に関する状況の記録
6	社会保険料の納付記録
7	労働者と締結した「訓練計画書」
8	秘密保持・競業禁止に関する協議書
9	職員の退職に関する書面
10	労働契約解除協議書
11	経済補償金支払協議書
12	工傷（労災）労働者の処理，賠償金支払に関する状況の記録

6．むすび

　労働法の施行が1995年，労働契約法の施行が2008年という事実が示すように，中国の労働法制は，まだ歴史が浅く，今なお大きな変化の中にある。現に，労働契約法の施行から半年あまりで実施条例が公布されたが，これは，労働契約法をめぐる各界の論争，専門家・学者の議論，政府関連部門の慎重な検討など様々な過程を経て制定された妥協案とでもいうべきものであった。依然として曖昧な部分が残されているとはいえ，この条例により，労働契約法の不明確な部分はある程度解消された。今後しばらくは，行政法規としての条例が制定されることはおそらくないであろうが，中央政府部門の意見や解釈といった形式で，政府主導の下，労働契約法のさらなる明確化が図られていくものと思われる。

　このような立法動向は，中国に進出した日本企業にも多大な影響を及ぼす。しかしながら，今後，中国労働法制がどのような発展・変化を遂げていくの

かは定かでない。中国関連のビジネスを展開する日本企業には，中国労働法制の動きにつねに注意を払っていただき，避けられる規制リスクを確実に回避しつつ，大いに業績を上げていただけることを願うばかりである。

注：
1） 廉穎婷・陳虹偉「労働紛争噴出の 12 年」。人民網 http://npc.people.com.cn/GB/6135632.html
2） 日本の退職金制度に類似するものと思われがちであるが，その詳細については，「4. 労働契約の解除と終了」の(3)にて検討するものとする。
3） 日本「労働基準法」第 14 条。
4） 2008 年 3 月 4 日第 11 期全国人民代表大会 1 回目会議後の記者会見における報道スポークマン・姜恩柱氏の発言。中国政府網 http://www.gov.cn/2008lh/zb/0304/content_908830.htm
5） 労働契約法 39 条：労働者が次に掲げる事由の一に該当する場合には，使用者は，労働契約を解除することができる。
    (一) 試用期間中に採用条件に適合しないことが証明された場合。
    (二) 使用者の規則制度に著しく違反した場合。
    (三) 職責を著しく懈怠し，私利を図り不正行為をなし，使用者に重大な損害をもたらした場合。
    (四) 労働者が同時期に他の使用者との間に確立された労働関係が，当該使用者の業務完成に重大な影響をもたらし，又は使用者の指摘によっても，これを拒み是正しない場合。
    (五) 本法 26 条第 1 項第 1 号に定める事由により，労働契約が無効となった場合。
    (六) 法により刑事責任を追及された場合。
6） 労働契約法 40 条 1 号：労働者が，疾病にかかり又は業務外で負傷し，所定の治療期間が満了した後も元の業務に従事することができず，かつ，使用者が別途手配した仕事にも従事することができない場合。
7） 労働契約法 40 条 2 号：労働者が業務に堪えられず，訓練又は担当業務の調整を経た後もなお，業務に堪えられない場合。
8） http://finance.sina.com.cn/j/20060605/12392624907.shtml
9） http://www.bjrc.com/news/detail.asp?iinfoID=1499
10） 人民中国 http://www.peoplechina.com.cn/maindoc/html/200607/21falv.htm
11） 住宅積立金管理条例（1999 年 4 月 3 日公布・施行，2002 年 3 月 24 日改正）20 条。
12） 労働契約法 22 条。
13） 労働契約法実施条例（2008 年 9 月 18 日公布・施行）26 条。

14) 不正競争防止法（全国人民代表大会常務委員会 1993 年 9 月 2 日公布，1993 年 12 月 1 日施行）10 条 3 項。
15) 全国人民代表大会常務委員会法制工作委員会編・中華人民共和国労働契約法釈義（2007 年，法律出版社）p.16。
16) 労働契約法 80 条。
17) 全国人民代表大会常務委員会法制工作委員会行政法室編・中華人民共和国労働契約法解読と適用（2007 年，人民出版社）p.150。
18) 労働契約法 38 条：使用者が次に掲げる事由の一に該当する場合は，労働者は，労働契約を解除することができる。
　（一）労働契約の約定どおりに労働保護又は労働条件を提供しない場合。
　（二）労働報酬の全額を遅滞なく支払わない場合。
　（三）法により労働者の社会保険料を納付しない場合。
　（四）使用者の規則制度が法律，法規の規定に違反し，労働者の権益を損なう場合。
　（五）本法 26 条第 1 項に定める事由により，労働契約が無効となった場合。
　（六）その他法律，行政法規の規定により労働者が労働契約を解除することができる事由がある場合。
　使用者が暴行，脅迫又は人身の自由を不法に制限する手段を用いて労働者に労働を強要した場合，又は使用者が規則に反する指揮をして，労働者に危険な作業を強要し，その人身の安全に危険を及ぼした場合には，労働者は，使用者に対して事前に告知することなく，直ちに労働契約を解除することができる。
19) 労働契約法 40 条：次に掲げる事由の一に該当する場合には，使用者は，労働者本人に対し，30 日前までに書面で通知すること，又は労働者に 1 カ月分の賃金相当額を別途支払うことにより，労働契約を解除することができる。
　（一）労働者が，疾病にかかり又は業務外で負傷し，所定の治療期間が満了した後も元の業務に従事することができず，かつ，使用者が別途手配した仕事にも従事することができない場合。
　（二）労働者が業務に堪えられず，訓練又は職場の調整を経た後もなお，業務に堪えられない場合。
　（三）労働契約締結の際に根拠とされていた客観的状況に重大な変化が発生して労働契約の履行が不可能となり，使用者と労働者との協議によっても，労働契約の内容の変更について合意に達することができない場合。
20) 労働法における若干の条文に関する労働部の説明 26 条 3 項。
21) 労働契約法 39 条：労働者が次に掲げる事由の一に該当する場合には，使用者は，労働契約を解除することができる。
　（一）試用期間中に採用条件に適合しないことが証明された場合。
　（二）使用者の規則制度に著しく違反した場合。
　（三）職責を著しく懈怠し，私利を図り不正行為をなし，使用者に重大な損害をもた

らした場合。
- (四) 労働者が同時期に他の使用者との間に確立した労働関係が，当該使用者による業務完成に重大な影響をもたらし，又は使用者の指摘によっても，これを拒み是正しない場合。
- (五) 欺もう若しくは脅迫の手段を用いて，又は人の弱みにつけ込み，相手方の真意に反する状況において労働契約を締結し又はこれを変更させたことを理由として，その労働契約が無効となった場合。
- (六) 法により刑事責任を追及された場合。

22) 「労働教養」とは，刑事処罰ではなく，社会治安を保護し，犯罪を予防・減少することを図って，違法・犯罪情状の軽い者に対し強制的教育を行う行政措置。中国の労働教養制度は，1957年8月1日全人代常務委員会で批准された「労働教養問題に関する決定」等の法令に基づいて設立されたものである。

23) 「中華人民共和国労働法」の徹底的実施における若干問題に関する意見31条。従業員が人民検察院に不起訴決定をなされたときに使用者がこれによって労働契約を解除することの可否問題に関する労働社会保障部弁公庁の返答。

24) 労働契約法41条1項によると，20人以上の人員を削減する場合，又は削減する人員が20人未満であっても，企業従業員総人数の10％以上を占める場合には，整理解雇とみなされる。

25) 労働契約法41条1項によると，①企業破産法の規定により再生する場合，②生産経営に重大な困難が発生した場合，③企業が，従来の製品とは別の製品へと生産を転換し，重大な技術革新を行い，又は経営方式を調整して，労働契約を変更したにもかかわらず，人員を削減する必要がある場合，④その他労働契約締結の際に根拠とされていた客観的状況に重大な変化が発生したために労働契約の履行不能が引き起こされた場合という4つの場合には，整理解雇を行うことができる。

26) 労働法の規定によると，使用者が人員を削減（整理解雇）するときは，その30日前までに労働組合又は従業員全員に状況を説明し，労働組合又は従業員の意見を聞き，かつ，労働行政部門に報告しなければならない。整理解雇を実施するときは，これらの義務をすべて履行しなければならないため，使用者の負担が大きくなるばかりでなく，労働者からの反対によりそれがを実施不能となるケースが散見される。

27) 企業経済的人員削減規定。

28) 労働契約法42条：労働者が次に掲げる事由の一に該当する場合には，使用者は，予告解除及び整理解雇を行ってはならない。
- (一) 職業病の危険と接する作業に従事する労働者が，職場を離れる前の職業健康診断を行っていない場合，又は職業病の疑いのある患者が診断若しくは医学観察期間である場合。
- (二) 当該使用者に在籍中に職業病にかかり又は業務上負傷し，かつ，労働能力の喪失又は一部喪失が確認された場合。

(三) 疾病にかかり又は業務外で負傷し，所定の治療期間にある場合。
(四) 女子従業員が懐胎，出産，授乳期間にある場合。
(五) 当該使用者において15年連続して勤務し，かつ，法定の定年退職年齢に達するまで5年未満の場合。
(六) 法律，行政法規の定めるその他の事由がある場合。
29)「国務院法制弁公室労働契約法課題組」の責任者を務めた姜俊禄氏は，労働契約法43条の文言を根拠として，使用者の企業における労働組合とは明記されていない以上，従業員代表大会が設置されていたとしても，使用者の企業に労働組合が存在しない限り，使用者は，労働契約解除の事由を当地の上級労働組合に対し事前通知しなければならない，との見解を明らかにした。
30) 労働契約法44条：労働契約は，次に掲げる事由の一に該当する場合に終了する。
(一) 労働契約期間が満了した場合。
(二) 労働者が法により基本養老保険金を支給され始めた場合。
(三) 労働者が死亡し，又は人民法院により死亡若しくは失踪の宣告を受けた場合。
(四) 使用者が法により破産宣告を受けた場合。
(五) 使用者が営業許可を取り消され，閉鎖若しくは抹消を命じられ又は中途解散を決定した場合。
(六) 法律，行政法規に定めるその他の事由がある場合。
　労働契約法実施条例21条：労働契約は，労働者が法定の定年退職年齢に達したとき終了する。
31) 経済補償金は，労働契約法，「労働契約の違反又は解除における経済補償弁法」などに定める基準に従って支払われる。
32) 労務派遣という斬新な労働力の使用形態は，1980年代に導入されたものであるが，その導入から今回の労働契約法の成立に至るまで，労務派遣について定めた法律や法規は存在しなかった。労働契約法は，この労務派遣について1つの節を設け，全11条の規定を定めている。
33) 労働契約法59条1項：労務派遣元事業主が労働者を派遣するときは，労務派遣の形式で労働者を使用する単位との間において労務派遣協議書を締結しなければならない。
34) 労働契約法59条2項：派遣先企業は，その職務における実際の必要に基づき，労務派遣会社との間において派遣期間を確定するものとし，連続する使用期間を分割して複数の短期労務派遣協議書を締結してはならない。
35) 労働契約法60条：労務派遣元事業主は，労務派遣協議書の内容を派遣労働者に告知しなければならない。労務派遣元事業主は，派遣先事業主が労務派遣協議書に従って派遣労働者に支払った労働報酬を搾取してはならない。労務派遣元事業主及び派遣先事業主は，派遣労働者から費用を徴収してはならない。
36) 労働契約法58条：労務派遣元事業主は，派遣労働者と2年以上の固定期間労働契約

を締結し,月ごとに労働報酬を支払わなければならない。派遣労働者が勤務をしていない期間においては,労務派遣元事業主は,その所在地人民政府の定める最低賃金基準に従い,月ごとに派遣労働者に労働報酬を支払わなければならない。

37) 労働契約法 62 条。
38) 労働契約法 61 条。
39) 中国の労働組合制度の下では,企業において設立された労働組合の上位組織として,企業所在地の区,市,省,国の労働組合というように行政区分に応じて設立された労働組合が存在する。
40) 人民網記者による中華全国総工会集団契約部長張建国へのインタビュー (http://www.china.com.cn/gonghui/2007-11/05/content_9177925.htm)。
41) 人力資源社会保障部の統計資料による (http://www.molss.gov.cn/gb/zwxx/2010-05/21/content_382330.htm;http://www.molss.gov.cn/gb/zwxx/2010-05/21/content_382329.htm;http://www.molss.gov.cn/gb/zwxx/2008-06/05/content_240415.htm;http://www.molss.gov.cn/gb/news/2007-05/18/content_178167.htm;http://www.molss.gov.cn/gb/zwxx/2006-06/12/content_119277.htm)。
42) 2008 年 10 月 24 日付け「北京晩報」(http://news.xinhuanet.com/legal/2008-10/24/content_10244718.htm)。
43) 最高人民法院の統計資料による (http://www.court.gov.cn/xwzx/xwfbh/twzb/201009/P020100915319269519199.doc)。
44) 実務においては,残業代の支払いを求めて法的手段に訴える労働者の大幅増を受けて,退職時から遡って 2 年以内の残業代については使用者が,それより前の期間における残業代については労働者が挙証責任を負うという運用が少なくなかった。しかし,最高人民法院が公布した「労働争議事件の審理における法適用の若干の問題に関する解釈(三)」(法釈 [2010] 12 号,2010 年 9 月 14 日施行)によってこのような運用は改められ,労働者が残業の事実の存在につき挙証責任を負うとしつつ,使用者がこの事実の存在にかかる証拠を有することを労働者が証明したにもかかわらず,使用者がこれを提供しないときは,使用者に不利な結果を負わせることを改めて強調した。

第Ⅱ部　日系企業の視点から見たチェンジング・チャイナ

第5章

金融危機下の中国労働市場と在中日系企業の施策

　中国ではリーマンブラザーズ破綻の日を"915"ともいい，歴史的ポイントとして認識されている。金融危機直前の中国の労働市場は，国内物価上昇，格差是正政策による直接雇用コストの上昇に加えて，2008年1月1日の労働契約法施行による雇用の柔軟性低下をはじめとする，年次有給休暇実施便法等の法規の施行・改定が間接的雇用コストの上昇を招き，在中企業では"コスト削減"が命題となっていた。

　本章では，この状況の中での金融危機勃発が，中国の労働市場，日系企業の経営に与えた現状を検証したい。

1．機敏な政策対応
－労働者・低所得者保護強化から経営支援・雇用確保強化への暫定政策転換－

　2004年の労働・社会保障部の「最低賃金規定」の公布により，従来の「企業最低賃金規定」が修正され，各省市は最低賃金の基準を定め，少なくとも2年に1回は調整することが規定され，経済発展，物価水準の変動に合わせた低所得者の生活改善措置として調整が行われてきた。金融危機直前の2008年9月時点で，沿海部を中心に最低賃金は前年比10〜20％の上昇となり（表5－1），08年7月31日の同部報道官の発言では，最低賃金の調整強化が奨励され，杭州市（一部地区を除く）では9月1日に月次最低賃金を

表5-1　2008年最低賃金調整

都市	2007年	2008年	増加率
北京	730元	800元	110%
上海	840元	960元	114%
深セン（特区）	850元	1000元	118%
深セン（特区以外）	750元	900元	120%
広州	780元	860元	110%
杭州（蕭山，余杭を除く）	850元	960元	113%

850元から960元に改定した。

ところが，金融危機の勃発後，2008年10月の求人件数増加率低下を受け，早々に11月18日には一転して，同部より最低賃金調整を一時停止する指示が出され，経営難企業の支援，雇用確保策へと舵を切った。

最低賃金の見直し凍結に加えて，各地方政府に分権されている社会保険料納付率の裁量権に従い，地方政府に対して，企業救済，雇用確保のため，社会保険料の企業負担軽減の期間限定措置の実施が奨励された（社会保険制度の詳細については第7章を参照されたい）。対応の早かった地方（浙江省，安徽省等）では，すでに2008年12月から軽減措置が実施され，09年3月末時点では，多くの地方政府で暫定施策が実施された（表5-2：省市の社会保険納付率軽減措置抜粋）[1]。

金融危機以前の，経済格差是正強化・労働者保護強化政策のもとで検討されていた，給与の支給・決定・調整メカニズムを法律で規定する「企業賃金条例」（企業工資条例），物価上昇率と昇給率の調整，経営層と一般職員の収入の合理的比率等を規定する「昇給規定」（俗称「賃金九条」，全称：「企業職員給与正常増加制度設立に関する建議」）等の低所得者，労働者給与水準を引き上げる施策となる2法案の取りまとめも，特に中小企業の経営を圧迫するものと認識され，控えられた。[2]

同様に，労働組合組成政策が強化され，フォーチュントップ500企業にランクされる企業に対して，2008年9月までの労働組合設立が指導されてい

表5－2　省市の社会保険納付率軽減措置

省市	都市地区	調整	実行期限
江蘇省	蘇州新区と蘇州市区	医療保険／企業負担：9％＋1％＋5を8％＋1％＋5に調整 地方補充医療は1％のまま据え置き。総計は10％＋5を9％＋5に調整 公傷／企業負担：1％を0.5％に調整	2009年1月から
	蘇州工業園区	企業負担：22.2％を20.2％に調整。基数下限は1200から850元に引下げ（基数下限の調整は労働保障部門に確認要）	
安徽省	芜湖市	医療保険／企業負担：8.5％から6.5％に調整 公傷，生育はそれぞれ1％から0.5％に引下げ	2008年12月から
重慶省	重慶市	基本養老保険／企業負担：15％のみ徴収，残り5％は将来徴収 医療保険／企業負担：9％を7％に調整	2008年12月から 2009年11月まで
四川省	成都市	基本医療保険／企業負担：7.5％を6.5％に調整 非都市戸籍職員の総合保険／企業負担：14.5％から13％に調整	2009年1月から 2009年12月まで
広東省	広州市	失業保険：3％から0.3％に調整。企業負担比率2％から0.2％，個人負担比率1％から0.1％に調整	2009年1月から 2009年12月
福建省	アモイ市	医療保険／企業負担：8％から7％に調整。失業保険：企業負担2％から1％，個人負担1％から0.5％に調整。生育保険／企業負担：0.8％から0.4％に調整。公傷保険／企業負担：0.5％から0.25％に調整	2009年1月から 2009年12月まで
北京市	北京市	失業保険： 企業負担1.5％から1％， 個人負担0.5％から0.2％に調整 公傷保険：上海外服北京分公司では企業負担を0.4％から0.3％に調整	2009年1月から 2009年12月まで
浙江省	寧波市	養老保険／企業負担：8％まで引下げ	2009年1月から
浙江省	杭州市	養老保険／企業負担：19％から15％に調整	2009年1月から
吉林省	長春市	養老保険／企業負担：22％から21％に調整	2009年1月から
江蘇省	南京市	失業保険／企業負担：2％から1％に調整 医療保険／企業負担：9％から8.5％に調整 公傷保険／企業負担：0.5％から0.4％に調整 生育保険／企業負担：0.8％から0.7％に調整	2009年1月から
江蘇省	無錫市	医療保険／企業負担：9.2％から8％に調整 公傷保険：0.6％から0.3％まで引下げ	2009年2月から
四川省	成都市	失業保険／企業負担：2％から1.5％に調整 生育保険／企業負担：0.6％から0.3に調整 公傷保険／企業負担：0.6％から0.42％に調整	2009年2月から
広東省	深セン市	公傷保険：0.5％から0.25％に調整 医療会社：6.5％から4.5％に調整	2009年2月から
遼寧省	大連市	医療保険／企業負担：8％から7％に調整 失業保険／企業負担：2％から1.5％に調整	2009年3月から

たが，金融危機の勃発後，組合設立の圧力も弱まった（労使関係の動向については第6章も参照されたい）。[3]

2．急激な舵取りが困難な労働市場の出現

　中国が世界の製造基地から高い潜在成長力と潜在需要を備えた消費地へとその役割を転換し，産業構造の高度化が進むのに併せて，中国の労働市場は，賃金水準の急騰，労働関連法規の整備，高度人材の供給急増，労働者の権利意識の増大等の現象が象徴するように，急速に成熟し始めたといえる。そのような時期に世界的金融危機に直面し，中国労働市場は急速な変化のひずみを以下のような形で露呈することとなった。

（1）高騰を続ける雇用コスト

　中国では，毎年3月に各地方の労働・社会保障部門から「前年度平均賃金」が公表され，翌年の社会保険の納付額下限，上限の基準額とされるが，2009年3月時点の各省市の2008年平均賃金は，引き続き大きく上昇を続けており，結果的には，金融危機下の厳しい経営状況にある企業の雇用コストの上昇を招くこととなった。2008年の各省市の平均賃金上昇率は，経済拡大スピードが鈍っていた沿海部都市（北京，上海，江蘇省，浙江省，広東省等）では10％台前半が主流であるが，瀋陽，重慶等の高成長期にある地域では30％台後半となっている。内陸部大都市の武漢では，実に，82％も上昇している（表5－3）。

　金融危機下の人事施策として，賃金凍結措置を取る企業は多いが，賃金を凍結しても，就労者の実質賃金の目減り，企業の雇用コストの上昇は避けられないこととなる。前述した，金融危機下の企業救済措置として社会保険料納付率の調整を施しても，人件費コストの上昇という流れは変わらないのが現状である。本来，経済成長と同調するはずの賃金上昇率が，GDP成長率を大きく上回っており，しかも地域格差が多大であることが，今回の金融危

表5－3　各地の2008年平均賃金

省	市	2008年平均賃金（元）	2007年平均賃金（元）	07年比
上海市		3,292.00	2,892.00	13.8%
遼寧賞	大連市区	2,353.00	2,017.00	16.7%
遼寧省	瀋陽	2,281.00	1,635.00	39.5%
吉林省	長春	2,016.00	1,663.00	21.2%
黒竜江省	ハルビン	1,615.50	1,584.00	2.0%
河北省	石家庄	1,659.00	1,383.00	20.0%
河南省	鄭州	1,918.75	1,571.75	22.1%
北京市		3,726.00	3,322.00	12.2%
天津市		2,267.00	1,907.00	18.9%
内蒙古	呼和浩特	2,228.00	1,912.00	16.5%
山東省	済南	1,898.00	1,586.00	19.7%
山東省	青島	1,941.00	1,687.00	15.1%
安徽省	合肥	1,848.00	1,496.00	23.5%
江蘇省	昆山	2,300.00	2,085.00	10.3%
江蘇省	南京	2,705.00	2,445.00	10.6%
江蘇省	南通	2,282.00	1,982.00	15.1%
江蘇省	蘇州市区	2,281.33	2,041.00	11.8%
江蘇省	無錫	2,864.67	2,471.67	15.9%
江蘇省	揚州	2,439.00	1,820.66	34.0%
江蘇省	張家港	2,281.00	1,747.00	30.6%
江蘇省	鎮江	2,282.00	1,982.00	15.1%
浙江省	杭州	2,050.25	1,840.00	11.4%
浙江省	寧波	2,254.00	2,122.34	6.2%
浙江省	温州	2,050.00	1,839.00	11.5%
江西省	九江	1,323.00	1,019.00	29.8%
江西省	南昌	1,914.00	1,280.00	49.5%
福建省	福州	1,732.00	1,495.00	15.9%
福建省	厦門戸籍	2,413.00	1,881.00	28.3%
福建省	非厦門戸籍	750.00	600.00	25.0%
広東省	広州市	2,454.00	2,182.00	12.5%
広東省	深セン	3,233.00	2,926.00	10.5%

広東省	珠海	2,454.00	2,182.00	12.5%
海南省	三亜	1,388.00	1,235.00	12.4%
湖南省	長沙	1,795.00	1,415.00	26.9%
甘粛省	蘭州	1,750.00	1,437.00	21.8%
湖北省	武漢	2,094.70	1,151.00	82.0%
山西省	太原	1,793.70	1,304.00	37.6%
陝西省	西安	1,770.00	1,410.00	25.5%
新疆	ウルムチ	1,786.00	1,485.00	20.3%
四川省	成都	1,776.00	1,488.00	19.4%
雲南省	昆明	2,666.70	1,707.00	56.2%
重慶市		1,925.00	1,386.00	38.9%
広西省	南寧	1,824.80	1,505.33	21.2%
貴州省	貴陽	1,722.33	1,341.64	28.4%

機に際して，ひずみとなっている。

(2) 雇用の柔軟性確保のための派遣雇用の見直し

　従来，高い流動率（離職率）が中国労働市場の課題とされてきたが，金融危機下，企業従業員は転職に対して慎重になり，"跳槽"（仕事を転々とする）から"臥槽"（暫く我慢する）へと気運が変わった。

　金融危機下の労働市場の象徴的な出来事として"金融危機下のベビーブーム"という現象が起こった。2008年に施行された労働契約法では，女性三期（妊娠期，出産期，哺乳期）の労働契約満了（解除）は原則禁止されており，女性が妊娠した場合，最短で22ヵ月は労働契約を解除できない法規となっている。この規定の下，リストラ対象から外れるための駆け込み妊娠が増加している。22ヵ月後には，経済状況も改善し転職のハードルは低くなるとの前提で，金融危機下の雇用確保策として"妊娠"するというものである。人材のこのような動きに対応し，2009年の雇用契約更新に際して，妊娠の可能性のある女性職員との雇用契約更新に慎重な企業からの相談が増加している。本来ならば休暇期間ではない妊娠期にも医師の証明書を取りつけ，

出勤免除となるケースも少なからず発生しており，代替要員の確保等の企業のコスト負担は少なからず増加するためである。

近年，在中日系企業では，組織の一定規模への拡大と労働契約法の派遣規定の不明確さから，直接雇用体制へ移行する企業が増加し，一般事務職や販売員等の流動性の高い職種も含め，全職員を直接雇用社員とする企業が増加して来た。しかしながら，金融危機の厳しい経営環境に直面し，硬直的な雇用を抱えるリスクと，雇用の柔軟性確保のための派遣雇用の利便性が再認識されはじめた。

2008年施行の労働契約法の下では，派遣会社は派遣労働者と最短2年の雇用契約の締結が義務づけられ，中国の労働市場では，雇用の安定と柔軟性確保の一定のバランスは取られているともいえるが，労働関連法規の未整備は中国労働市場の課題であることが金融危機に際してクローズアップされることとなった（労働契約法に関しては第5章に詳しい）。

（3）冷え込む高度人材就職市場

金融危機下，"採用凍結"は真っ先に採られた人事施策であり，就職市場は冷え込んだ。新規に労働市場に参入する人材にとっては，非常に厳しい時期となった。中国は，1999年より，大学教育を英才教育から大衆教育へと方向転換し，大学の募集枠を大幅に拡大した。2001年は115万人であった大学新卒生数が，2009年には611万人に達し，大学進学率は13％から23％へと伸びた。ところが，急激な経済成長下にあった中国の雇用市場では，短期的な利益確保のための経験者採用（中途採用）市場は成長したものの，急激に増加した職務経験のない高度人材を吸収できる雇用市場は未成熟であり，近年は大学卒業生の就職難が続いていた。金融危機の勃発とともに2009年の新卒生の就職はさらに困難を極めることとなった。2009年3月時点で，内定率が40％を超えたのは上海市のみであり，3割を超えたのは，全国では21の省・直轄市に過ぎず，全国の内定率は33％といわれた。

各地方政府は，社会不安を招かないためにも，特に学生の就職支援に力を

入れ"青年就職支援政策"を打ち出した。従来から，中国では在学中のインターンシップが教育課程に組み込まれており，"実習生"（インターンシップ）の受け入れは一般的に行われてきたが，2009年は従来の実習生制度に加えて，就職教育の充実，卒業後の新卒未就労者の"見習生"制度の強化による，就職支援策を実施した。

たとえば上海市では，《本市失業青年研修見習計画に関する通知》に基づき，上海市戸籍を持つ16歳〜25歳（特殊状況の場合は30歳まで）の専門学校以上の学歴保持者に対して，見習職務に就いた場合，最長1年間，月次576元（上海市最低賃金の60％）の生活補助と傷害保険を提供するとした。見習生採用企業には，企業裁量による手当ての支給を奨励するのみとし，広く受け入れを呼びかけた。

上海市対外服務公司は上海市政府の指導により"見習生基地"を開設し，見習生斡旋を社会貢献活動としてボランティアで実施したが，前年までは売り手市場であった，一流大学卒・日本語1級保持者の実習・見習希望者も豊富であり，金融危機下の就職の厳しさを物語っていた。しかしながらそれらの学生たちの履歴書の資格欄に自動車運転免許が散見されることからも，経済的に恵まれた環境にあり，ハングリー精神やアグレッシブさには欠ける，"就職"に対して余裕のある学生の実態も垣間見られた。

金融危機下，企業の新規採用には限度があることから，就労支援として，学生の起業支援政策も打ち出された。民間でも，家電量販店大手の蘇寧電器が学生の起業支援策として，出店スペースを提供し話題となった。起業の1つとして，インターネットショッピングモールへの出店も就労の1つという見方まで出ていた。中国最大のC to Cインターネットショッピングモール，淘宝網では，杭州地区の大学生で，同サイトでの月次売り上げが2,000元を超える学生が3割に達するという報告があり，今回の金融危機は，中国の学生の就労観をさらに多様化させたとも考えられる（インターネットショッピングモールに関しては第11章でも論じられている。）。

新たな中国就労市場参入者として，世界的な金融危機の影響を受け，米国

をはじめ海外から帰国し，中国国内での就労を目指す人材も増加した。これまで，海外帰国者は"海亀族"（亀 gui ＝帰 gui）といわれ，海外回遊で知識と経済力をつけ母国に戻り，起業家，外資系企業の高級管理職として成功した人の俗称ともなっていた。政策的にも海外からの帰国人材への優遇政策（帰国留学生優遇制度）による，多様な人材引付策が提示されてきた。ところが，今回の金融危機で帰国した海外経験者の就職は困難を極め，海外から帰国しても仕事を待つ人"海帯（わかめ）族"（帯 dai ＝待 dai）"という言葉も生まれた。

（4）政府の景気刺激策に呼応した新たな人材需要

　金融危機勃発後，中国政府が早々に打ち出した総額4兆元にも上る景気刺激策の重点施策である，国内需要拡大政策に応じ，中国消費市場向け事業拡大を打ち出す企業が増加した。内陸部を含めた潜在市場への業務拡大を計画する企業が増加している。2009年3月の日系企業対象の調査（「日本経済新聞」2009年4月14日付）でも，今後中国国内の販売網充実，拠点展開に注力するという企業の回答が多い。

　労働市場では，店舗網拡大に併せた販売系職種の採用が急増している。これらの職種は流動性が高く，広大な中国各所に散在する販売拠点の人員管理は容易なことではない。採用手続き，雇用契約管理，社会保険付保手続き，出勤管理，離職管理等の煩雑な人事管理業務が発生し，労働契約法には人事管理業務不履行の場合の罰則規定が明記されている。

　中国国内消費市場の拡大に伴い，中国の製造業の発展に大きく貢献した，都市部製造業の需要に応じ地方から農民工を募集，派遣する"農民工"管理システムに代わる，広域管理網による販売，サービス系スタッフ等の募集，人事・業績管理までを総合的に請け負うトータルアウトソーシングサービスが，派遣会社，ペイロールサービス会社等より提供され始めている。

　しかしながら，2008年施行の労働契約法に初めて"労務派遣"という雇用形態に関する若干の規定が盛り込まれた段階の中国労働市場は，急拡大す

る国内消費市場向けビジネスにおいて派生する新たな職種，雇用形態の要請に対応するには，いまだ未成熟な段階といえる。

（5）急増する労働争議

労働契約法施行に伴う労働者の権利意識の高まりと併せて，2008年5月1日から「労働争議仲裁調停法」が施行され，労働仲裁費用が徴収されないこととなり，労働仲裁の申請が激増した。2008年の中国最高裁報告では，労働争議に関する2008年の訴訟は前年比93.93％増となった。金融危機勃発により，労働争議はさらに増加し，上海浦東新区の労働仲裁部門では，2009年1月から3月の労働仲裁申請数は，2008年通年を上回ったと公表された。

労働関連法規の運用上の矛盾・不明確さに起因する労働仲裁の増加，解雇に関わる労働仲裁の増加のみならず，金融危機下の様々な人事施策が労働仲裁に持ち込まれるケースが増加した。労働契約法に規定された"書面による雇用契約の締結"に際し，本来は雇用契約に盛り込まなくとも済むフリンジベネフィットを雇用契約に記載したことから，フリンジベネフィットの見直しが，雇用契約の"改悪"として仲裁に持ち込まれるケースや，就業規則制定時には，経営悪化時の一時帰休等が想定されておらず規定がないために違約と見なされるケース等が，その典型例であった。

3．金融危機下の日系企業の人的資源管理施策

金融危機勃発当初，在中の欧米系企業では，本国の厳しい状況を受け，急激な人件費削減策の実施，コスト削減のためのオフィス移転，Ｍ＆Ａ，撤退等が相次いだが，日系企業は比較的影響が軽微であり安定しているといわれていた。しかしながら，2008年12月以降，自動車，半導体等の主要産業の不振が次々と発表されるのに併せ，在中日系企業も受注急減，在庫急増が顕著になり，各社とも対応施策を打ち出された。

（1）日系企業と欧米系企業の危機対処策

図5－1は，米系人事コンサルティング会社のHewitt社が2008年11月に在中欧米系企業を対象に実施した"金融危機下の人事施策"調査（有効回答159社）と，上海市対外服務有限公司（通称：SFSC）が2009年1月～2月に在中日系企業向けに同様の内容で実施した調査（有効回答39社）の結果である。雇用凍結は欧米系企業が63%，日系企業は36%，レイオフ（解雇を含む）は欧米系企業が31%，日系企業は10%となっている。この数字から，在中日系企業は金融危機のインパクトが比較的軽微であったと見ることもできる。しかしながら，賃金引下げの実施は，全社賃金引下げは欧米系企業3%，日系企業13%，管理職賃金引下げは欧米系企業5%，日系企業18%となっており，日系企業では，雇用と事業計画を守りながら，賃下げで厳しい時期を乗り切る手法を採る傾向が表れており，欧米系企業では，この期に，事業，組織のリストラクチャリングを断行しているという見方もでき

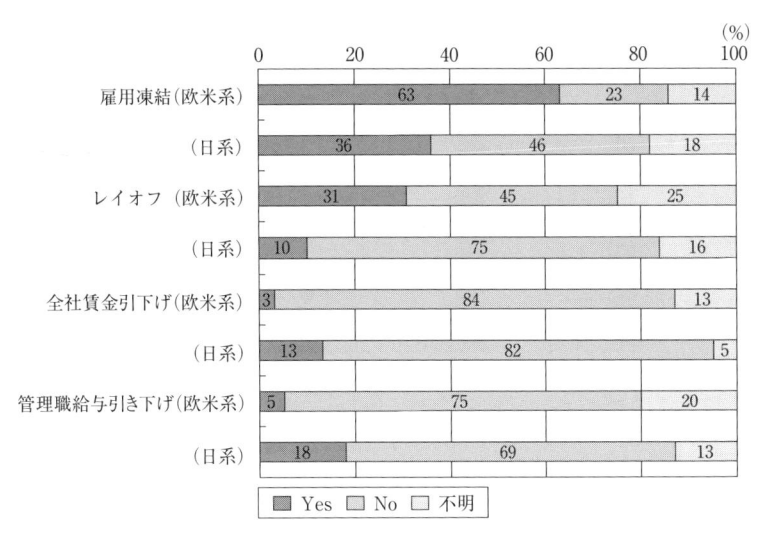

図5－1　金融危機下の人事政策調査

注：欧米系：2008年11月　Hewitt調査／日系：2009年1月～2月　SFSC調査。

る。

　日系企業と欧米系企業のマネジメントの違いが危機への対応策にも如実に現れており，"賃金"が組織の利益の分配である日本的マネジメントと，個別パフォーマンスの評価である欧米系マネジメントとの基本的な違いが反映されているとも考えられる。

　図5－2は，2008年と2009年の人事予算の増減を聞いたものである。日系企業では2009年の人件費も穏やか（10％未満）に増加するという回答が39％と最多であるが，欧米系企では，急激な（10％以上）削減を計画している企業が最多となっており，ドラスティックな人事経費削減施策が実施されるものと予想される。上海市対外服務有限公司の現場でも，2009年1月からの欧米系企業の人員削減数はこれまで経験したことのない状況となった。

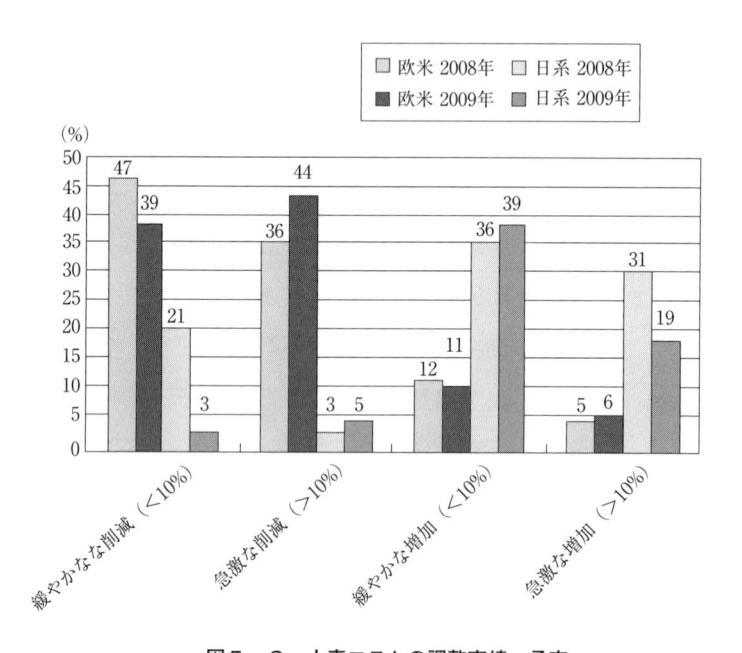

図5－2　人事コストの調整実績・予定

注：欧米系：2008年11月　Hewitt調査／日系：2009年1～2月　SFSC調査。

(2) 日系企業の人事マネジメントの実態

上海市対外服務有限公司（通称：SFSC）は，中国国営人材会社であり，上海を中心とする在中外資系企業22,000社から64万人の派遣・人事管理を委託されている中国最大の人材会社である。2007年，2008年の所得税代納額はIT企業の華為に次ぎ，全国第2位であった。その所得税代納データ115,942名（5,742社）分の分析から，金融危機前後の2008年の外資系企業の賃金の実態が見えてくる。他の賃金調査に類を見ないサンプル数と実質の所得税代納額からの算出データであることから，実態にきわめて近い数字と思われる（図5－3）。

データの企業国籍（出資国）分布は図5－4である。日系企業は13.07％，15,153名分のデータとなっている。出資国別の給与分析では，平均値，中央値とも日系企業の給与が最低で，月額平均給与（個人所得税，社会保険個人負担分を含む）は5,262.71元，前年比2.37％の増加という結果である（図5－5）。従来から日系企業は相対的に給与額が低いが，上位職と下位職の賃金格差が小さいフラットな賃金体系が特徴であり，下位職（25％タイルが参考値）では比較的競争力が高く，賃金水準の高い層（75％タイルが参考値）

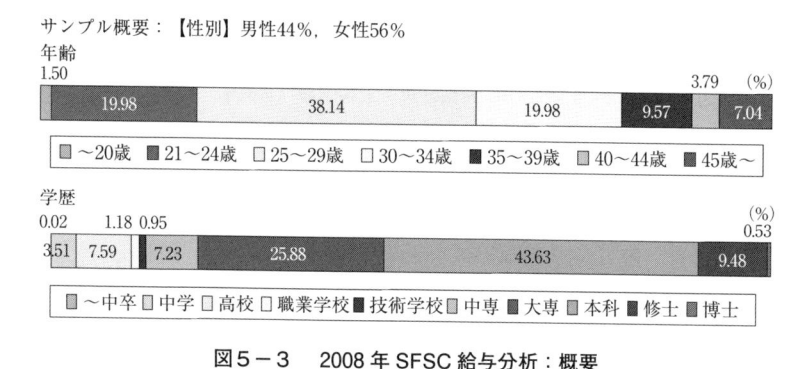

図5－3　2008年SFSC給与分析：概要

注：調査方法：2008年1月～12月の個人所得税代納額からの所得算出。
　　データ数：在中外資系企業5,742社／115,942人分。
　　給与額表示：個人所得税，社会保険個人負担分，賞与を含む月次賃金（人民元）。

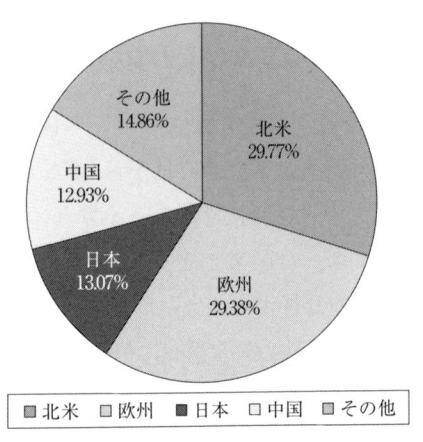

図5－4　2008年SFSC賃金分析：企業国籍（出資国）別分布

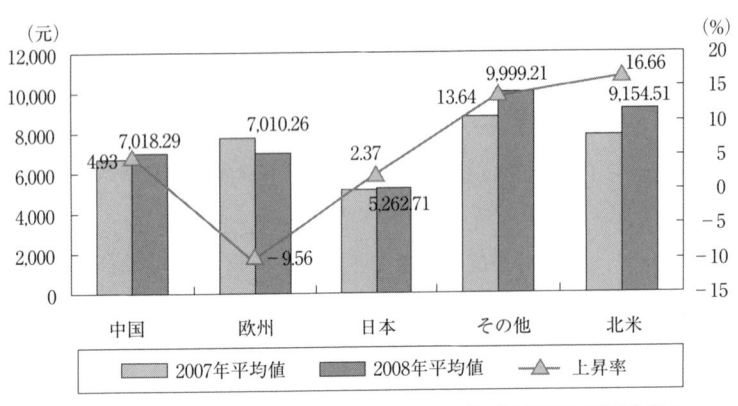

図5－5　2008年SFSC賃金分析：企業国籍（出資国）別平均賃金

では，欧米企業との格差が開くといわれてきたが，今回の分析では，低賃金層においても，最も賃金水準が低いという結果であった（図5－6）。日系企業の賃金水準は米系企業の6割という現状である。

2007年からの賃金増加率は日系企業では，平均値2.37％，中央値－3.86％である。欧州系企業も2008年の賃金上昇率は平均値で前年比－9.56％，中央値では－23.52％となっており，2008年は金融危機勃発以前から，資源

高に起因する経営悪化が従業員の賃金に反映されていたものと考えられる。金融危機の震源地である米国企業の 2008 年賃金上昇率は前年比，平均値 16.66％，中央値 18.45％ と高い水準にある。日本では，"欧米企業" とひとまとめに考える事が多いが，金融危機対応政策においても欧州と米国では温度差が大きいように，マネジメント手法は欧州系企業と米国系企業とでは，大きく異なっていることが推測される（図 5 - 7）。

所得税代納データからの賃金分析では，2008 年の離職数，新規入職数から，2008 年の離職率，人員純増率が算出できる（表 5 - 4）。日系企業はこれまで，賃金競争力は高くはないが，充実した人材育成が行われ，人材流動率が低く安定感のある人材マネジメントが特徴とされてきたが，今回の賃金分析における日系企業の離職率は 21.18％で，北米系企業に次いで高いという実績となった。この数字は，金融危機の影響によるリストラではなく，職員の自発的離職と考えられる。金融危機収束後，中国内需市場で競争力が保てるかど

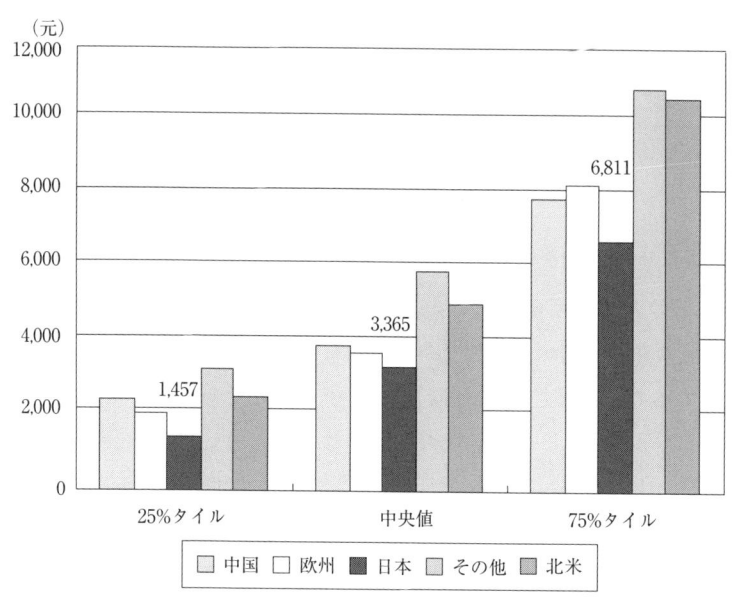

図 5 - 6　2008 年 SFSC 賃金分析：企業国籍（出資国）別賃金

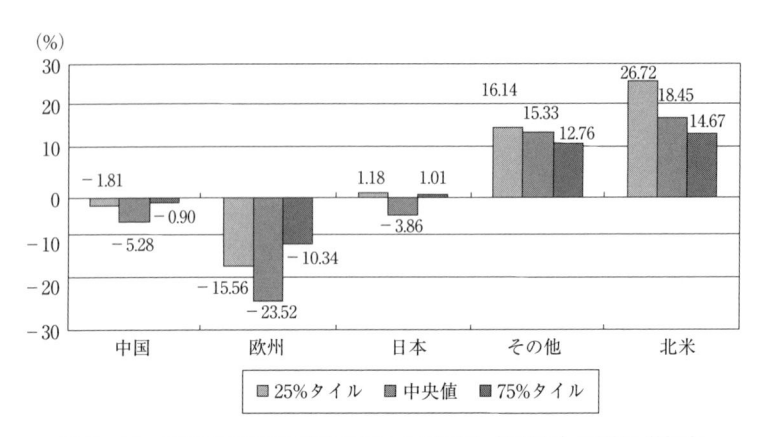

図5-7　2008年SFSC賃金分析：企業国籍（出資国）別給与増加率

表5-4　2008年SFSC調査：企業国籍（出資国）別離職率，人員増加率

	離職率	人員純増率
北米	25.35%	9.91%
欧州	17.49%	18.20%
日本	21.18%	3.30%
中国	20.30%	13.36%
その他	19.03%	15.24%
合計	18.93%	12.61%

うかが人的資源管理の課題であろう。

2008年の人員純増率は，日系企業は3.30％と突出して低い。中国では，旧正月前の賞与支給が一般的であり，人材流動（転職）は例年1月〜3月がピークであり，新卒生の入社時期は6月〜7月であることを考慮すると，3.30％という数字は，金融危機の影響ではないと考えられる。2007年以降，日系企業の中国投資は件数，実行額ともにピークアウトしていた影響と考えられる。結果的には，2008年の人員増を抑制したことは，金融危機後の人員削減圧力を軽減できることになり，日系企業の業績・市場判断力，先見力の現れといえるかもしれない。

従来から，日系企業の人材マネジメントは，グローバル標準とは異なる独特のマネジメントであるといわれてきたが，各国それぞれ人事マネジメント手法が異なる中で，特に独自性が強いということが理解できる。

（3）その他の金融危機対応施策

図5－8は日系企業の2009年度の金融危機対応施策を聞いたものである（上海市対外服務有限公司調査，2009年1～2月，有効回答39社）。

最多は"昇給幅の引下げ"である。すでに，2008年の実質昇給実績は上述の給与分析結果では平均値で2.37％と，市場の平均給与の上昇率（上海市平均賃金は13.8％）を大きく下回っており，賃金水準自体も外資系企業では低水準であることを考慮すると，日系企業の給与はさらに競争力が低下すると懸念される。

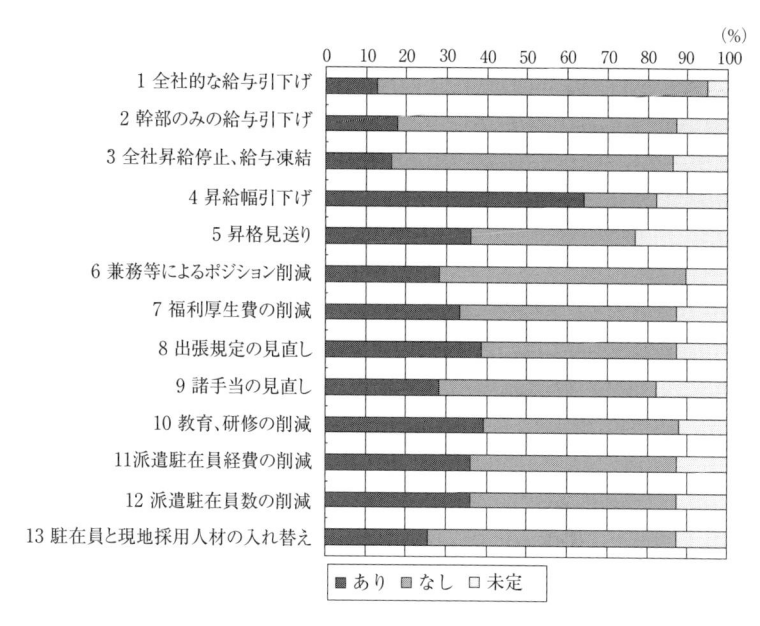

図5－8　日系企業の2009年予定人事施策

注：2009年1～2月　SFSC調査。

しかしながら，中国の政策自体が，雇用確保を最重点としており，ワークシェアリングや時短を奨励している方向性と，日系企業のマネジメントは合致しているともいえ，現在の金融危機，高失業率，従業員に"臥槽"（暫く我慢する）という気分が蔓延している時期には，給与競争力が低いことが人材流出や組織力の低下を招くとは考えにくく，危機を乗り切る妥当な施策とも考えられる。

　続いて"教育・研修の削減"が挙げられているが，業務が減少し余裕のあるこの時期に育成に力を入れる企業も少なくないようである。中国の日系コンサルティング会社では，研修の要請が増加しているといわれている。

　その他，出張規定の見直し（出張経費削減），駐在員経費の見直し，福利厚生の見直し等が上位に挙げられており，コスト削減の動きが顕著である。

4．日系企業の課題

　米系人材会社，マンパワー社の2009年1月の調査では，調査対象の43％の在中外資系企業が2009年の"解雇"を予定する一方，市場ニーズ，競争力，個人評価を厳しく見極め，コア人材には，MBA・EMBA取得支援等の長期的な育成計画の提示・実施を行い，同時に他方で現状の伝統的福利項目のリスクを再検証し，新たな企業年金や養老年金制度の導入を検討する等，金融危機後を見据えながら施策を選択していると報告されている。日系企業においても金融危機をいかに乗り切るかとともに"金融危機後"を見据えた施策が重要と考えられる。

　金融危機勃発以前からも，製造輸出型事業から研究開発・製造・国内販売型事業へと事業形態の転換が図られてきた。金融危機勃発後，中国政府の内需拡大政策が強化されることとなり，中国の内需は日本の景気回復の鍵とさえいわれている。これまで，日本のお家芸の"製造"では，中国の製造業の一角を担い，業績を伸ばしてきた日系企業であるが，中国の流通業，サービス業で業績を上げてゆくためには，日本のノウハウを現地で実現するための

中国の人的資源管理が更に重要度を増すと思われる。日本からの駐在員，技術指導者のノウハウ，技術力で豊富な労働力を育成・管理し，"ものづくり"で成果を挙げてきた経験を，今後中国事業を担い，消費市場の主役となる，「80年代生まれ」（八零後，Ba ling hou），「90年代生まれ」（九零後，Jiu ling hou）といわれる新世代との対峙にいかに活かしていけるかが鍵となる。

　金融危機は，在中日系企業の日本人による中国人労働力の直接管理を主とした従来の人的資源管理から，長年課題とされてきた，中国人マネジメントの育成と活用による"人的資源管理の現地化"の実現を迫ることとなったといえる。一般に日本人マネジメントの弱点とされてきた，異文化コミュニュケーション力とグローバルに通用するリーダーシップ力という課題を克服し，一段高い視点から中国市場での事業戦略を実現していくことが，金融危機後の中国内需市場で競争力を確保，増強する鍵となると考えられる。

注：
1）2010年に入り，急激な企業業績の回復を受け，各地の最低賃金改定凍結措置は解除され，各地の最低賃金改定が発表され，おおむね20％近い上昇となり，労働争議続発の一因となっている。
2）2010年の賃上げ要求を原因とする労働争議の続発等を受け，賃金条例は2011年中の発布が見当されていたが，内部調整が難行しており，発布時期は定かでない。
3）2010年8月30日の全国工会基礎組織建設工作会議では，2012年までに，工会設立企業比率を90％以上，工会会員比率を92％以上とする新たな目標を明確にしている。

第Ⅱ部　日系企業の視点から見たチェンジング・チャイナ

第6章

中国的労使関係と進出日系企業の課題

1．はじめに

　2010年春，中国の労使関係発展史上に新たな1ページが書き加えられた。まず，台湾系大手のOEMメーカー富士康（フォックス・コン）では，若い従業員たちによる相次ぐ飛び降り自殺事件が2010年に14件も発生し，世間を震撼させた。富士康の従業員による飛び降り自殺が9件，死者7名になった時点の5月17日に，広東省仏山市にある南海本田自動車部品製造有限会社の若い従業員は，待遇改善を求めてストライキを行った。幾度にわたる労使交渉の結果，6月4日に大幅な賃上げで労使合意が達成できた。その後，ストライキは中国各地の他の企業に連鎖する現象が多数起きており，国内外の注目を浴びた。このことは中国進出を図る多くの日本企業に影を落とし，これを新たな中国リスクとして捉え，進出を躊躇する企業も少なくない。

　中国に進出した日系企業の経営者は，1990年代以降労働紛争やストライキを経験してきたが，党組織や工会（労働組合）の協力の下で，いずれも短期間で解決できた。今回のように，大規模かつ長期にわたる労使紛争は初めての経験であったため，どのように対応すればよいのか戸惑ってしまう。

　市場経済の浸透に伴って，多くの外資系企業が中国に進出し，中国国内においても民間企業が急速に成長してきた。こうした多様化しつつある所有構造の中で，かつての労働者階級が機能的に分化し，多様な利益集団を形成するようになった。このような背景の下で，中国の労使関係は複雑化しつつあ

り，労使紛争が多発してきた。とりわけ2008年に新しい『労働契約法』が発布された後，労使紛争が急増した。緊張感が高まりつつある中国の労使関係は今後どのように発展していくのか。歴史的転換点において，労働者の代表であるはずの工会はどのような役割が期待できるのか。さらに，中国進出日系企業は変質しつつある中国の労使関係をどのように認識し，どのように対応すればよいのか。

本章では，中国的労使関係の特徴を解明しながら，中国の労使関係の現状を明らかにしたい。さらに，今般のストライキが発生する要因を究明し，中国進出日系企業の労使関係と人的資源管理の課題を提示したい。

2．中国的労使関係[1]

労使関係とは，産業社会における最も基本的な諸関係である，労働者と使用者または経営者との間の社会関係一般を意味する。その中心となるのは労働組合とその相手方たる使用者または経営者およびその団体との関係である。ダンロップは，「あらゆる産業社会は，その政治形態とは関係なく，労働者と経営者を創出する。各産業社会は必然的に労使関係を作り出す」としながら，労使関係を「経営者と労働者と政府機関との間での相互作用の複合体」であると規定した。一国の労使関係を構成する行為者として，ダンロップがいうように，3つのグループがある。第1は労働者とその組織，第2は経営者とその組織，第3は職場あるいは労働の社会に関連する政府機関である。上記の政，労，使の三者によって労使関係を調整するメカニズムが作り出されているのである[2]。

中国は長い間，イデオロギー的制約の下で，労働関係という概念で企業内の労働紛争を処理してきた。改革・開放以降，社会主義計画経済から市場経済への移行に伴い，外資系企業や私営企業などの非国有企業が急速に成長してきた。また，国有企業の株式化や民営化の改革に伴い，国有セクターの経済に占める割合が低下しつつあり，中国の経済構造が多様化してきた。さら

に，労働契約の実施により経営者が雇用主として法的に認知された。その結果，かつてのように「企業に工会はあっても雇い主がいない」という状況はなくなり，「企業の工会と経営者」との基本的な労使関係の枠が形成された。とりわけ1992年以降「中華人民共和国労働組合法」（工会法），「中華人民共和国企業労働紛争処理条例」および「中華人民共和国労働法」などの発布により，労働協約の締結や労使紛争の調停が法的枠組みに基づいて処理することが可能となった。

また，市場経済の浸透に伴い，労使関係がさらに複雑化しつつある。1990年代半ば以降，国有企業改革の進展に伴って，多くの中小国有・集団企業が，改組，改制（制度改革），合併，リース，売却などの方式で公有制部門からの撤退を余儀なくされた。その結果，国有企業・集団企業などに雇用される労働者数が大量に減り，これらの部門に組織の基盤を置いている全国総工会と傘下工会の会員が大幅に減少していった。

一方，民営化された企業や私営企業，外資系企業などの非公有制部門に雇用される労働者は増加しているが，これらの企業の多くでは工会が設立されておらず，労働者が未組織の状態に置かれていた。『工人日報』では当時の状況を「非公有制経済部門のめざましい発展と，そこに雇用されて働く労働者の数が増えるにしたがって，労使関係が複雑化し，そこから発する矛盾はまさに『風雲を巻き起こす』勢いである。各種の国の法律や規定を無視して労働者の合法的権益を侵犯する事件が相次いで発生している」と報道している[3]。

さらに，1990年代後半以降，外資系企業，私営企業のめざましい発展によって，一部の高収入階層が出現した。それと同時に，国有企業が競争激化の状況において，破産が頻発し，大量の「下崗」労働者（レイオフされた労働者）を生み出し，失業率が年々上昇している。こうした背景の下で，社会階層が多元化し，収入格差，貧富の格差が拡大し続けてきた。中国社会科学院社会学研究所が2002年1月に出版した『当代中国社会階層研究報告』は，市場経済の進展を受けて，中国の社会階層は従来の労働者と農民という2つ

の階級プラス知識分子という1つの階層の構造から，十大社会階層と5つの社会地位等級へと変化したと結論づけた。

　十大社会階層とは，国家と社会管理者階層，企業経営者階層，私営企業家階層，技術者階層，事務職員階層，個人工商業者階層，商業サービス業従業員階層，産業労働者階層，農業労働者階層，失業・半失業者階層であり，5つの社会地位等級とは上層，中上層，中中層，中下層，低層であるという。上層にあるのはごく少数で，国家と社会の管理者階層および一部の大型企業の経営者であり，下層にあるのは一部の産業労働者と農業労働者であり，私営企業家，技術者階層，事務職員階層などは中間層である[4]。

　こうした労使関係の複雑化，社会階層の分化が激化する中で，中国の工会に新しい役割が付与され，2001年以降中国の労使関係は新たな段階に入った。2001年3月，全国総工会は「新設企業における工会組織化に関する中華全国総工会の意見」を決定し，各級工会に通達した。さらに2001年に「工会法」を修正改訂し，「労働者・職員の合法的権益を守ることは工会の基本的職責である」と新たに加えるとともに，工会の団体交渉権と労働協約締結権を明確化した。

　ダンロップは，労使関係の核心問題は，経営者と労働組合の間における職場のルール（Work Rules）に関する交渉であると指摘した。これらのルールは主として2つの大きな範疇があり，1つは福利に関する規則であり，賃金，休暇などを含む。2つ目は，経営者と従業員の権利と義務に関する規則であり，たとえば業績基準，昇進ルールと生産秩序，雇用と解雇の手続きなどが含まれる[5]。以上の労使関係の最も重要な要素である経営における当事者間でお互いの経済，社会的行為を規定する「規則の作成とその執行」という視点から見れば，今日の中国の労働関係は労使関係システムの中にすでに一歩入り込んでいるといえる。中国は，そのイデオロギー的制約から労使関係という概念を用いることはできないが，労働契約を通じて経営者が国家に代わって雇用主であることを明確にさせたことによって，労使関係の枠組みを作り上げた。さらに政労使の三者関係，とりわけ企業レベルでは「党，工，

使」の三者間の中国的労使関係の枠組みを作り，労使間の利害の対立と摩擦，そして「調解」(調停）と妥結のシステムを一定程度作ってきた。しかし，工会は共産党組織や経営側に依存しているため，労働者の代表としての機能が十分発揮できないという限界があることは，中国の労使関係が抱える喫緊の課題である。

3．工会の組織的特性

（1）共産党指導下の労働者団体

中国の工会は労働者が自由意志に基づいて結合した大衆組織であるが，基本的には共産党の下部組織であり，その指導下に置かれている。

1948年8月にハルピンで開催された第6回全国労働者大会には，283万人あまりの労働者を代表する518人が出席し，中華全国総工会の回復・設立と『中華全国総工会規約』(1953年5月の第7回全国代表大会で『中華人民共和国工会規約』に改称）の制定が決議された。この『工会規約』においては，工会の中国共産党への従属と生産活動のための政府および現場管理者との協力が謳われた[6]。1998年10月の中国工会第13回全国代表大会で採択された『工会規約』は，その冒頭で「中国工会は，中国共産党の指導する，労働者・職員が自発的に結集した労働者階級の大衆組織であり，党が労働者・職員大衆と結び付く上での橋渡し役であり絆である」と述べており，共産党への従属性が改めて強調されている。

さらに，1950年6月に公布された『工会法』では，「工会は，自主的に結合した労働者階級の大衆組織であり，中国において主に労働からの所得に依存しているすべての賃金労働者は工会に参加する権利を持つ」(第1条),「工会の組織原理は民主集中制度である」(第2条),「工会は国家の独立した統一的組織システムであり，最高指導組織としての中華全国総工会の指令下にある」(第3条）と述べられている[7]。1992年と2001年に改訂した『工会法』

```
国家    共産党中央委員会  ──→  中華全国総工会
                                (ナショナルセンター)
         ↓                          ↓
地方    地区共産党委員会  ──→  地区総工会
         ↓                          ↓
企業    企業内共産党委員会 ──→  工会―共産主義青年団
```

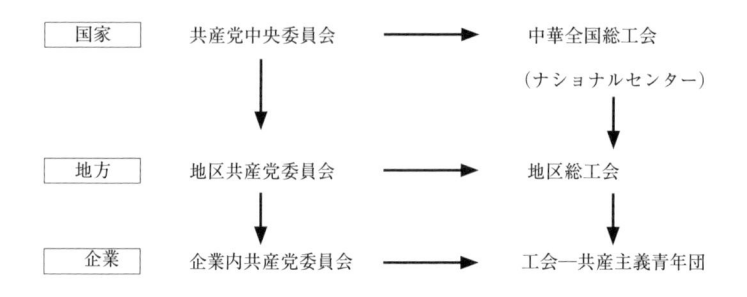

図6－1　共産党と工会の関係

注：──→ は指導関係を表す
出所：笠原（1997），p.31。

は上記の原則をそのまま踏襲している。この原則を踏まえて中央（全国総工会）―地方（省・市）総工会―県総工会―基層（企業・事業所レベル）工会に至る組織機構を構築することを規定している。この場合，それぞれのレベルの工会の設立には，1級上位の工会の批准が必要とされる。産業別工会の設立についても同様である。中国工会のナショナルセンターについては「全国を統一した中華全国総工会を設立する」（第10条）と明文規定している[8]。以上の規定から，中国では第二組合が存在する余地がなくなった。図6－1に示したように，企業内の工会は各地域の総工会の指導を受けると同時に，政治面においては，共産党組織の指導も受けなければならないのであり，工会組織の自主的運営に疑問を持たざるを得ない。

（2）企業の管理職も工会員

2001年改正の『工会法』第3条では，「中国国境内の企業，事業単位，機関において賃金収入を生活の主要な源泉とする肉体労働者および頭脳労働者は，民族，種族，性別，宗教上の信仰，教育程度にかかわらず，すべて法に基づき工会を組織し，工会に参加する権利を有する。いかなる組織，個人も

これを阻害，制約してはならない」と規定されている。つまり，賃金収入を主要な源泉とする者はすべて工会員としての資格を有するということであり，そこに職制における地位や権限による制限は見当たらない。資本主義諸国では「使用者対労働者」という対峙構造が前提にあり，労働組合は労働者側を代表する組織として位置づけられている。しかし，社会主義イデオロギーが存在する中国では，理論上，労使対立は存在しないことになっている。したがって，総経理から現場の労働者までみんな工会員になる権利を持っている。経営者や管理層が参加しない日本の労働組合とは事情がまったく異なっている。筆者のこれまでの調査によれば，国有企業では総経理以下全従業員，日系企業では日本人以外の中国人全従業員が工会員であることが多い。一部の企業では，日本人も工会員になっていることがある。また，会社の役員が工会主席を兼任している企業が多い。

4．労使関係の現状

（1）急増する労使紛争

　市場経済の浸透に伴い，労働紛争の案件が急速に増加した。中国統計局の統計によると，1990年代後半以降，政府が受理した労働紛争の案件は年々増加傾向にあり，1996年は48,121件であったが，1998年にはすでに倍増しており，1999年に初めて10万件を突破した。2000年代に入ると，さらに急増し，2005年に30万件を突破し，2007年になんと350,182件に達した。さらに2008年に新しい『労働契約法』の施行に伴い，労働争議の処理件数が倍増し，693,465件に達した（図6－2を参照）。労働争議の発生原因は主として労働報酬や社会保険，労働契約の解除など，労働者の利益と直接関わっているものが多い（図6－3を参照）。

　2008年以降労働争議急増の背景として，『労働契約法』が2008年1月1日に施行し，労働者保護の側面が強化されたことが挙げられる。『労働契約法』

(件)

図6-2　労働争議の処理件数

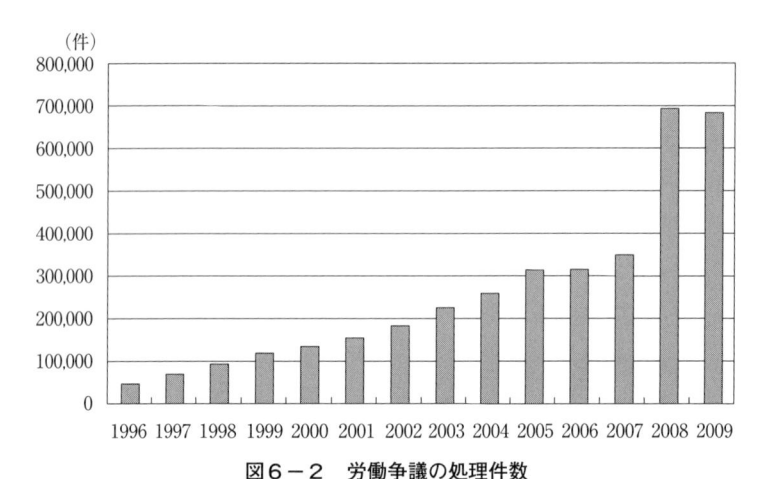

出所：『中国労働統計年鑑』2007年版，『中国統計年鑑』2010年版のデータより作成。

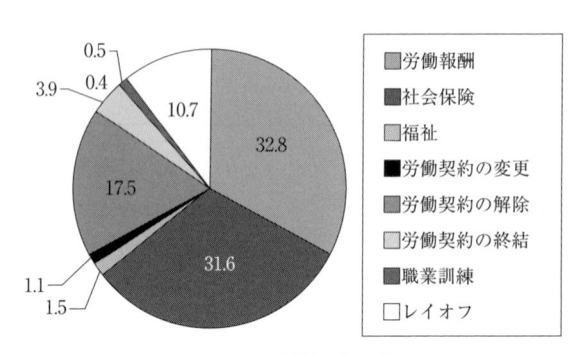

図6-3　労働争議の原因

凡例：労働報酬 32.8、労働契約の解除 31.6、社会保険 17.5、福祉 1.5、労働契約の変更 1.1、労働契約の終結 3.9、職業訓練 0.4、レイオフ 0.5、（その他）10.7

出所：『中国労働統計年鑑』2007年版のデータより作成。

の第14条によると，「以下の状況のいずれかに当たる場合，労働者が労働契約の継続，締結を要求或いは同意した場合，労働者が期限付労働契約の締結を申し出る場合を除き，無期限労働契約を締結しなければならない。（一）労働者が当該雇用組織にて連続して十年勤務している場合，（二）雇用組織が初めて労働契約制度を実施するか又は国有企業制度改革にて新たに労働契約を締結する場合，労働者が当該雇用組織での連続勤務年数が満十年であり，

尚且つ法定定年退職年齢まで十年未満である場合，（三）二回連続して期限付労働契約を締結し，且つ労働者が本法第三十九条及び第四十条第一項，第二項に規定されている状況に無いもとに労働契約締結を継続する場合は，無固定期限労働契約を締結しなければならない」。

さらに，2008年5月1日『労働紛争調停仲裁法』が施行された。同法は労働紛争の迅速な解決を狙った法律で，労働争議が発生した際に，企業側が労働者との交渉に応じなかったり，すでに協議が成立した案件に対してそれを履行しなかったりした場合，地方政府にその調停を申請することができる。同法では，労働争議の仲裁は無料であると規定されたことから，労働者が法律手段によって権利を主張することがより容易になった。

（2）近時のストライキの特徴と要因

2010年5月17日，南海本田自動車部品製造有限公司の工場でストライキが発生し，その影響でホンダの完成車工場が操業停止に追い込まれるというニュースが大きく報じられた。数日後，北京にある韓国現代自動車系の部品工場でも1,000人規模のストライキが起き，6月に入ると天津の豊田合成，広州のデンソーなど他の製造業にも飛び火した。2カ月弱の間にスト発生など労働争議は，30件以上に達した。

日系企業はかつて大規模なストライキを経験したことがある。但し，筆者が参加した科研費プロジェクトのこれまでの調査[9]によると，今までのストライキはほぼ半日や一日で解決ができ，ストライキの解決にあたって，工会や党委員会は協力的であったという特徴を持っていた。それと比べて，近時のストライキの特徴は大規模化かつ長期化しており，工会ではなく，未組織労働者集団が主導する突発的なストライキであること，賃金を中心とする従業員待遇の改善を求めてストライキが行われる一方，管理制度改革（財務状況の公開要求，日本人従業員および中国人従業員・管理者の賃金公開要求等）や労働組合の改選なども求めたこと，工会が経営者を支持して，ストライキ続行を主張する従業員を説得する等の役割を果たしたこと，などの特徴

を持っている。

　さて，近時のストライキが頻発する要因は何なのか。主として，沿海部の労働力不足による賃上げ圧力，低い労働分配率，新世代農民工の権利意識の向上，そして日系企業の人的資源管理の問題など4つの要因が考えられる。

　①沿海部の労働力不足による賃上げ圧力
　2003年頃から沿海部の広東省，福建省で「民工荒」と呼ばれる労働者の不足現象が見られ始めた。さらに，2004年以降，広東省，福建省のみならず，中国の主要工業地帯である沿海部の様々な地域において，労働者の不足が常態化しつつあり，熟練工のみならず，一般労働者の募集も困難な情勢となりつつある。とりわけ，これまで中国の沿海部の都市部において，低コスト労働力の中心となっていた内陸部の農村部からの出稼ぎ労働者の不足が顕著となっている。国家統計局が発布した『2009年農民工監測調査報告』によると，2009年に東部地域へ出稼ぎに行く農民工は9,067万人で，前年比8.9％減少し，とりわけ，珠江デルタ地域の外来農民工の減少が著しく，2008年より22.5％減少した。さらに，中華人民共和国人力資源和社会保障部の調査によると，調査した企業のうち70％の企業が，労働力不足を予測していると回答している。
　2007年，中国社会科学院人口・労働経済研究所の蔡昉所長が中国社会科学院設立30周年のシリーズ講座で『中国就業増長與結構変化』と題する報告をし，中国は労働力供給が需要を満たせない状況が到来すると警告した。蔡所長によると，世間一般の見方としては，中国の農村余剰労働力は1.5億人であるが，実際余剰労働力の中で大半が40歳以上の中高年であり，40歳以下の余剰労働力はわずか5,212万人である。さらに，中国の労働力需給構造は労働力余剰から労働力不足へ転じ，控えめに見ても，2009年までに「ルイス転換点」が到来する可能性[10]があり，労働力の供給が需要を満たせない状況の到来により，賃金コストが上昇する可能性がある[11]。
　さらに，中国社会科学院人口・労働経済研究所の張車偉副所長による，

2000年センサスをもとにした試算によれば，中国の生産年齢人口は2014年の9億9,700万人がピークとなり，15～60歳の年齢層で見るならば，ピークの到来と生産年齢人口の減少はさらに早まり，2011年の9億2,700万人がピークとなり，2012年から減少に転ずる可能性が高いと予想している[12]。今後も経済成長が続くことが予想され，労働需要は引き続き上昇すると見られる。この結果，中国全土で労働力不足が表面化することが明らかであろう。無尽蔵の労働供給という神話が崩れ始めている。

2010年に入ってから各地で多発した労働争議は，まさに人手不足と賃金上昇問題の深刻さを反映しており，使い捨て型の雇用慣行がもはや限界に近づいたことを示唆していると考えられる。

②低い労働分配率

賃上げを求める労働争議が多発する大きな背景として，経済構造面で長期にわたって存在する中国の低い労働分配率の問題が挙げられる。1993年から2007年にかけて，中国の労働分配率，つまり名目GDPに占める「雇用者所得」の比率は，1995年の51.4％をピークに，大幅な減少傾向を辿っており，2007年にはなんと39.7％に大幅に低下した（図6－4を参照）。中国経済は改革・開放以降，高い成長を続けてきたが，企業や政府がその果実の多くを享受し，労働者は必ずしもその恩恵を受けていないことが明らかになった。分配なき経済成長を続けてきたことに，不満を持つ労働者たちの抵抗が社会不安を引き起こす可能性を秘めている。雇用者への所得分配率が過度に低いという構造的な問題を改善するための所得分配制度の改革が必要である。中国政府の「所得倍増計画」が2011年から実施されるかどうかが注目に値する。

③新世代農民工の権利意識の向上

1990年代の出稼ぎ労働者は重労働も厭わず，一元でも多く稼いで親元に仕送りしていた。平均で3年ほど働くと故郷に戻り，貯めたお金で家を建て

図6-4　中国の労働分配率の推移

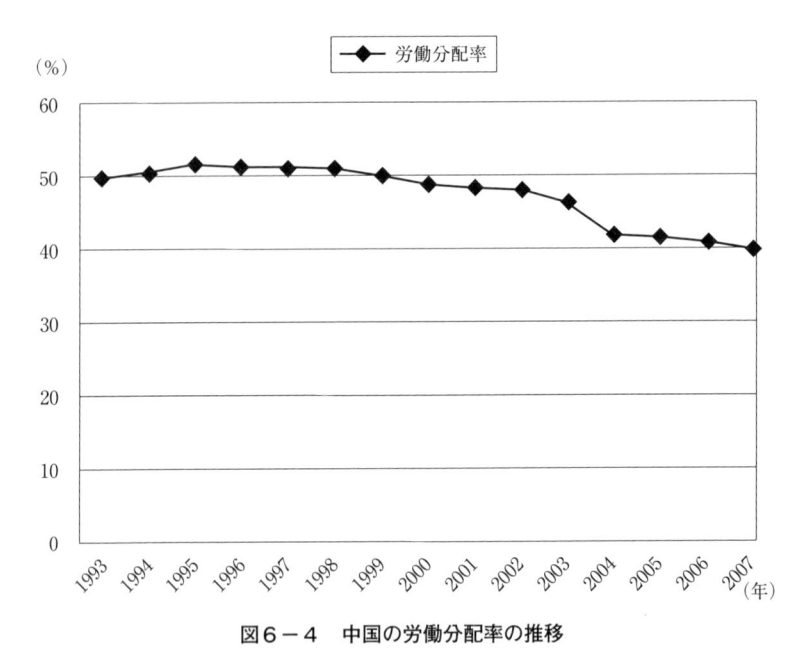

出所：国家統計局国民経済核算司編（2007）『中国国内生産総値核算歴史資料1952～2004』中国統計出版社，および『中国統計年鑑』2006～2008年のデータより作成。

る生活が当然だった。企業側からすれば，約3年で新しい出稼ぎ労働者に入れ替わる"出稼ぎサイクル"が機能していたため，労働者の給料をほとんど上げる必要がなかった。それに対して，2000年代の「新農民工」は「80後」（1980年代生まれ）世代や「90後」（1990年代生まれ）世代で，低賃金・低所得を我慢する彼らの親世代と違い，「環境を受け入れ生存のために働く」という視点から自己実現のために働くという視点に切り替わりつつあるとともに，学歴も高くなり，権利意識が高まっている。また，新世代農民工は豊かな生活を求めて，都市部での定住を希望する人が増加している。しかし，戸籍制度や都市と農村の二重構造などが障壁になり，出稼ぎ労働者は年金，医療，子供の教育，公共サービスなど様々な面において都市住民と同一の待遇が受けられなく，都市のコミュニティから疎外されている。インターネットや海外のTVドラマなどを通じて先進国の豊かな生活の実態を知る中で，

工場敷地内で工場と相部屋の寮との間を往復し，単純作業を繰り返すという日常に不満や鬱積を彼らが抱え込みつつあることは容易に想像できる。富士康（フォックス・コン）の連続自殺事件は，まさに転換点を迎えた中国の経済・社会から生じる問題の縮図である。出稼ぎ労働者の社会的権利や生活条件を高める制度改革が必要である。

④日系企業の人的資源管理の問題

今回の一連の労働争議は，欧米系も含めた外資系企業や中国の国有企業でも起きた。しかしながら，最も労働争議が多かったのは自動車を中心とした日系企業であった。同じ外資系企業でなぜストライキは日系企業に集中し，欧米系企業では少なかったのか。その差異はどこにあるのか。筆者はその最も大きな問題は日系企業の現地化の遅れなど，人的資源管理上の問題だと考える。

現地化については明確な定義がないが，一般的に進出先の経営資源（ヒト，モノ，カネ，情報）を積極的に活用することを指す。現地化の進展の度合いは昇進可能性，意見の尊重，現地語の利用，知識の共有，そして技術の移転などによって測られる。経営資源のうち，最も重要なのは人的資源である。本章では主として人的資源の現地化に着目し，現地化を事業戦略の組み立てとビジネス活動の実行において，投資先国の人的資源を重視した経営アプローチと捉える。これまでの研究では，中国に進出した日系企業の現地化，特に人の現地化については欧米企業と比べれば，かなり遅れていると指摘されている。

表6-1は中国進出日系企業において，取締役，中間管理職，一般従業員別に，現地国籍者，日本国籍者，第三国籍者の構成比率を表したものである。2005年の調査結果から見ると，取締役について，日本国籍者が占める比率が最も高く83.6％，現地国籍者12.9％，第三国籍者3.5％となっている。2001年調査，2003年調査と比較して，取締役，中間管理職，一般従業員に占める現地国籍者の比率がともに下がっており，それに比例して日本国籍者

表6-1　国籍別取締役・中間管理職・一般従業員の全従業員に占める比率　　　　　　　　(%)

	現地国籍者比率			日本国籍者比率			第三国籍者比率			回答企業数(社)
	2001	2003	2005	2001	2003	2005	2001	2003	2005	
取締役	16.5	22.9	12.9	82.2	75.5	83.6	1.5	1.6	3.5	125
中間管理職	71.3	72.8	68	26.2	26.6	30.5	1.4	0.2	1.5	128
一般従業員	98.5	98.6	96	0.6	1.3	3.7	0	0.1	0.2	130

出所：JILPT（2006），pp.36～38のデータより作成。

表6-2　欧米系企業の社長の国籍

	計	現地人	第三国人	本国人（華人）	本国人
人数	13	6	3	1	3
割合	100.0%	46.2%	23.1%	7.7%	23.1%

注：「第三国人」はすべて台湾籍人または華人。
出所：『通商白書2003』p.11。

の比率が高まっていることが分かる。また，ジェトロが2007年に行った「在アジア日系企業の経営実態」の調査結果によると，製造業で管理職ポストにおける現地人材の比率は34.3％，非製造業では39.0％であった[13]。在中日系企業においては，いまだに日本からの派遣者を役職者に充てるケースが多く，現地人材の重要ポストへの登用は依然として進んでいないといえよう。

　これに対し，欧米系企業はどうなっているのであろうか。中国に進出している欧米系企業の経営トップの大部分は，海外の華人か優秀な現地経営者であるといわれており，幹部人材への現地職員の登用が進展している。実際に，欧米主要企業の社長の国籍を見てみると，本国人の派遣割合は23.1％に過ぎず，約8割の企業で現地人あるいは華人系人材（台湾籍を含む）が社長に就任していることが分かる（表6-2）。また実際，米国企業の中には，中国オペレーションの責任者に米国で教育を受けた，自社内で実績を残した人材を配置するケースが多く見られる[14]。

　かねてより欧米系企業と比べて，日系企業は人材の流出問題に悩み，優秀な人材の確保に苦慮してきた。労働政策研究・研修機構（JILPT）の2005

年の調査によると，優秀な人材が獲得できないことは日系企業の採用上の最大問題であり，管理職の採用上の問題として，40.6％の中国進出日系企業が「優秀な人材が応募してくれない」と回答した。また人材獲得競争について，「外資系企業との人材獲得競争が激しく欲しい人材が採れない」と考えている日系企業の比率が最も高く17.3％にも達しており，現地人材の獲得において，日系企業以外の外資系企業が最大のライバルであり，日系企業が他の外資系企業と優秀な人材の獲得に苦戦している様子が伺える。

日系企業の人材確保難は，日系企業の人的資源管理システムが魅力的ではないことが主な原因として考えられる。それは主として，①キャリアパスが不明瞭（自分がどういう業務経験やスキルを積んで，将来どういうポストに就くことを期待されているかが分からず，それに関する上司からの明確な説明・コミュニケーションが少ない），②評価システムが不明瞭（自分の仕事がどう評価されて，その結果，報酬や役職など何を得られるか明確でない），③役職に応じた権限が与えられない，④経営の現地化進展度合いが低い（結果として，幹部など役職への昇進が難しい），⑤給与水準が相対的に低い（幹部クラスになると同じ役職でも欧米系と日系では1.5～2倍の差が出る），などが挙げられる。

優秀な人材を確保するために，2000年代に入り，中国事業を本格化させてきた日系企業は，中国拠点の報酬制度や業績評価制度といった人事制度の整備に力を入れてきた。一方，欧米系企業は成果主義人事制度などの整備がすでに完了し，従業員コミュニケーションや行動指針など，企業バリューに関わる部分のシステム構築の段階に入った。マーサー日系企業支援チーム（上海）で2008年に実施した調査（図6－5を参照）によると，日系企業の人事制度に関するすべての分野の整備は欧米系企業に遅れている。特に「人材開発」や，「従業員コミュニケーション」「行動指針や規定」「職場環境」といった領域において，欧米系企業との開きが大きい。

「従業員コミュニケーション」「行動指針」といった要素は，今回のようなストライキの予防にとって重要な役割を果たしうる領域である。十分な意

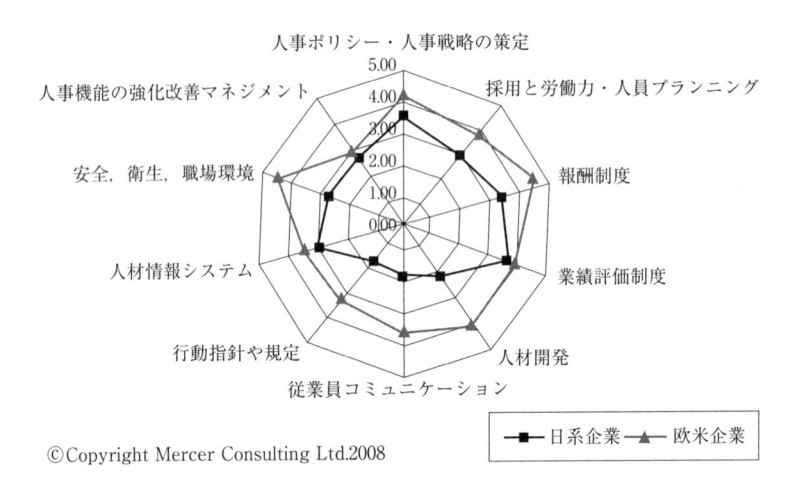

図6-5 日系企業と欧米系企業の人的資源管理の比較結果

注:点数は5点満点。高い点数ほど各要素の整備が進んでいるとの評価である。
出所:内村(2010), p.28。

思疎通こそ労務リスクの未然防止につながると考えられる。従業員の認識を正確に捉え，未然に労働争議の情報を捉え，予防措置を実施するためには，中国人管理職の力が必須である。中国人管理職が半分にも満たず，日本人との意思疎通が思い通りに進まないまま，不満のマグマが鬱積していったことが，日系企業へのストライキ集中の一因と考えられよう。日系企業において，幹部と従業員との定期的な対話チャネルや従業員同士の意見交換集会，コンプライアンスに関するホットラインなど，従業員と経営陣とのコミュニケーション施策をより充実させる必要があろう。

5．おわりに

中国の工会は経営に近い立場を持っており，行政側に協力し，協調的な労使関係を構築するのに一定の役割を果たしている。しかし，このような工会

はその組織と職能において矛盾が生じている。中国において，工会の幹部の任命については党委員会が決定権を持っている。工会活動の経費も企業と行政側が交付する。このことは，工会が党組織および企業や行政側に一定の依存性を持っていることを表している[15]。しかし，工会はその職能として，従業員の利益を代表し，企業側と交渉や協議をしなければならないとき，工会主席は身分上で葛藤が生じる。中国の工会は行政や党と深い関係を持つため，経営や行政側の顔色を窺わなければならないので，毅然として労働者の利益を守り，労働者の代弁者になるという役割を果たすのに疑問を持たざるを得ない。工会が労働者を完全に代表することができないため，工会が知らないうちに，労働者による「山猫」ストライキが発生し，労使の対立が激しくなるようなケースは少なくない。同様に，外資系企業だけではなく，賃金遅延，労働環境の悪化，残業強制，給料ピンはねなどの経営者の行為に反対し，自発的なストライキや集団的サボタージュなどの労働紛争が私営企業にも多発している。また，国有企業改革の進展に伴って，「下崗」従業員による自発的な抗議活動や「護廠」（工場を守る）運動[16]も数多く報道されている。

　第1節で述べたように，国有企業改革の進行や市場経済の浸透に伴って，かつて抑制していた労働争議が表面化し，労働者階級も多様化し，多くの利益集団が形成された。まさに労働関係がすでに労使関係へと転換した。中国は協調的労使関係を構築するためには，ダンロップのいう「政・労・使」による三者協議制の枠組みの中で経済的効率と社会的公正を両立させるシステムを作る必要がある。つまり，市場主義・自由競争を導入しつつも，単純な経済合理性至上主義ではない，社会の公正や官・民・社会の協調にも目配りし，活力と安定・安心のバランスのとれた経済・社会を目指すべきである。しかし，改革以降の中国は一連の経済改革を先行させ，底辺の労働者や社会的弱者に対する保護政策が遅れたため，労使紛争が急増した。また，官製労組である工会は党組織と一体化しているため，労働者の利益を保護する役割は十分果たせなかった。今回の南海本田部品工場でストライキが起こったと

き，工会が存在するものの，最初から従業員を代表して経営側と交渉するには至らなかった。さらに，従業員が会社側の説明に納得せず，抗議を続けようと労使協議が膠着していたとき，地区総工会のスタッフが従業員を説得し，従業員と衝突した事件が発生した。そこで注目されるのは，従業員が「工会の再編」という要求を提出したことである。南海本田ストライキはまさに中国の労使関係が歴史的転換点を迎えていることを象徴している。現在の中国において，自主労組の設立は違法であるが，少なくとも工会主席は管理職の兼任ではなく，従業員の選挙によって選ぶべきである。市場経済の進展に伴い，工会も自らの機能転換を迫られている。

2010年春のストライキが自動車を中心とした日系企業に集中したことは，日系企業の人的資源管理上のいくつかの課題が明らかになった。ストライキの連鎖的発生により，各地で賃上げの動きが見られた。今後は中国政府の「賃金条例」の成立や「所得倍増計画」の実施により，中国における人件費は高まることが予想される。また，労働者の意識が変容を遂げつつあり，労務リスクが今後さらに高まる状況が予想される。こうした中で，中国進出日系企業にとって，「安価な労働力を求めたビジネスモデル」からの脱却が課題となり，中国の内需を捉えつつ付加価値の高いビジネスモデルへの転換を模索する企業が増えていくであろう。こうした変化に対応するためには，積極的な人的資源管理の政策に力を入れる必要がある。つまり，キャリアアップとそれに伴う報酬アップがイメージできるような人材育成，昇給・昇格システムの整備，役職に応じる権限委譲，などの人事施策に取り組むべきである。また，従業員とのコミュニケーションを密にし，底辺の従業員の不満を吸い上げることのできるチャネルを複数確保し，労使紛争の未然防止に努めることが重要である。さらに，将来的に巨大市場となった中国で事業を展開するには，さらなる経営の現地化を推し進めていかねばならない。

注：
1）本章は唐燕霞（2010）「中国の労使関係の現状と課題―進出日系企業のケースを中心として―」『総合政策論叢』第18号，2月を加筆修正したものである。
2）Dunlop（1958），pp.1～9.
3）『工人日報』の報道内容や1990年代後半から2000年の労使関係の状況の詳細については，千嶋（2003），pp.17～23を参照されたい。
4）社会階層の区分については，陸学芸主編（2002），pp.7～10を参照されたい。
5）Dunlop（1958），pp.13～16.
6）安室・㈶関西生産性本部日中経済貿易センター・連合大阪編（1999），p.52。
7）同上。
8）千嶋（2003），pp.34～35。
9）調査結果の詳細については，唐燕霞（2006）「労使関係の現状」笠原清志『中国に進出した日系企業の労使関係―党組織と労組機能―』科研費研究成果調査資料報告書，3月，pp.108～129を参照されたい。
10）なお，中国経済はルイスの転換点を超えたかどうかについて様々な論争がある。実質賃金が上昇していることを根拠に，中国経済が全体としてルイス流の転換点を超えたという一部の主張が必ずしも正しくないと指摘した論者もいる（詳しいことは，厳善平「中国経済はルイスの転換点を超えたか―「民工荒」現象の社会経済的背景を中心に―」http://scpj.jp/wordpress/wp-content/uploads/ を参照されたい）。
11）蔡昉（2007）「中国就業増長與結構変化」『京華時報』5月11日。
12）張車偉「中国会出現労働力短缺吗？」http://www.nn365.org.cn/
13）ジェトロ「在アジア日系企業の経営実態 中国・香港・台湾・韓国篇」2007年度調査，p.45。
14）ジェトロ（2006），p.20.
15）この問題について政府はすでに認識され，工会が雇用主から独立することを促進する規則を制定した。2008年に公布した「企業労働組合主席選出規則」は，「企業行政責任者（行政次席を含む），共同経営者およびその親族，人材資源部門責任者，外国籍労働者を本企業労働組合の主席立候補者としてはならない」と規定されている。また，2010年から北京市では工会主席の専門化，社会化を実施し，企業工会主席の賃金は企業からの支給をとりやめ，上級工会から支給する試みをした。
16）「護廠」とは，企業改革に反対する労働者たちが工場を占領し，企業改革の実行を直接的に阻止することである。彼らは工場の表門を封鎖し，工場の資産を接収管理させないために，新しい所有者を工場内に入れないか，工場全体を占領し，改革措置を行わせないという方法で自分たちに対する不利な改革措置の実施を阻止し，地方政府と企業の管理者に彼らの要求を突き詰めて闘争する。具体的なケースは笠原（2006），pp.52～53，および『中国工人研究』http://www.zggr.cn/?action-viewnews-itemid-460 を参照されたい。

参考文献：

安室憲一・(財)関西生産性本部日中経済貿易センター・連合大阪編（1999）『中国の労使関係と現地経営』白桃書房．

内村幸司（2010）「人事：〈中国労働争議考察〉加速するワーカーの意識変化に対応せよ」『BTMU 中国月報』第 54 号，7 月．

千嶋明（2003）『中国の労働団体と労使関係—工会の組織と機能—』社会経済生産性本部生産性労働情報センター．

笠原清志（1997）「中国に進出した日系企業の労使関係に関する研究—日本と日系企業は労使関係の確立のためにどのような政策をとるべきか—」総合研究開発機構．

笠原清志（2006）『中国に進出した日系企業の労使関係—党組織と労組機能—』科研費研究成果調査資料報告書，3 月．

ジェトロ（2006）『米国企業の対中国経営戦略—日系企業の飛躍に向けて』ジェトロ海外調査部．

JILPT（2006）『第 4 回日系グローバル企業の人材マネジメント調査結果』．

常凱著（2010）胡光輝訳「南海本田スト現場からの報告」『中国研究月報』8 月号，pp. 1〜9．

田中信行（2010）「急増する中国の労働争議」『中国研究月報』8 月号，pp.10〜13．

范小晨（2010）「中国における労働争議の多発と『世界の工場』の今後」『BTMU 中国月報』第 55 号，8 月．

John Dunlop（1958）*Industrial Relations Systems*, New York: Henry Holt.

陸学芸主編（2002）『当代中国社会階層研究報告』社会科学文献出版社．

喬健（2009）「労働三法の徹底から金融危機対応まで—中国の労使関係の急激な変化（2007〜2009）」ソーシャル・アジア・フォーラム動向報告論文．

佟新「三資企業労資関係研究」http://www.wyzxsx.com/Article/Class17/200703/15887.html

第Ⅱ部　日系企業の視点から見たチェンジング・チャイナ

第7章

女性従業員の雇用管理のあり方
―日系 A 社の人事データからの考察―

1．はじめに

　企業は置かれる環境によって，その雇用戦略が異なると考えられる。海外，とりわけ中国に進出している日系企業が，中国の環境に対してどのように反応したのかという課題はたいへん興味深い。本章は人事制度の中から，女性従業員の雇用管理を取り上げ，中国に進出している日系企業が女性従業員に対してどのような施策を行っているかを考察する。

　日本では男女雇用均等法などの整備が進み，企業でも女性の活躍の場が広がっている。男女同一賃金の原則（労働基準法第4条関係）によると，「使用者は，労働者が女性であることを理由として，賃金について，男性と差別的取扱いをしてはいけない」。しかしながら，男女間賃金格差は先進諸外国と比べると依然，大きい状況にある。国際的に見れば OECD 諸国の中で日本と韓国が最も大きい[1]。日本では，厚生労働省の統計によると，労働者全体を平均すると 2009 年において一般労働者の平均所定内給与は女性が男性の 69.8％（正社員に限ると 72.6％）しかない。それに対して中国では，業界により異なるが正社員の平均賃金は女性が男性の 74.5 ～ 88.5％[2]であり，日本より格差が小さい。

　男女格差をもたらした原因はいろいろ考えられる。たとえば，男性より女性の方が賃金の低い職業に従事していること，正社員が少ないこと，仕事能

力が低いことなどである。これまでの研究では，その主要な原因は日本女性のM字型労働供給からきた統計的差別によるものである。ここで統計的差別というのは，個人ごとの生産性の計測が困難であるがゆえに格差問題を生じさせる格差のことである。個人の生産性という情報が社員自身には分かるが，雇用主の会社側にはっきり分からないか，または，それを判明するのが難しくて多大なコストがかかるというケースが数多く存在している。この場合，個人の生産性を計測するのではなく，属性が似ているグループの平均的な生産性を計測するとういことがよく行われる。性というのも1つの属性であり，そこに男女が統計的に差別される原因があると解釈している。

　日本の女性は結婚，出産によって退職することが多く，平均的に同じ企業に勤める年数が男性より短いことから，採用，配属，社内訓練などの企業内部労働市場では，統計的差別を受けていると考えられる。これは企業の経済的合理性に従った行動である。たとえば，勤続年数の短いグループ（女性グループ）と勤続年数の長いグループ（男性グループ）を比較すると，勤続年数の長いグループへの人的投資のほうが，投資の期待回収率が高いのである。日本では，女性の平均勤続年数が男性より短いことは明らかである。そのことが，日本で女性が男性より活用されていないことや，男女間格差の主要な原因だと多くの研究で議論されている（中田，1997，八代，1980）。日本の女性に比べて，中国の女性は男性と同様に正規雇用者として働くことが一般的である。近年，専業主婦の存在が社会に認められているが，結婚，出産による退職がほとんど見られず，女性の就業率は従来から高い水準を維持している。図7-1で明らかなように，中国女性の労働供給にはM字型カーブが見られない。従って，中国の企業では，日本の企業と比較して女性が男性と同じように取り扱われていると考えられる。そこで，日本企業は中国で女性従業員に対しどのような雇用管理政策をとるのか，という人的資源管理の課題を本章で考察する。

　本章では中国の山東省に進出している日系企業A社に対してインタビュー調査を行い，その調査から得られた人事制度の理解の裏づけのもとに，提

図7-1 女性労働力率の日中比較

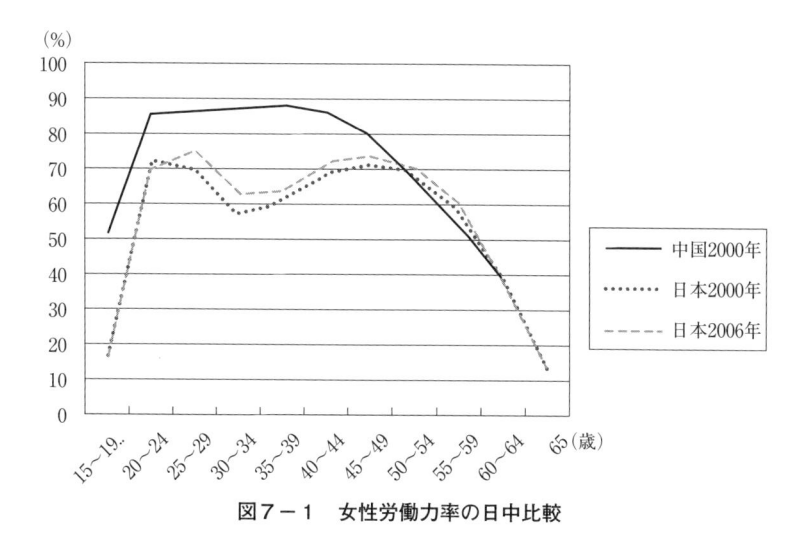

注：労働供給率＝（労働力人口÷15歳以上人口）×100
出所：1．日本の資料：総務省統計局統計調査部国勢統計課労働力人口統計室「労働力調査年報」
　　　2．中国の資料：「中国2000年人口普査資料」北京　中国統計出版社2000年

供いただいた人事マイクロデータの統計的分析を行うことで，賃金水準ならびに管理職への登用に男女差が存在するかどうかを検証したい。言うまでもなく，1社だけの分析ですべての日系企業を代表することはできないが，それにより，中国に進出した日系企業における女性の雇用管理の実態を類推することはできるであろう。

2．A社の概要と制度

　この節では，インタビュー調査から明らかになった対象企業A社の概要および人事制度とその変更について説明する。A社は中国の沿海の都市部に所在する日系合弁企業である。2005年2月に2週間にわたって，A社の人事本部に数回聞き取り調査を行った。企業内の人事制度を調査し，人事マイクロデータを2月と10月の2カ月分提供していただいた。
　A社は日本企業と中国国営企業が共同出資した合弁企業である。1996年

3月に設立され,1998年1月に正式に操業を開始した。日本側の親会社は日本において小売業のトップ企業であり,A社となる合弁企業も総資本金は4817.5万アメリカドル,登録資本金は1941.5万アメリカドルで,地元では大手企業である。出資比率は日本側が60％,中国側が40％となっており,企業の経営方針や人事制度などの主導権は日本側が握っている。1998年に正式に営業を開始する前に,中国人中間管理職30数人を採用して日本へ研修に派遣し,基本的な技術訓練を行った。開業準備完了後,日本側親会社から派遣された開業支援のための社員が日本に帰国し,財務部や本部などの主な部門に日本人責任者が配属され,約600人の中国人正社員と一緒に正式に営業を始めた。設立当時は日本側親会社の人事制度を持ち込んだが,その後,地元の事情に合わせて修正している。現在は主な部門の部長以上の職位に日本側から派遣された日本人責任者を任命し,その副職に中国側会社から派遣された中国人を任命している。その後,中国人正社員が344人(2005年2月現在)まで減り,代わりに臨時社員(非正規雇用者)を約600人雇用している。

　本研究では提供していただいた中国人正社員344人の人事マイクロデータのうち正社員337人について,男女従業員が同じように取り扱われているかどうかを分析する。これらの正社員の基本統計量を表7-1,表7-2に示す。副部長以上の管理職7人はほとんど中国側会社からの派遣であるため,A社の人事管理範囲外と見なし,推定から外すことにした。

　正社員337人のうち,男性は95人,女性は242人,比率は男女それぞれ28.2％,71.8％となり,女性が圧倒的に多い。管理職の人数は男女それぞれ53人,73人で,比率は男性が42％,女性が58％となり,女性が活用されていることが分かる。また,属性別に見ると,全員の平均年齢,教育年数と勤続年数[4]はそれぞれ30歳,13.7年,5.3年であるが,男性が32.9歳,14.2年,5.3年,女性が28.9歳,13.5年,5.4[5]年となり(表7-2),平均的に女性は男性より若くて,教育水準が低く,そして勤続年数が長いことが分かる。また,賃金水準[6]を見ると,最高賃金と最低賃金は男女とも4,200元(約

表7－1　基本統計量・全員（2005年2月現在）

項目	人数	平均	標準偏差	最小値	最大値
年齢	337	30.0歳	5.8	22	71
教育年数	337	13.7年	1.8	9	19
勤続	337	5.3年	2.2	0.4	9.25
賃金	337	1,700元（約2.5万円）	925	775元（約1.1万円）	4,200元（約6.2万円）
賃金ランク	337	4.3	2.1	1	8

表7－2　基本統計量・男女別（2005年2月現在）

	項目	平均	標準偏差	最小値	最大値	人数	比率	管理職人数	比率
女性	年齢	28.9歳	4.2	22	45	242	71.8%	73	58%
	教育年数	13.5年	1.7	9	19				
	勤続	5.4年	2.1	0.42	8.5				
	賃金*	1,541元（約2.3万円）	793	775元（約1.1万円）	4,200元（約6.2万円）				
	賃金ランク	3.95	2.0	1	8				
男性	年齢	32.9歳	7.9	23	71	95	28.2%	53	42%
	教育年数	14.2年	1.9	9	16				
	勤続	5.3年	2.4	0.42	9.25				
	賃金*	2,106元（約3.1万円）	1103	775元（約1.1万円）	4,200元（約6.2万円）				
	賃金ランク	5.2	2.2	1	8				
合計						337	100%	126	100%

注：* ここの賃金は人事評価などを反映する前の基準賃金の階級値（上限と下限の中央値）である。

6.2万円），775元（約1.1万円）と同じであるが，平均賃金は男女それぞれ2,106元（約3.1万円），1,541元（約2.3万円）となり，全体的には女性の賃金水準が低い。

賃金制度は何回も修正されて現在の賃金ランク制度に至る。資格・職位に合わせるように賃金を9ランクに設定し，毎年，競争相手企業の賃金水準および地元の物価に応じて調整するようになっている。手当や保険，所得税控

除，罰賞金などを除いた月給は，「ランク別の基準賃金×人事評価の点数×出勤点数」のように計算される。ボーナスは年一度支給され，「ランク別の基準賃金×賞与月数×人事評価点数の年平均値×出勤点数年平均値」のように算出され，年末に支払われる。

　人事評価は月給の算出基準となっており，毎月上司に評価される。職位により評価基準が異なり，中間管理職（課長）の人事評価内容を例に取ると（2005年10月現在）次のようになる。

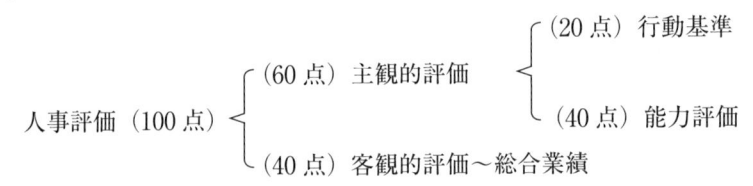

$$
\text{人事評価（100点）}\begin{cases}\text{（60点）主観的評価}\begin{cases}\text{（20点）行動基準}\\\text{（40点）能力評価}\end{cases}\\\text{（40点）客観的評価～総合業績}\end{cases}
$$

　人事評価は100点満点で，内訳は企業によって定められる行動基準（20点満点）と能力（40点満点）に関する主観的評価と，業績に基づいた客観的評価（40点満点）からなる。A社では接客サービスを重視しており，中国人が挨拶に慣れていないことに対処するため，接客態度の良さや，挨拶ができるかどうかを行動基準にして人事評価項目に入れて，賃金に反映させている。従業員が積極的に顧客に挨拶することを促すためである。そして，インセンティブを十分高めるために業績点を設定し，ランク別に定まった金額を基準として，毎月の達成率を賃金の決定要素の1つに入れている。また，従業員の努力不足以外の原因で仕事が進まなかった場合を考慮して能力評価という項目も設定し，柔軟に対応している。このような人事評価においては制度上男女差が見られない。

　人事評価の中で60点が主観的評価になるが，月ごとの人事評価に基づいて評価者が部下と面談して評価結果をフィードバックする責任があるため，性的要因で女性が低く評価される可能性は低いと考えられる。賃金ランクは社員を採用した際，男女を問わずに学歴に応じて最初のランクを付けるが，中途採用者は過去の仕事経験や特別な技術も考慮され，学歴で決めた賃金ラ

ンクを超えてランク付けすることが可能である。

　入社後，資格に基づき，一般職，管理職候補，管理職に対してそれぞれ異なる訓練を行う。日本の企業と違い，定期昇給制度がない。その代わりに，年一度の定期昇進昇格機会が設定され，昇進昇格できた従業員だけが昇給されることになっている。昇進昇格するには，性別と関係なく，全社員（部長職以下337人全員）が仕事能力テストを受ける。テストの成績と人事評価の前年平均値と面接の点数に基づき，毎年の昇進昇格者が決定される。ただし，成績，業績，面接の合計点が低い社員はランクが下位に落ちることもあり，優秀と認められた社員は飛び級が可能である。毎年の昇進昇格人数は全体の30％となるように計画されているが，職位の数は制限されておらず，上位ランクへいくと，主管職や課長職などそのランクに対応する職位が与えられる。昇進昇格人数は従業員全員の30％前後を目安に決定されるが，能力の高い者を昇進昇格させる方針となっており，男女で異なる制度が適用されていないと考えられる。

　出産・育児中の女性従業員に対しては，Ａ社は国の法律と地方の法律に従って，育児休暇制度を設けている。女性従業員は出産・育児で5カ月から8カ月までの休暇が取れるように規定されている。その内5カ月の休暇は中国の労働法および地方の法令により決められ，出産する女性従業員は最低5カ月の育児休暇が取れることになっている。この5カ月の間，企業からの賃金支払いはなくなるが，最低賃金相当額の手当てが毎月政府から支給される。残りの3カ月はＡ社が設けた特別休暇であり，従業員は申し込めば取得できることになっている。この3カ月は政府や企業からの賃金支給はない。この他に，Ａ社では中国の法律の規定により，育児休暇終了後，従業員は企業に復帰し仕事を続けるが，子供が生まれた日から1年以内の間，毎日1時間の授乳時間が取得でき，定められた勤務時間より1時間早く退勤，あるいは遅く出勤することができる。したがって，育児休暇終了後の女性従業員は子供が生まれた日から1年以内の間，毎日の勤務時間が1時間少ないということになる。

A社において，採用基準，人事評価基準，社内訓練[7]，昇進昇格基準において男女で異なる制度を採っているとは見られず，これらの制度により男女間処遇格差が生じる可能性は低いと考えられる。しかし，2001年から2005年の間に，出産，育児休暇を取得した女性従業員に対して，企業復帰後に，賃金ランクを1つ下げるような制度が実施された。聞き取り調査によると，2001年には，企業の立ち上げ時に採用した女性従業員はたいてい結婚，出産適齢期に入るため，彼らが大量に出産，育児休暇を取得すると，企業は，経営困難が生じることを予想して，この制度を作り出したのである。2004年まで続いていたが，A社は女性従業員に不公平であると考え，2005年度に廃止した。聞き取りにより，2005年までに出産，育児休暇の取得者は少なく，女性従業員の5％ぐらいであることが分かった。

　上述した人事制度に踏まえて本研究では，新入社員に対して賃金関数，社員全員に対して賃金ランク付け確率関数と昇進昇格確率関数をそれぞれ計量的に推定し，男女間処遇格差の存在の有無を確かめる。

3．推定方法，推定モデル，およびその結果

　ここでは賃金が生産性に応じて支払われていると仮定して[8]，正社員全員（表7-3参照）に対して賃金のランク付け確率関数と昇進昇格確率関数を推定する（付録を参考）。賃金ランク付け確率関数の推定に用いたデータは順序データのため，順序プロビットモデルで推定する。昇進昇格確率関数はプロビットモデルで推定する。また，新入社員については人数が37人とサンプル数が少なく，順序プロビットでは推定値に一致性を持てないため，代わりに賃金ランクの階級値をとって線形回帰モデルの最小二乗法で賃金関数を推定する。

　新入社員の賃金関数，正社員全員の昇進昇格確率関数と賃金ランク付け確率関数の推定結果をそれぞれ表7-4，表7-5，表7-6に示される。

　表7-4に示される結果は係数を最小2乗法で推定し，その標準誤差を撹

表7-3 新入社員男女別基本統計量

		平均	標準偏差	最小値	最大値
男性7人	年齢	26.6歳	5.65	21	36
	教育年数	14.9年	1.35	12	16
	賃金	1,653.6元（約2.4万円）	1,210.9	775	4,200
	賃金ランク	3.9	2.4	1	8
女性30人	年齢	31.4歳	6.9	22	49
	教育年数	13.6年	1.8	9	16
	賃金	995元（約1.5万円）	280.2	775	2175
	賃金ランク	2.2	1.2	1	6

表7-4 新入社員賃金関数推定結果

説明変数	係数		標準偏差
年齢	6.571274		11.27719
教育年数	96.29436	**	47.66264
女性ダミー	-374.754		311.3154
管理職ダミー	788.2791	***	285.5546
2005年入社ダミー	257.3568		221.5623
定数	-436.591		858.4939

Number of obs = 37
F (5, 31) = 3.74
Prob > F = 0.0091
R-squared = 0.5618
Root MSE = 437.42

注：1. *, **, ***はそれぞれ有意水準10%, 5%, 1%を示す。
2. 2005年度入社ダミーは2005年入社したのが1, 2004年入社したのが0としている。
3. 女性ダミーは女性が1, 男性が0としている。
4. 管理職ダミーは管理者であるのが1, それ以外が0としている。

乱項の不均一分散に対して頑健なEicker Whiteの方法で推定したものである。推定からは，教育年数の係数は正に有意な結果となり，学歴が高いほど，賃金水準が高いことが示唆され，これはA社の採用基準と整合的である。また，管理職ダミーの係数が正に有意であり，A社が入社時から管理職と一般社員の賃金に差をつけていることが分かる。女性ダミーの係数は負とな

表7-5　昇進昇格確率関数推定結果

	I			II			III		
	限界効果		標準偏差	限界効果		標準偏差	限界効果		標準偏差
労働経験年数	-0.003157		0.002	-0.004314		0.003			
教育年数	0.0080223		0.006				0.0100416	*	0.006
勤続年数	0.02205	***	0.007	0.0240347	***	0.007	0.0180079	***	0.006
女性ダミー	0.0064193		0.030	-0.003643		0.035	0.0188141		0.024
女性・勤続交差項	-0.003612		0.003	-0.003419		0.003	-0.003622		0.003
尤度	-66.13563			-66.83265			-66.93763		
サンプル数	337			337			337		
尤度比検定	13.91			12.52			12.52		
尤度比検定P値	0.0162			0.0139			0.0139		
PseudoR2	0.0952			0.0856			0.0856		

注：1．*，**，***はそれぞれ有意水準10％，5％，1％を示す。
　　2．尤度比検定により帰無仮説「勤続の2乗項と勤続は同時に0である」が棄却されたので，勤続だけを残した。
　　3．IとIIは不均一分散検証した結果，5％有意水準で仮説の不均一分散が棄却できなかった。
　　4．IIIはすべての説明変数について不均一分散検証した結果，5％有意水準で仮説の不均一分散が棄却された。

っているが，有意な結果が得られなかったため，2005年度採用の段階では男女間格差がつけられていないことが伺われる。

　昇進昇格確率関数の推定結果は表7-5に示される。A社以外の労働経験年数とA社の勤続年数にはマイナスの相関（相関係数-0.26）があるので，I，II，IIIと3つの推定をそれぞれ行った。IIIでは尤度比検定（LR検定）で仮説「不均一分散が存在している」がいずれの説明変数に対しても1％の有意水準で棄却され，このモデルの推定結果が最も信頼性が高いといえる。そして，もとの推定モデルには勤続年数と勤続年数の2乗を同時に説明変数に加えたが，ともに有意な結果が得られなかった。尤度比検定により，帰無仮説「勤続と勤続の2乗が同時に0である」とは1％の有意水準で棄却され，

説明変数に勤続年数だけ入れてみた。限界効果は女性が全員の7割（表7－2を参照されたい）を占めていることを考慮して，労働経験年数，勤続年数，そして教育年数では女性の平均値をとり，他の説明変数は全社員の平均値にして推定した。推定結果からは労働経験年数の限界効果が負であるが，5％の有意水準で有意な結果が得られなかった。したがって，A社においては社外の労働経験年数が社内の昇進昇格に影響を与えないと考えられる。また，新入社員の賃金関数の推定結果から，教育年数が初任給に正の影響を与えることが分かったが，ここでは，教育年数は限界効果が正になっているが，有意水準は10％となり，社内の昇進昇格にも影響を与えるとはいいにくい。学歴と労働市場での経験は，採用する際に限り賃金ランクの決定で参考にされたが，入社後の昇進昇格に直接的な影響を与えないというA社の採用と社内昇進昇格制度を反映する結果となっている。推定から最も昇進昇格に影響を与えそうなのは社内の勤続年数である。勤続年数は限界効果が1％の有意水準で正に有意な結果が得られ，社内で1年勤続年数を積むことで，上のランクへ昇進昇格できる確率が約18％増える。最後に，男女差を表す女性ダミーと女性・勤続年数の交差項はどちらも有意な結果が得られなかったが，後者の限界効果は負に推定された。企業内部の昇進昇格においては，女性が何らかの原因で同じ勤続年数を持っている男性よりは遅れているかもしれないことが考えられる。

　社員全員（2005年2月現在）の賃金ランクの順序プロビットの推定結果および限界効果を表7－6に示している。ここも上述の方法と同じく，労働経験年数，勤続年数，そして教育年数で女性の平均値をとり，他の説明変数では全社員の平均値にして推定した結果である。もとの推定モデルには勤続年数と勤続年数の2乗を同時に入れたが，ともに有意な結果が得られなかった。尤度比検定により，帰無仮説「勤続年数と勤続年数の2乗が同時に0である」とは1％の有意水準で棄却されたため，説明変数に勤続年数だけ入れた。

　推定結果からは労働経験年数の係数はすべての賃金ランクにおいて，10％

表7-6 全社員賃金ランク付け推定結果

ランク		限界効果		標準偏
8	労働経験年数	0.0006307		0.000
	教育年数	0.0176752	***	0.005
	勤続年数	0.0120977	***	0.003
	女性ダミー	− 0.0186497	*	0.011
	女性・勤続交差項	− 0.0006098		0.001
7	労働経験年数	0.0017825		0.001
	教育年数	0.0499502	***	0.008
	勤続年数	0.034188	***	0.006
	女性ダミー	− 0.0471583	**	0.024
	女性・勤続交差項	− 0.0017232		0.002
6	労働経験年数	0.0031415		0.002
	教育年数	0.0880342	***	0.012
	勤続年数	0.0602543	***	0.009
	女性ダミー	− 0.0735955	**	0.031
	女性・勤続交差項	− 0.0030371		0.003
5	労働経験年数	0.0005283		0.000
	教育年数	0.0148054	***	0.004
	勤続年数	0.0101334	***	0.003
	女性ダミー	− 0.010482	**	0.005
	女性・勤続交差項	− 0.0005108		0.001
4	労働経験年数	0.0003238		0.000
	教育年数	0.0090734		0.006
	勤続年数	0.0062102		0.004
	女性ダミー	− 0.0016106		0.006
	女性・勤続交差項	− 0.000313		0.000
3	労働経験年数	− 0.0023846		0.002
	教育年数	− 0.0668245	***	0.012
	勤続年数	− 0.0457375	***	0.009
	女性ダミー	0.0624425	**	0.030
	女性・勤続交差項	0.0023054		0.002

	変数	係数	有意	標準誤差
2	労働経験年数	-0.0029415		0.002
	教育年数	-0.0824287	***	0.012
	勤続年数	-0.0564176	***	0.009
	女性ダミー	0.0665503	**	0.028
	女性・勤続交差項	0.0028437		0.003
1	労働経験年数	-0.0010807		0.001
	教育年数	-0.0302853	***	0.007
	勤続年数	-0.0207285	***	0.005
	女性ダミー	0.0225034	**	0.010
	女性・勤続交差項	0.0010448		0.001

Number of obs：337
LR chi 2(5)：242.52　Prob > chi 2：　0　Pseudo R 2：0.1799　Log likelihood：－552.82319
注：*，**，***はそれぞれ有意水準10％，5％，1％を示す。

の有意水準で有意な結果が得られなかった。したがって，A社では，社外の労働経験年数は社内のキャリアに影響がないように考えられる。これに対して，勤続年数の係数はランク3以下では負，ランク4以上では正となり，1％の有意水準で有意な結果が得られた。社内のキャリアは社外のキャリアより上位賃金ランクに付くことに有利だということが示唆されている。教育年数の係数は1％水準有意な結果が得られ，学歴が高いほど，賃金水準が高いことになり，人的資本理論と整合的である。また，推定結果から男女間格差が観察された。ランク3以下の一般社員のランクにおいては，女性・勤続の交差項は係数が有意ではないが，女性ダミーは5％の水準で正に有意な結果が得られた。他の変数が平均値の場合，男性より女性の方がこれらの低いランクに入る確率が高いと考えられる。これに対して，5以上のランクにおいては，女性ダミーは係数が負に有意な結果が得られ，他の変数が平均値の場合，男性より女性が管理職や賃金の高いランクに入る確率が低いと考えられる。

　以上の推定結果から男女間処遇格差について次のようにまとめられる。まず，新入社員の賃金水準には男女間の差が観察されなかった。次に，社内で

上位ランクに昇進昇格する確率には男女間の差が観察されなかったが，女性は同じ勤続年数を持っている男性より昇進昇格が遅れている可能性がある。最後に，賃金ランク付け確率には男女間の差が観察された。

4．おわりに

　本章は，聞き取り調査で得られた企業人事制度，および提供していただいた企業内人事マイクロデータを用いた計量分析を行うことで，中国に進出した日系企業A社における女性の雇用管理を検証した。A社の人事制度においては，聞き取り調査によると，2005年現在従業員の採用，社内訓練，社内昇進昇格，査定基準のような人事政策に関しては，男女で異なる制度が適用されていない，とのことであった。ただし，2001年から2004年までは，出産や育児休暇終了後に企業に復帰した女性従業員には，賃金水準を下げるような特別な制度が一時的に実施されていたことが分かった。

　計量分析を行った結果からは，2005年現在の賃金水準には，教育年数や勤続年数，労働経験のような属性をコントロールしても，女性が上位水準の賃金に入る確率が低く，男女間に格差が存在していることが観察され，ヒアリング結果と整合的であった。それに対して2005年度の新入社員の賃金水準には，男女間の格差は観察されなかったが，昇進昇格の確率には女性が同じ勤続年数を持っている男性よりは低いかもしれないことが分かった。

　A社では，中国に進出してから，中国の社会環境に応じて，人事制度においては女性従業員の雇用管理改革を絶えず行ってきた。日本にある企業に比較して女性従業員の平均賃金水準が男性より低いものの，管理職への女性の登用がかなり高いことが分かった。対象企業のA社は小売業であるため，女性従業員が多くて重要視されているかもしれないが，それにしても，日本にある企業よりも女性管理職が多く，かなり活躍していることが見られる。

　日本の女性に比べて中国の女性が企業で活躍している背景には，冒頭で述べたM字型労働力率の他に，中国人の考え方やライフスタイル，社会環境

の影響も考えられる。

　まず，中国では従来から女性の労働を重視し，法的整備を整えてきた。中国の建国当初，社会主義・共産主義社会の1つの要素として男女平等が重視され，計画経済体制の時代に男女平等の就業と母性保護が国の憲法で規定された。1951年に制定された「労働保険条例」では妊娠した女性労働者に56日の有給休暇が与えられるように定めていた。それ以降，1988年に「女性職員・労働者労働保護規定」，1993年に「女性従業員保健活動規定」など女性従業員の権益を守る法的整備が進んできた。このため，中国人女性は社会で働くキャリア志向が高いといえる。女性解放と男女平等社会の基本条件として女性の生産活動への参加を政策的に実行した結果，1953年に11.7％しかなかった都市部企業で働く女性の比率が1988年になって37％まで上昇し，それ以来横ばいとなっている。近年，専業主婦の存在が社会に認められているが，結婚，出産による退職が少なく，女性の就業率は従来から高い水準で推移している。

　さらに，中国人のライフスタイルと性別役割分業は日本人とは違う。核家族になっているものの，家族内では男女はよく協働している。親の老後の世話は子供が担い，孫の世話は祖父母が見るのが一般的である。原則的に一人っ子政策を実施している中国では都市部戸籍を持って都市部の企業に勤めている女性が生涯子供一人だけ出産して，しかも親に子育てを助けてもらえる。そして中国では幼稚園や保育園が多くて，小さい子供を託すところを整えている。その他に，共働きの夫婦は家庭内では妻だけでなく，夫も家事や育児に従事している。したがって中国の女性が結婚や出産を経ても，あまり育児に煩わされることなく働き続けることができる。

　このような社会環境に応じて，中国に出ている日本企業を含め多くの企業は女性従業員が活躍する場を設けているのであろう。

注：
1) *Society at a Glance 2006* によると，OECD諸国の中で，フルタイム労働者のベースで

比較している結果は男女賃金格差の大きな順に，韓国，日本，ドイツ，米国，英国，スウェーデン，オーストラリア，フランスとなっている。
2）労働と社会保障部の統計による。
3）71歳の社員一人は特別の関係によりA社に雇用されている。これを外しても，推定結果はあまり変わらないので，推定サンプルに残した。
4）ここでの勤続年数は観察できる期間の長さの小数点以下を切り上げたものである。
5）ここでは，女性が育児休暇をとることでの休業の期間（5〜8カ月）を引いていない。
6）ここの賃金水準は，人事評価の点数を反映する前の月給算出基準であり，手取り給料ではない。また，各階級の上限と下限の中間値である。
7）小売業の企業にもいろいろ社内訓練が行われている。たとえば接客方法，商品陳列方法，ファッション，法律，業界競争店分析など。
8）日本で従来の長期雇用の場合，内部労働市場において雇用が長期化した労働者は，生涯賃金が生産性と一致するが，短期的には必ずしも一致しない。日本に対して現在の中国では，長期雇用が成り立っていない。A社でも労働者との労働契約が1年あるいは2年ぐらいごとに更新するようになっている。従って，賃金が短期間で生産性と一致するように支払われていると考えている。

参考文献：
川口章（2005）「結婚と出産は男女の賃金にどのような影響を及ぼしているか」『日本労働研究雑誌』No.535／January，pp.42〜55。
中田喜文（1997）「日本における男女間賃金格差の要因分析」『日本の雇用慣行と労働市場』，東洋経済新報社，pp.170〜220。
八代尚広（1980）「男女間賃金差別の要因について——その合理的解明と対策」『日本経済研究』第9号，pp.17〜31。
武石恵美子（2009）『女性の働き方』ミネルヴァ書房。
柴山恵美子・藤井治枝・渡辺峻（2000）『各国企業の働く女性たち』ミネルヴァ書房。
中馬弘之・駿河輝和（1997）『雇用慣行の変化と女性労働』東京大学出版会。

付録：

プロビットモデル，順序プロビットモデルでは，従業員 i の生産性が y_i^* となる。企業は y_i^* に基づいて賃金水準 y_i を決める。$y_i^* = x_i\beta + u_i$, $u_i \sim N(0,1)$

$(x_i, y_i^*), ..., (x_n, y_n^*)$ は互いに独立である。x_i は労働生産要素で，u_i は誤差項である。

y_i^* は観察されない。実際に観察されたのは y_i である。

分岐点 μ_j について，$y_i = j$ if $\mu_{j-1} \leq y_i^* < \mu_j$

$$j = 1,2,...J, \ \mu_0 = -\infty, \ \mu_j = \infty$$

従業員 i が j 番水準に入る確率は

$P[y_i = j \mid x_i] = P[(\mu_{j-1} \leq y_i^* < \mu_j] = P[\mu_{j-1} - x_i\beta \leq u_i < \mu_j - x_i\beta] = \Phi(\mu_j - x_i\beta) - \Phi(\mu_{j-1} - x_i\beta)$

となる。ここで，$\Phi(u_i)$ は u_i の累積分布関数である。

累積分布関数は $F(u_i) = \Phi(u_i) = \int_{-\infty}^{u_i} \frac{1}{\sqrt{2\pi}} \exp\left(-\frac{s^2}{2\sigma^2}\right) ds$ で，対数尤度関数は

$$\ln L(\beta, \mu_1, \mu_2, ... \mu_{j-1}, \mid y_i, x_i)$$
$$= \sum_{i=1}^{n} \ln P[y_i = j \mid x_i]$$
$$= \sum_{i=1}^{n} \sum_{j=1}^{J} d_{ij} \ln [\Phi(\mu_i - x_i\beta) - \Phi(\mu_{j-1} - x_i\beta)]$$

となり，これの尤度を最大にさせる $(\hat{\beta}_1, \hat{\beta}_2, ... \hat{\beta}_k, \hat{\mu}_1, \hat{\mu}_2, ... \hat{\mu}_{J-1})$ を求める。ここで d_{ij} は $y_i = j$ のとき 1 となりそれ以外は 0 となるダミー変数である。

上記対数尤度関数を k 番目の説明変数 $x_{i,k}$ で偏微分して，従業員 i がカテゴリー j に入る確率に与える影響である限界効果が得られる。

$$\frac{\partial P[y_i = j \mid x_i]}{\partial x_{i,k}} = [\varphi(\mu_{j-1} - x_i\beta) - \varphi(\mu_j - x_i\beta)]\beta_k$$

と求まる。

最小 2 乗法は，従業員 i の賃金 W_i は観察された労働生産要素 x_i の間に線形関係を持つと仮定し，$W_i = \alpha + \sum_{j=1}^{k} \beta_j x_{ij} + u_i$ ($j = 1,2,...n$) という線形モデルである。β が係数，α が定数項，μ が誤差項を表す。

第Ⅱ部　日系企業の視点から見たチェンジング・チャイナ

第8章

在中国日系企業における管理職人材の育成

1．はじめに

　戦後，日本企業の中国進出が始まって以来30年近く経っている。当初はコスト削減を目的に進出した企業が主流であったが，近年の中国国内市場の拡大や外資系に対する投資の規制緩和に伴い，製造業の販売拠点，R＆D事業，さらに非製造業の金融，流通，サービス業などの進出が増えつつある。日系企業は管理職については，従来日本人を派遣することで対応してきたため，コストが高いだけではなく，現地人社員のモチベーションの低下や離職率の上昇にもつながっているとの指摘がしばしばあった。地場企業，欧米系企業が成長する中，苦戦を強いられた日系企業にとっては，優秀な現地管理人材の育成への本格的な取り組みが重要な経営課題となっている。

　そこで，本章では，2つの調査結果を用いて，この課題を考察する。1つは日系企業の現地管理職人材の育成に関する筆者が行った企業インタビュー調査結果であり，もう1つは筆者も調査員として参加した早稲田大学コンソーシアム G-MaP [1] の調査結果である。これらを使用し，在中国日系企業における現地管理職の育成をめぐる課題とその諸特徴を明らかにすることを試みる。

　前者の現地管理職人材の育成状況に関する調査については，企業インタビューの結果を「管理職の現地化率」「部門別の現地化状況」「事業拡大に伴う日本人派遣者の増減」「ホワイトカラーの離職率」，そして「管理職育成プラ

ンの有無」「教育訓練の実施状況」「職務を超えた配置転換」「日本人同ランク管理職と比べた場合の評価」の8つの面からまとめながら考察を行う。

　また，日本人派遣者の現地管理職の育成に対する役割も重要な論点であることから，現地管理職の日本人派遣者に対する評価結果を用い，考察する。主として，中国の現地管理職から見た日本人派遣者の部下育成に対する評価結果から考察することとする。

　本章の構成は次の通りである。まず第2節では，日本の対中投資の推移を概観し，投資環境の変化による日本企業の対中事業展開の変化を把握する。第3節では，これまで議論されてきた日系企業の人的資源管理面における問題点を確認する。第4節では，日系製造業8社のトップマネジメントに対するインタビュー結果を通じ，在中国日系企業における現地管理職人材の育成状況について考察する。第5節では，日本人派遣者の部下育成に対する現地管理職による評価結果を用い，日本人派遣者の現地管理職育成における問題点を議論する。最後にこれまでの内容を総合的にまとめ，在中国日系企業における現地管理職の育成をめぐる課題とその諸特徴について検討する。

2．日本企業の中国の位置づけに関する変化

　日本企業の対中投資は今まで，3つのブームを経ている。図8－1から分かるように，第1次ブームは1985～1989年頃までで，安価な労働力を求め，コストの削減を目的に進出した企業がメインであった。それを業種別に見ると，繊維産業，食品加工業などの進出が多いことが特徴である。第2次ブームは，1990～1995年頃で，中国の各地方政府が打ち出した外資優遇政策に応じ，多数の日本向け輸出企業が中国各地において，生産拠点を設置するようになり，その時期は電気・電子機器産業や機械産業などの進出が多いのが特徴である。第3次ブームは，2000年～2005年頃で，中国経済の成長やWTOへの加盟に伴う規制緩和を背景に，日本企業は従来の生産拠点に加え，中国市場を意識した販売拠点，R&D拠点の設置を増やし始めたのがこの

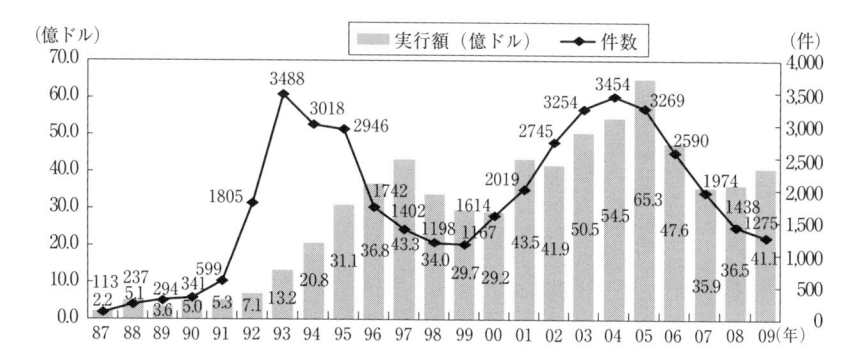

図8-1　日本企業の対中投資

出所：中国商務省データにより作成。

時期である。

　第3次投資ブームが終わった2006年から，対中投資の伸び率が大幅に下がり，金額ベースでは，2006年が前年比27.1％減，2007年が同24.6％減と2年連続の大幅減の結果となった[2]。しかし，2008年の対中直接投資は前年比でわずかではあるが，1.7％増と増加に転じ，そして，2009年は同12.6％増の結果となった。投資の件数が減っているものの，金額ベースでは上昇している。

　対中投資を業種別に見てみると，従来は安価で豊富な労働力を目的に，進出した製造業が多く，中でも，電気機械器具，輸送機械器具，一般機械器具などの投資が多かった。しかし，近年，中国経済の成長，そしてそれに伴う人件費や原材料費の上昇などを背景に，中国に進出する製造業は生産拠点の設置・拡大というより，中国国内での販売機能・R＆D機能を強化する傾向が見られる。非製造業についても，中国の金融，流通分野に関する規制の緩和や中国市場の成長を背景に，徐々に投資が増え，今後は卸・小売業，金融業などの第三次産業で増加する傾向が見られる（図8-2，図8-3）。

　ジェトロが行った「日本企業の海外事業展開に関するアンケート調査2009」によれば[3]，海外における今後の事業展開について，今後3年程度で，

第8章　在中国日系企業における管理職人材の育成　201

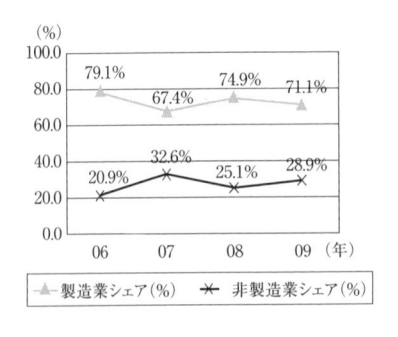

図8-2 投資実行額シェアの推移
（製造業・非製造業別）

出所：財務省データ及びジェトロ調査報告に基づき作成。

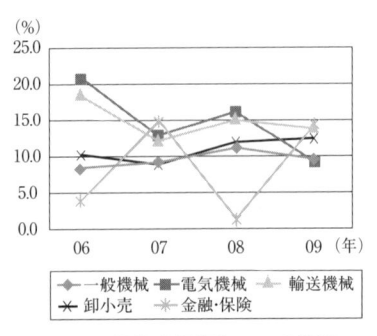

図8-3 投資実行額シェアの推移
（主要業種別）

出所：表8-2と同じ。

　海外で拡大する機能，およびその地域として，販売機能，生産機能，研究開発機能，地域統括機能，物流機能のいずれについても中国への関心が一番高くなっている。特に中国において，販売機能の拡大と回答したのが49.7％と一番高い割合を示し，続いて，生産機能の拡大と回答したのが31.5％，研究開発機能と回答したのが11.3％，物流機能と回答したのが8.6％などとなっている。中国へのさらなる投資は，中国国内の生産コストの上昇や政府の規制などにより，リスクが存在する一方，市場としての中国は依然として魅力を保つものと見られる。

3．在中国日系企業の人的資源管理の現状と問題点

　中国政府は1999年から，大卒以上の高学歴人材の不足を緩和するため，大学受け入れ枠の拡大政策を打ち出した。しかし，期待とは裏腹に，新卒供給の過剰はその後，大学生就職難の問題を引き起こす結果となった。その中身を見てみると，ホワイトカラー層については，量的に供給が需要を上回っているものの，高度な専門知識・スキルを有する技術人材，そして，グローバルビジネスに対応できる管理職人材が不足しているのが現状である。

安価で豊富な労働力を目的に事業を展開してきた従来の日系企業は工場管理，技術移転，良好な労使関係づくりに主眼を置いてきたため，人的資源管理については，中長期的なホワイトカラーの育成というより，現場従業員の労務管理をメインに行ってきたといえる。しかし，中国の位置づけが生産工場から巨大市場へとシフトしつつある中，高度な知識・スキルを有する技術者，グローバルに対応できる現地の優秀な経営管理職の確保が日系企業の競争力向上のカギとなっている。

　中国における日系企業の人的資源管理について，よく議論されるのは優秀な人材の「採用」と「確保」である。独立法人労働政策研究機構が行った「第4回日系グローバル企業の人材マネジメント調査」[4]によれば，中国における日系企業の採用面の問題として，「優秀な人材が採用できない」が一番順位が高く，管理職・一般従業員がそれぞれ40.6％と29.3％の割合を占めていた。また，日中投資促進機構が行った中国における「第9次日系企業アンケート調査」[5]によれば，従業員の採用・定着問題について，「管理専門人材が集まりにくい」が66.4％と一番高い割合を示しており，続いて「引き抜き・ジョブホッピングが多い」が38％を占めていた。仮に優秀な人材を採用したとしても，「すぐ離職してしまう」ことも少なくない。同調査によると，部門長の離職率が4.8％，職場長が6.0％，そして中途採用事技員（設計，調達，管理など高度な専門知識を必要とする頭脳労働系の従業員）が12.5％，新卒採用事技員が11.8％と高い離職率を示した。在中国の日系企業は人材の採用面，確保面で大きな課題を抱えている。

　優秀な人材の「採用難」と「低定着率」の背後にある理由の1つとして，現地化の遅れが指摘される。現地化の遅れの弊害として，派遣者コストの増大，現地従業員のモチベーションの低下，さらに，離職問題を引き起こすことはこれまでの研究で明らかになっている。それに関連し，今後中国を市場として位置づけた上で，日本企業がその進出を増加させるにあたり，中国特有な法律，商慣習などに対応するために優秀な現地人材を積極的に登用することが重要であると主張する研究も少なくない[6]。

しかし,「人」の現地化を進めるにはまず,現地人管理職の適任者の存在と蓄積が先決条件である。日本人の長期にわたる派遣は,コスト面と現地人スタッフのモチベーションの維持面ではデメリットが大きいものの,本社からの技術・経営ノウハウの移転や現地人の育成の役割を果たすためには,本社からの派遣者が一定程度必要である(白木,2006)。経営理念の浸透や技術移転などに時間がかかるため,全管理職の現地化はそう簡単に実現できるものではない。また,日本企業のグローバル展開に伴い,今後,現地管理職人材にも,世界本社と現地子会社,さらには他国の海外子会社を含めた三方の調整やこれまで以上のグローバルビジネス対応能力が要請されることが考えられるため,それらの現地管理職の育成期間を考慮した場合,現地化を短期間に実現するのは容易ではなかろう。

以下では,在中国日系企業における現地管理職の育成実態ならびに現地管理職の育成における日本人派遣者の問題点について,調査結果を見ながら,議論したい。

4.事例調査から見た現地管理職の育成実態

対中直接投資が2000年以降変質してきていることは確かであるが,業種から見た場合,製造業が依然として7割以上の割合を示している。また,日本企業について,世界的にも認識されているモノづくりの強みを海外子会社にも実現させるために慎重に技術移転が行われているため,製造業の現地化スピードが他業界より遅い傾向があると予想される。

事例調査は2006年9月に実施され,天津[7]に進出している日系製造業8社を取り上げた。データの収集は公刊資料,事前アンケート,企業インタビュー調査などにより行った。調査データが2006年9月時点のデータであるため,現在の状況とはやや違う可能性があるが,在中国日系製造業における現地管理職の育成の特徴を掴み,現地管理職の育成に影響する要因を把握するのに意味があると思われる。なお,紙幅の関係で各々の企業ケースの紹介

は割愛し，以下では，8社の調査結果をまとめた内容を検討することとする。

（1）調査企業の特徴

調査企業の特徴を示しているのが表8－1である。2000年以降に進出した企業が2社あり，それ以前に設立した企業が6社ある。出資形態として，独資企業と合弁企業がそれぞれ4社である。当初の進出動機として，単純に人件費削減を目的とした企業が2社あり，2社とも部品メーカーである。また2社の製品の販売先はほとんどが日本企業である。人件費削減以外に，中国市場の獲得を目的とした進出企業が3社あり，うち2社が市販品メーカーであり，それぞれ販売先は中国国内と第三国のアメリカである。部品メーカーの販売先は日本企業が95％と現地企業が5％である。従業員数については，1,000人以下の企業が2社あり，1,000人以上の従業員を持つ企業が6社ある。

表8－1　調査企業の特徴

	A社	B社	C社	D社	E社	F社	G社	H社
設立年	1995年	1995年	2000年	1988年	1989年	1997年	2002年	1995年
進出形態（日本側出資）	独資（100％）	合弁（50％）	合弁（50％）	独資（100％）	合弁（80％）	独資（100％）	独資（100％）	合弁（65％）
進出動機（人件費以外）	グループ企業の進出	中国市場	中国市場	－	中国市場	取引先の進出	取引先の進出	－
製品の分類	部品	市販品	市販品	部品	部品	部品	部品	部品
主要販売先	日本，欧米[1]	米国	中国	日本[2]	日本[2]	日本	日本	日本
全従業員数	1700人	780人	8500人	3800人	3200人	850人	1330人	2800人
正社員数	不明	280人	不明	不明	1100人	600人	300人	1800人
ホワイトカラー数	220人	96人	700人	350人	150人	350人	135人	170人

注：1．(1)は，このうち50％が中国における欧米系企業に提供している。
　：2．(2)は，このうち5％が中国系企業に提供している。

（2）管理職人材の育成に関する調査結果のまとめ

インタビュー対象者は各対象企業のトップマネジメントである総経理（副総経理），またはそれに相当する人物である。人材の現地化ポリシーについて各対象者に質問したところ，8社のうちA，B，C，D，E，F，H社の7社は将来的には派遣者を減少させ，経営を現地人に任せたいという回答であったのに対し，G社は「得意先の要請で進出したので，現地人を時間かけて育てるより，日本国内からの定年者や女性を安い給料で採用し，現地で働いてもらった方が，効率的である」と管理職の育成に消極的な見方を示した。現地管理職の育成ポリシーに2つのパターンが存在していることが分かった。

以下では，各指標の実態分析を行うことにしよう。

①管理職の現地化率について

組織図を入手できなかった企業を除き，各社からいただいた組織図を見て，中国人管理職の全人数を全管理職数で割って管理職の現地化率を算出した。兼任がある場合は0.5人として計算した。また合弁企業の場合，パートナー企業からの異動者は計算から除かれている。組織図を入手できなかった企業についても，同じような計算方法で計算してもらい，その結果だけをいただいた。

各社の現地化率を示しているのが表8－2である。表8－2で分かるように，課長クラスの現地化率について，操業年数の短いC社，F社[8]，G社は低いが，それでも，全体として高いことが分かった。しかし，それと対象的に，部長クラスの場合，操業年数の長短にかかわらず，全体的に50％を超える企業は1社もなかった。特に独資企業であるD社は，進出年数が17年になるにもかかわらず部長クラスの現地化率はわずか10％に留まっていた。部長職の現地化率について，相対的に高いのはA，B，H社であり，それぞれ40％，42％，41％であった。B，H社は合弁企業であり，A社はもともと

表8－2 管理職の現地化率

	A社	B社	C社	D社	E社	F社	G社	H社
部長クラス	40%	42%	0%	10%	不明*	13%	0%	41%
課長クラス	72%	93%	8%	100%	100%	8%	25%	76%
操業年数	11年	11年	5年	17年	16年	9年	3年	11年
企業形態	独資	合弁	合弁	独資	合弁	独資	独資	合弁

注：＊E社から頂いた計算結果と組織図から計算した結果が不一致しているため，ここでは不明とさせた。

合弁企業として進出し，途中で独資企業に変わった経緯がある。合弁企業であるがゆえに，独資企業と比べ，本社の統制が若干弱いため，現地管理職の内部昇進がより早くできたのではないかと考えられる。

②部門別の現地化状況について

部門別の現地化状況を表したのが表8－3である。表8－3で分かるように，製造部門，品質管理部門，財務部門の3つの部門の部長には，日本人派遣者が就く場合が多い。製造・品質部門は，製造業において，一番重要な部門であり，本社からの技術やノウハウの移転がまだ十分にされていないことがその理由の1つとして考えられる。また本社との緊急連絡が必要とされる際に，技術力以外に，日本語力や，本社とのネットワークが要請されることももう1つの理由として考えられる。財務部門については，本社やグループ会社との連結決算などがあるため，本社からの日本人派遣者が就いている場合が多いと推定される。

一方，人事総務，営業部門については，中国人管理職が部門長に就く場合がほとんどであった。これは中国の独自の慣行や商習慣，法規制に対応するため，現地事情に精通している現地管理職に任せた方がよいというのが理由であろう。

調達部門について，製造部門に所属することが多いが，表8－3では独立しているものと見ることにしよう。E社を除き，残りの7社とも日本人派遣者が部門長を担当していることが分かった。多数の企業が品質保証の観点か

表8－3　部門別の現地化状況

	A社	B社	C社	D社	E社	F社	G社	H社
製造部門[1]	日	日	日	日	日	日	日	中
品質部門	－	－	日	日	日	日	日	日
財務部門	日	日	日	日	日	中	日	日
営業部門	中	※	中	※	※	※	日	※
人事総務	中	中	中	日[2]	中	日	日	中

	A社	B社	C社	D社	E社	F社	G社	H社
調達部門	日	日	日	日	中	日	日	日
R＆D部門	※	※	※[3]	※	※	※	※	※[3]

注：1．日：日本人，中：中国人，－：品質部門が製造部門に含まれている，※：部門の設置なし．
　　2．(1)製造部門には生産，製造技術を含む
　　3．(2)人材育成部が新規に設置され，元の人事部長が部門長となり，人事総務部の部門長は現在日本人の副総経理が兼任している．
　　4．(3)会社には設置されていないが，同地域に本社投資のR＆D企業がある．

ら，部品をほとんど日系企業から調達していると考えられるため，日本人が部門長に就いているのはコミュニケーション問題回避のためであろう。

③事業の拡大に伴う長期海外派遣者の増減について

A，B，D，E社を除く残りの4社は，事業を拡大した場合，日本人を管理職として，本社から現地へ派遣することが多いと回答した。C，F，G社は操業年数が短いため，技術の移転に時間が必要とされることが考えられる。しかし，H社は進出から11年も経つが，事業の拡大があった場合，新たに日本人が派遣されてくると回答した。その理由は製品や製造技術の性質にあることがインタビューで分かった。H社の場合，製品が電子機器であり，また多品種少量の生産方式をとっているため，それぞれの新製品の生産に対応できる現地人材がまだ育成されていないので，現地管理職に任せるのが難しいという。それと対照的に，基板回路に使用するチップコンデンサーやチップ抵抗などを少品種大量生産しているA社は，事業が拡大しているのにもかかわらず，操業当初と比べ調査時点では，日本人派遣者の大幅な減少を果たした。その理由を伺ったところ，第1に生産性の向上，第2に設備稼働率（設

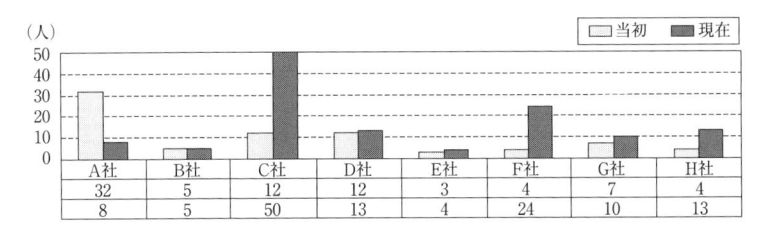

図8－4　事業拡大（操業年数の経過）に伴う海外派遣者数の増減

	A社	B社	C社	D社	E社	F社	G社	H社
当初	32	5	12	12	3	4	7	4
現在	8	5	50	13	4	24	10	13

表8－4　ホワイトカラー離職率　　　　　　　　　　　　　　　　　　　（％）

	A社	B社	C社	D社	E社	F社	G社	H社
離職率	12	8	12	11	6	15	10	18

備安定率）の向上，そして第3に現地人の成長が挙げられた。図8－4は調査対象企業の操業年数の経過に伴う長期海外派遣者の増減を示している。調査対象の8社はいずれも操業当初と比べ，事業が拡大しており，また，事業拡大の時期は特定できないため，ここでは，操業年数の経過に伴う長期海外派遣者の増減状況をまとめた。

④ホワイトカラーの離職率について

　中国において，日系企業の一番大きな課題として挙げられるのは，現地優秀人材の採用と確保である。管理職の源泉でもあるホワイトカラーが定着しないと技術，経営ノウハウがどこかで留まってしまうと考えられ，管理職の育成に大きく影響をしてくると思われる。調査対象企業のホワイトカラーの離職率は表8－4の通りである。B，E，Gを除き，他5社とも10％以上であることが分かった。特にF，H社が高く，それぞれ15％と18％になっており，いずれも欧米企業と比べ高い結果となっている[9]。

⑤明確な管理職の育成プランの有無について

　ここまでは，量的な面から現地管理職の育成に関連する調査結果を見てき

表8-5　管理職育成プランの有無

	A社	B社	C社	D社	E社	F社	G社	H社
明確	●	●	●					
不明確				●	●	●		●
制度がない							●	

た。これからは，管理職の育成に関する質的な面の調査結果を見てみよう。各社の現地管理職に対する明確な育成プランの有無の状況を表しているのが表8-5である。明確な管理職の育成プランがあるかどうかという質問に対し，あると回答した企業がA，B，Cの3社であり，育成プランはあるが明確ではないと回答した企業がD，E，F，H社である。E社は現在明確ではないが管理職の育成を今年の会社方針に取り入れたため，今後プランを明確にし，育成により力を入れる予定であると表明した。Gは現地の課長クラスについては，育成プランはあるが現在の課長クラスを部長クラスまで育てるプランはないと回答した。現地化しないポリシーを表明したG社を除き，全体的に現地の管理職人材を積極的に育成し，現地化を進める意向が見られた。

⑥教育訓練の実施状況について

育成の手段は何かと質問したところ，調査対象企業の8社ともOJTがメインの育成手段であると回答した。また，Off-JTについては，社内研修の以外に本社での研修，グループ企業での研修，外部機関での研修など多彩な研修を行っている企業も多かった（表8-6参照）。

教育訓練の内容として，専門知識・技術面での研修と回答している企業が多く，マネジメントの研修を専門知識・技術面での研修と同様に研修内容に取り入れているのはC社とD社である。また，管理職のマネジメント研修より，日本語または英語などの語学研修を重視している企業もあり，これはスムーズな業務運営に役立つと考え，実施していると考えられる。

表8-6 教育訓練の実施状況

		A社	B社	C社	D社	E社	F社	G社	H社
手段	社内研修	△	△	○*	○*	△	×	△	○
	グループ企業での研修	△	×	△	△	△	×	×	×
	外部教育機関（大学など）	△	△	△	△	△	○	△	△
	本社での研修	△	△	○	○	○	○	△	△
内容	専門知識・技術面の研修	○	○	○	○	○	○	○	○
	マネジメント面の研修	△	△	○	○	△	×	×	○
	語学の研修／研修補助	×	×	○	○	×	×	×	△

注：1．○実施している　△必要に応じて，実施している　×実施していない．
　：2．*社内に研修センターがあり，そこを利用している．

⑦職務を超えた配置転換について

　職務を超えた配置転換の制度があるかどうか，またそれは育成の手段として計画的に実施しているかどうかという質問に対し，C社のみが計画的に実施していると回答し，A，B，E社は計画的には実施していないが，必要に応じて実施していると回答した．またD，F，G，H社は配置転換を育成の手段として実施していないと回答した．8社の回答をまとめたのが表8-7である．職務を超えた配置転換を，幅広いキャリア形成や能力により適合する職場を見つけるための手段として利用せず，単に人員過剰・不足対策として実施されているのが多いようである．

⑧日本人同ランク管理職と比べた評価

　日本人の同ランク管理職と比べた場合の評価結果をまとめたのが図8-5と図8-6である．

表8-7 職務を超えた配置転換

	A社	B社	C社	D社	E社	F社	G社	H社
計画に実施している			●					
あるが，計画的に実施していない	●	●			●			
制度がない				●		●	●	●

図8-5 日本人同ランクの管理職と比べた場合の長所（複数回答）

（項目、上から下）
- 勉強するのが好き：2
- 発想がいい：1
- 柔軟性がある：2
- 記憶力がすごい：2
- 前向きである：3
- 頭の回転がはやい：5
- 能力がある：3
- 仕事をきちんとやる：6
- 責任感がある：2
- 向上心がある：7
- 視野が広い：3

図8-6 日本人同ランク管理職と比べた場合の不足点（複数回答）

（項目、上から下）
- 面子にこだわる：1
- 権力を私用にまわす：1
- 企業理念への理解が不足：5
- 責任感が不足：2
- 自分本位：1
- 品質意識が弱い：3
- 予知・改善能力がない：3
- 情報や技術を共有しない：2
- 部門間の協調が弱い：5
- コミュニケーション力が不足：3
- 問題解決能力が不足：4
- 専門知識が不足：2
- マネジメント力が不足：1
- 全体を見る能力が不足：7
- 部下への指導力が不足：4
- 自社経験が不足：5

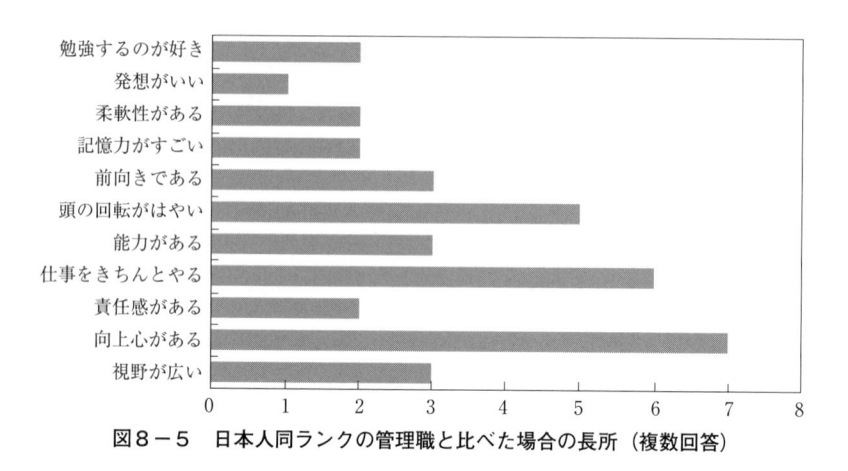

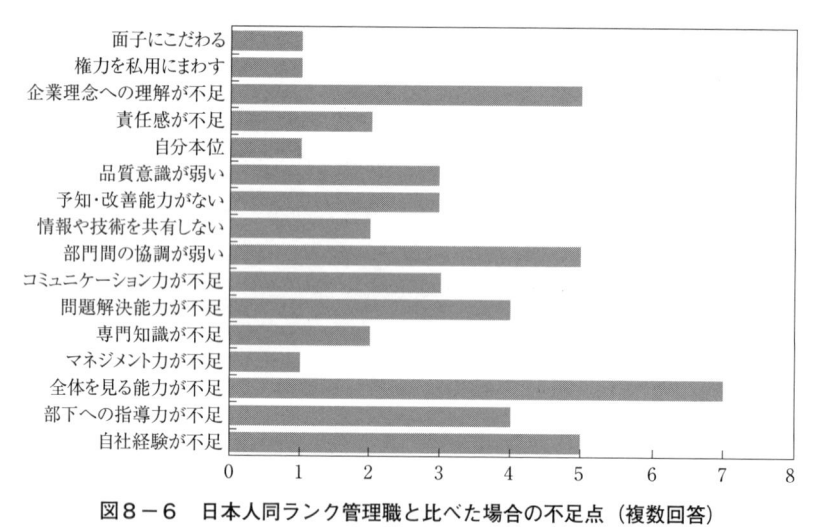

　全体から見て日本人同ランクの管理職と比べた場合、長所として最も多い回答は、「向上心がある」と「与えた仕事をきちんとやる」である。反対に不足しているところを見てみると、最も多い回答は、「部または課全体を見る能力が不足」であり、次に「自社での勤務経験が不足」「部門間の協調が弱い」「企業理念への理解が不足」が挙げられた。続いて、部下への「指導

力が不足」「問題解決力が不足」も挙げられた。管理職として，ある程度評価はされているものの，日本人同ランクと比べた場合，リーダーシップ面や，協調性という面ではやや足りないものと見られている。

　本節では，トップマネジメントに対するインタビュー調査により，日系企業における現地管理職の育成実態について，「管理職の現地化率」「部門別の現地化状況」「事業拡大に伴う日本人派遣者の増減」「ホワイトカラーの離職率」，そして「管理職育成プランの有無」「教育訓練の実施状況」「職務を超えた配置転換」「日本人同ランク管理職と比べた場合の評価」という8つの面から考察をしてきた。現地管理職の育成について若干進んでいる企業もあったが，全体として育成度合いがまだ低いといえよう。

　現地管理職の育成に関し，日々OJTを通じ，現地管理職の育成に携わっている日本人派遣者の役割も非常に重要である。トップマネジメントへのインタビュー調査は現地管理職育成の特徴や育成度合を把握するのに有効な方法だと考えられるが，トップマネジメントと現地管理職の考え方にギャップが存在する可能性があることは否定できない。上記の理由を踏まえ，次節では，1.で紹介した2009年中国で実施されたG-MaP調査結果の一部である現地管理職による日本人派遣者の部下育成に関する評価結果について検討する。

5．アンケート調査から見た現地管理職の育成における日本人派遣者の問題点

　中国に駐在する日本人派遣者数の推移を示したのが，図8-7である。日本人派遣者数が依然として多く，彼らの多くが管理職のポストに就いている。労働政策研究・研修機構『第7回　海外派遣勤務者の職業と生活に関する調査結果』(2008年)の調査によれば，在中国日系企業において，日本人派遣者の47.1％は会長・社長クラスに，10.1％が役員クラスに，合わせて経営者クラスが57.2％となっている。そして，部長クラスが23.3％，課長クラスが10.7％，係長クラスが2.7％をそれぞれ占めている。日本人派遣者のほとん

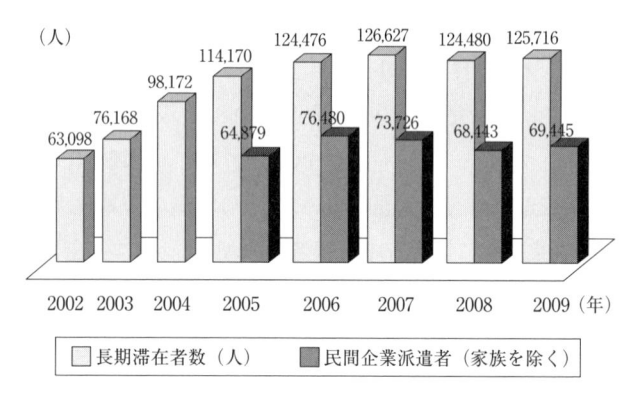

図8−7 中国における日本人長期滞在者の推移

凡例：□ 長期滞在者数（人）　■ 民間企業派遣者（家族を除く）

データ（長期滞在者数／民間企業派遣者）：
- 2002年：63,098 ／ —
- 2003年：76,168 ／ —
- 2004年：98,172 ／ —
- 2005年：114,170 ／ 64,879
- 2006年：124,476 ／ 76,480
- 2007年：126,627 ／ 73,726
- 2008年：124,480 ／ 68,443
- 2009年：125,716 ／ 69,445

出所：外務省統計より筆者作成。

どが中国の現地子会社で管理職を務めていることが分かる。

　また，労働政策研究・研修機構『第4回日系グローバル企業の人材マネジメント調査結果』（2006年）によれば，日本人が派遣される理由（複数回答）として，取締役以上の場合，「現地法人の経営管理」が78.2％と最も多く，続いて，「本社の経営理念・経営手法の浸透」が66.9％，「日本本社との調整」が51.9％となっている。また，部課長クラスについては，「現地人が育成されていない」が54.1％と最も多く，続いて「技術移転」が51.9％，「本社との調整」が48.1％となっており，派遣される理由は職位によって，異なることが分かる。

　これらの役割を持っている日本人派遣者は現地管理職人材の育成にどれほど寄与し，とりわけ彼らの現地管理職の育成姿勢が現地人管理職にどのように受け止められているのだろうか。本節では，前述したG-MaPのアンケート調査の結果を用い，検討する。同調査は中国沿海地域の大連，北京，天津，上海，蘇州，広州，深圳で操業する日系企業に勤務する中国人ホワイトカラーを対象とし，彼らに自分の上司である日本人派遣者を評価してもらったものである。比較のため，現地人上司を持つ中国人ホワイトカラーには自分の

表8-8 現地人部長クラスによるトップマネジメントである上司の部下育成に関する評価（国籍別比較）

	日本人トップクラス n=132 平均値（標準偏差）	現地人トップクラス n=44 平均値（標準偏差）	t値
部下を信頼している	3.99 (1.00)	3.88 (0.99)	0.63
部下に対する気配りや関心を示している	4.04 (0.89)	4.12 (0.99)	-0.47
部下が問題に遭遇した際に，適切な手助けをする	4.30 (0.88)	4.09 (1.01)	1.25
部下のアイディアや提案をよく聞いている	4.20 (0.90)	4.16 (0.86)	0.30
部下に公平に接している	3.98 (0.98)	3.91 (1.02)	0.40
部下の成果を客観的に評価している	4.08 (0.89)	4.07 (0.85)	0.11
部下に対する評価を具体的にフィードバックしている	3.95 (0.98)	3.98 (1.01)	-0.13
部下を効果的に褒めている	3.99 (0.98)	4.07 (0.85)	-0.49
叱るべき時は部下を適切に叱っている	4.05 (0.81)	3.75 (0.94)	1.86
部下に仕事に対する取り組み方を教えている	3.94 (0.88)	3.86 (1.03)	0.44
部下の間違いを的確に指摘している	4.09 (0.85)	3.98 (0.85)	0.78
部下に明確な業務目標を示している	4.24 (0.87)	4.14 (0.88)	0.69
目標実現のための各人の役割を部下に自覚させている	4.19 (0.82)	4.21 (0.80)	-0.13
部下の経験や能力を考慮し，権限を委譲している	4.11 (0.95)	4.02 (0.93)	0.52
部下育成のためのチャンスを与えている	3.92 (0.94)	3.86 (1.21)	0.30
部下に自立的に学べる環境・時間を与えている	3.95 (0.84)	3.77 (1.03)	1.06

注：*p < 0.05　**p < 0.01。

現地人上司に対しても，同様なアンケートを使い，評価をしてもらった。調査は2009年3月～6月の間に実施され，合計39社（うち製造業31社，非製造業8社）の協力を得た。調査方法としては，調査対象企業を直接訪問し，了解を得た上，アンケートの配布を行った。最終的に中国地域に配布したアンケート票は計1,318票であり，うち有効票数が1,110票，有効回収率が84％であった。

同調査は現地人ホワイトカラー全体を対象としているが，本節の趣旨は現地人管理職の意識の把握にあるため，ここでは，回答者が部課長である現地

表8-9 現地人課長クラスによる部長クラスである上司の部下育成に関する評価（国籍別比較）

	日本人部長クラス n=307 平均値（標準偏差）	現地人部長クラス n=305 平均値（標準偏差）	t 値
部下を信頼している	3.87 (1.00)	3.99 (0.84)	-1.52
部下に対する気配りや関心を示している	3.90 (0.95)	4.01 (0.83)	-1.54
部下が問題に遭遇した際に，適切な手助けをする	4.14 (0.89)	4.19 (0.73)	-0.76
部下のアイディアや提案をよく聞いている	4.03 (0.90)	4.05 (0.79)	-0.34
部下に公平に接している	3.86 (0.95)	3.90 (0.87)	-0.57
部下の成果を客観的に評価している	3.94 (0.93)	4.10 (0.78)	-2.32*
部下に対する評価を具体的にフィードバックしている	3.76 (0.96)	3.83 (0.88)	-0.86
部下を効果的に褒めている	3.83 (0.99)	3.95 (0.83)	-1.68
叱るべき時は部下を適切に叱っている	3.81 (0.87)	3.89 (0.78)	-1.21
部下に仕事に対する取り組み方を教えている	3.73 (0.98)	3.89 (0.93)	-2.19*
部下の間違いを的確に指摘している	3.89 (0.91)	4.02 (0.76)	-1.97*
部下に明確な業務目標を示している	4.08 (0.86)	4.09 (0.82)	-0.20
目標実現のための各人の役割を部下に自覚させている	4.04 (0.87)	4.09 (0.77)	-0.75
部下の経験や能力を考慮し，権限を委譲している	3.90 (0.98)	4.03 (0.88)	-1.66
部下育成のためのチャンスを与えている	3.66 (1.04)	3.91 (0.91)	-3.19**
部下に自立的に学べる環境・時間を与えている	3.67 (0.98)	3.85 (0.86)	-2.37*

注：*p < 0.05　**p < 0.01。

人管理職の評価結果のみを見ることにしよう。その場合，彼らの評価対象である上司は日本人派遣者あるいは現地人上司のトップマネジメントまたは部長クラスに当たる。また，同調査の調査項目には業務遂行，部下育成，情報発信，異文化適応，コミュニケーション，行動，パーソナリティーの7カテゴリーを含んでいるが，本節では，主として，部下育成の部分についてのみを考察する。評価については，リッカートの5点尺度を使用した（1 = 全く違う，2 = 違う，3 = どちらとも言えない，4 = その通り，5 = 全くその通り）。表8-8と表8-9はそれぞれ，現地人部長クラスと現地人課長クラスの回答を上司の国籍別にt-検定[10]を行った結果である。

表8－8で分かるように，現地人部長クラスによる日本人・中国人トップマネジメントの部下育成に関する評価について，中国人トップマネジメントと日本人トップマネジメントに有意差は見られなかったものの，全体を通し，日本人トップマネジメントのほうが部下である現地人部長クラスに高く評価されていることが分かる。

　しかし，それと対照的に，現地人課長クラスによる部長クラスの評価結果（表8－9）については，全項目において，中国人部長クラスのほうが日本人部長クラスより高く評価されている結果となった。特に，有意差のある項目は5つであった。それらは「部下の成果を客観的に評価している」という客観性，公平さに関わる項目，「部下の間違いを的確に指摘している」「部下に仕事に対する取り組み方を教えている」という日常の指導面に関わる項目，そして「部下育成のためのチャンスを与えている」「部下に自立的に学べる環境・時間を与えている」という部下育成の環境提供に関わる項目であることが分かった。トップマネジメントの日本人派遣者と比べて，部長クラスの日本人派遣者が問題を抱えているようである。その理由として，白木（2009）は次のように解釈している。日本人派遣者のうち，特に中間管理層の場合，赴任先での職位も，仕事の幅も本国にいるときよりアップし，拡大するケースが多く，これまでのキャリアにおいて，組織の最終的意思決定を経験せずに派遣されたため，経験面においても，能力面においても不足している。この白木（2009）の見解に加え，日本人派遣者には3，4年間という赴任期間の制限があり，限られた時間の中，本社から与えられた短期的なミッションの達成を最優先してしまうため，現地管理職層の育成という中長期的なミッションを後回しにしている可能性も考えられるかもしれない。これは特に中間管理職層において顕著であり，現地人課長クラスに低く評価されるもう1つの理由であろう。

　表8－8と表8－9で，日本人派遣者の部長クラスがトップマネジメントと比べ，部下との関係，部下の育成姿勢の面においては，低く評価されていることが確認できた。では，同じ日本人派遣者の中でも，製造業と非製造業

表8-10 現地人部長クラスによる日本人トップマネジメントの部下育成に対する評価（産業別比較）

	製造業 n=99 平均値（標準偏差）	非製造業 n=33 平均値（標準偏差）	t値
部下を信頼している	4.05（0.99）	3.82（1.01）	1.15
部下に対する気配りや関心を示している	4.05（0.85）	4.00（1.00）	0.26
部下が問題に遭遇した際に，適切な手助けをする	4.37（0.83）	4.09（1.01）	1.45
部下のアイディアや提案をよく聞いている	4.29（0.87）	3.94（0.93）	1.92
部下に公平に接している	4.05（0.92）	3.76（1.15）	1.33
部下の成果を客観的に評価している	3.94（0.97）	3.88（0.86）	0.34
部下に対する評価を具体的にフィードバックしている	4.01（0.99）	3.79（0.96）	1.14
部下を効果的に褒めている	4.05（0.93）	3.82（1.10）	1.09
叱るべき時は部下を適切に叱っている	4.09（0.76）	3.91（0.95）	1.00
部下に仕事に対する取り組み方を教えている	4.10（0.94）	4.03（0.77）	0.44
部下の間違いを的確に指摘している	4.18（0.76）	3.82（0.85）	2.20*
部下に明確な業務目標を示している	4.33（0.85）	3.97（0.92）	2.01*
目標実現のための各人の役割を部下に自覚させている	4.30（0.81）	3.88（0.78）	2.62**
部下の経験や能力を考慮し，権限を委譲している	4.21（0.90）	3.79（1.02）	2.13*
部下育成のためのチャンスを与えている	4.00（0.86）	3.82（0.77）	1.14
部下に自立的に学べる環境・時間を与えている	4.10（0.83）	3.45（0.87）	3.74**

注：$*p < 0.05$　$**p < 0.01$。

との間で差異が存在するのだろうか。本来，製造業では，従業員が製品・技術という手に触れることのできるモノを通じ，知識やノウハウを習得するが，非製造業では「モノ」の代わりに，知恵やサービスを提供し，業務においては「ヒト」の要素が強く，提供するサービスも時間や場所あるいは対応する相手によって内容が変わるという性質を持つ。このような「商品」の性質の差異によって，製造業・非製造業における現地人管理職の育成，そして，現地管理職から見た日本人派遣者の部下育成に関する評価が違う可能性があると思われる。以下では現地人管理職による日本人派遣者の部下育成に関する

表8－11　現地人課長クラスによる日本人部長クラスの部下育成に対する評価（産業別比較）

	製造業 n=237 平均値（標準偏差）	非製造業 n=70 平均値（標準偏差）	t値
部下を信頼している	3.93　(0.94)	3.69　(1.19)	1.78
部下に対する気配りや関心を示している	3.95　(0.89)	3.74　(1.14)	1.59
部下が問題に遭遇した際に，適切な手助けをする	4.21　(0.82)	3.91　(1.05)	2.16*
部下のアイディアや提案をよく聞いている	4.11　(0.81)	3.74　(1.14)	3.02**
部下に公平に接している	3.92　(0.84)	3.63　(1.22)	2.30*
部下の成果を客観的に評価している	4.01　(0.86)	3.69　(1.10)	2.61**
部下に対する評価を具体的にフィードバックしている	3.80　(0.92)	3.64　(1.06)	1.21
部下を効果的に褒めている	3.90　(0.93)	3.59　(1.16)	2.33*
叱るべき時は部下を適切に叱っている	3.87　(0.79)	3.59　(1.07)	2.45**
部下に仕事に対する取り組み方を教えている	3.81　(0.92)	3.46　(1.13)	2.64**
部下の間違いを的確に指摘している	3.92　(0.89)	3.77　(0.98)	1.16
部下に明確な業務目標を示している	4.12　(0.82)	3.91　(0.97)	1.63
目標実現のための各人の役割を部下に自覚させている	4.10　(0.84)	3.81　(0.94)	2.30*
部下の経験や能力を考慮し，権限を委譲している	3.97　(0.92)	3.69　(1.12)	2.12*
部下育成のためのチャンスを与えている	3.76　(0.99)	3.31　(1.12)	2.97**
部下に自立的に学べる環境・時間を与えている	3.74　(0.93)	3.44　(1.12)	2.23*

注：*p＜0.05　**p＜0.01。

評価の産業間の比較を試みた。表8－10と表8－11が現地人管理職による日本人派遣者の部下育成に対する評価の産業間比較の結果を示している。

表8－10と表8－11の結果で分かるように，現地人管理職による日本人派遣者の部下育成に関する評価について，職位にかかわらず，全項目において，非製造業における日本人派遣者のほうが製造業の日本人派遣者と比べ，低く評価されおり，しかも相当数の有意差のある項目が確認された。

まず，表8－10に示されているように，日本人派遣者のトップマネジメントについて，全16評価項目のうち，5つの項目において，有意差が確認

された。「部下の間違いを的確に指摘している」という部下への指導面に関わる項目と「部下に明確な業務目標を示している」「目標実現のための各人の役割を部下に自覚させている」という目標方針の明示に関わる項目，そして「部下の経験や能力を考慮し，権限を委譲している」「部下に自立的に学べる環境・時間を与えている」という部下の育成の環境提供に関する項目について，非製造業における日本人派遣者のトップマネジメントのほうが低く評価されていることが分かった。

日本人部長クラスの評価については，表8－11の通り，16項目のうち，11項目に有意差があることが確認された。具体的に見てみると，「部下が問題に遭遇した際に，適切な手助けをする」「部下のアイディアや提案をよく聞いている」という仕事を進める上での部下との関わりに関する項目，そして，「部下に公平に接している」「部下の成果を客観的に評価している」という客観性，公平さに関わる項目，「部下を効果的に褒めている」「叱るべき時は部下を適切に叱っている」「部下に仕事に対する取り組み方を教えている」という部下への指導に関わる項目，「目標実現のための各人の役割を部下に自覚させている」という目標に沿った役割，方針の明示に関わる項目，そして最後に「部下の経験や能力を考慮し，権限を委譲している」「部下育成のためのチャンスを与えている」「部下に自立的に学べる環境・時間を与えている」という部下育成の環境提供に関わる項目である。

職位にかかわらず，非製造業における日本人派遣者が部下との関係，部下育成において，より多くの問題を抱えていることが分かった。非製造業の業務については，製造業と違って，基本的に業務内容が現地の市場状況，現地の商習慣，関連法律などに依存することが多く，それらを把握する必要性が製造業より高いと考えられる。また，製造業の「ヒト＋モノ」に対して，非製造業は業務においては，「ヒト」の要素が強く，派遣者にはつねに迅速な対応力が求められるため，コミュニケーション力の強弱が評価に反映されやすいという点がある。これが非製造業で働く派遣者の評価が低い1つの理由であるかも知れない。

日本人トップマネジメントに現地管理職を評価してもらうという第4節の事例研究と反対に，本節では，現地管理職に彼らの上司である日本人派遣者または中国人上司を評価してもらった結果を取り上げた。まず，全体から見て，現地管理職から見た場合，日本人部長クラスの部下育成姿勢が弱いことが分かった。また，産業別に見た場合，非製造業における日本人派遣者の育成姿勢や育成方法が製造業と比べて，現地管理職に低く受け止められていうこともれ確認された。経済成長率が高く，勢い上昇志向も強くなりがちな中国人スタッフにとって，日本人上司の育成姿勢が弱いということは現地管理職の成長やモチベーションの向上に負の影響をもたらすのであろう。

6．まとめ

　本章では，在中国日系製造業の管理職育成について，企業インタビュー調査とアンケート調査を用い，現地管理職の育成に関する諸課題，諸特徴を明らかにすることを試みた。本節では，在中国日系企業の現地管理職の育成について，本章で示された論点を考察することにしよう。

　企業インタビューから見た現地管理職人材の育成に関する諸特徴として，まず，現地管理職に関する育成ポリシーについて，2つ存在していることが調査で分かった。1つは現地社員に活躍してもらう必要があると認識し，積極的に現地人を育てようとするポリシーであり，もう1つは日本人派遣者による経営を維持しようとし，現地管理職の育成に力を入れようとしない消極的なポリシーである。特に製品の販売先が日本企業または日系企業である場合，取引先企業との調整などがあるため，日本人のほうがいいと考え，現地人スタッフを積極的に育成しないという方針をとることが分かった。

　第2に，個別企業から見て，現地管理職の人材育成が進んでいる企業もあったが，全体的にはまだ現地化できるほどには育成されていない傾向が見られた。特に，日本人の同ランクの管理職と比べた場合の不足点として，「部または課全体を見る能力が不足」「自社での勤務経験が不足」「部門間の協調

が弱い」「企業理念への理解が不足」「部下への指導力が不足」などいずれも管理職に求められる能力が不足していることが分かった。全管理職の現地化ができるまで，まだ今少し時間が必要であろう。

　第3に，現地管理職の育成度合は企業の形態，販売先の国籍や製品の特性から何らかの影響を受けているように見えた。合弁企業では，本社の統制が独資企業より相対的に弱く，日本人派遣者による管理体制の構築がしにくいため，現地管理職の内部昇進や育成が相対的に進んでいる結果になったと考えられる。また現地市場への製品販売を目的としている企業では，現地独自の商慣習への対応や現地に適した商品開発のため，積極的に現地人を育成・登用するため，現地管理職の育成が比較的に進む結果となったと思われる。反対に，現地の日系企業への販売や日本への逆輸出というパターンは日本国内と同レベルの品質体制，高度な専門知識が要請される（永野，1992）ほか，コミュニケーション問題回避のため，多くの日本人海外派遣者が派遣されることになり，その結果，現地管理職の育成が相対的に進みにくいのではないかと考えられる。

　次に，現地管理職を対象としたアンケート調査の結果からは次のような論点が示されている。第1に，日本人派遣者の部長クラスは，トップマネジメントと比べ，部下育成において課題を抱えていることが分かった。日本人派遣者の部長クラスは，赴任先での職位も，仕事の幅も本国にいるときよりアップしたケースが多いことは実証研究で明らかになっている[11]。従来の安価で豊富な労働力を狙って進出した日系企業においては，最終的な意思決定における経験不足や能力不足はそれほど表面化にされていなかったかもしれないが，今後の中国における事業のさらなる展開に伴い，これまで以上にリーダーシップの発揮が要請される。日本人の部長クラスにとっては，本社から与えられた短期的なミッションを達成するだけでなく，現地人管理職をいかに育てていくかという意識をつねに持たなければならない。リーダーたるものは部下育成が当然の役割であり，特に異文化環境において，短い赴任期間の中，本社から与えられたミッションの達成という短期的な目標，そして，

現地人管理職を育成するという中長期的な目標を達成するには，派遣者本人の能力向上や意識の転換が必要とされるのであろう。

第2に，非製造業で働く日本人派遣者は，製造業で働く日本人派遣者と比べ，部下育成においてより大きな課題を抱えているようである。製造業の場合，製造現場における業務について，日中間に基本的な差異はないと考えられ，現地管理職にして見れば，長年本社で勤めてきた日本人派遣者のほうが技術においても，製品知識においても，学べるところが多い。一方，非製造業の業務については，業務が現地事情に依存することが多く，特に市場状況，現地の商習慣，関連法などを把握する必要性が製造業より高く，むしろそれらの点については，日本人派遣者より現地人管理職のほうが精通している場合多い。そのため，非製造業における日本人派遣者にとっては，現地人管理職を部下に持つ場合，彼らの意見を積極的に聞き入れ，能力を見極め，必要なときに権限を委譲し，能力がまだ足りないと判断した場合でも単に指示命令するだけではなく適切な指導を行い，育成のチャンスを提供するなど，彼らの強力なサポートを得るためにも，積極的に現地管理職の育成に取り込む姿勢を示すことが必要であろう。

本章では，日系企業の現地管理職の育成について，企業トップマネジメントへのインタビュー調査および現地管理職へのアンケート調査の結果を用い，在中国日系企業における現地管理職の育成実態ならびにその諸特徴を明らかにすることを試みた。2つの調査の調査時期と調査対象がそれぞれ異なるため，比較するには無理があることは事実であるが，現地管理職の育成に実態ならびのその諸特徴を分析するのに意義があると思われる。今後は，在中国日系企業における現地管理職の育成のあり方について，本社の位置づけや日本人派遣者の役割を考えたさらなるアプローチが必要であると思われる。

注：
1）海外経営専門職人財養成プログラムの略称である。プロジェクトの主催は本書編著者の早稲田大学白木三秀教授。プログラムの詳細についてはホームページ（http://www.waseda-gmap.jp）を参照されたい。当該プロジェクトは2年間にわたり，中国沿海地域（大連，北京，天津，上海，蘇州，広州，深セン），インド，ベトナム，タイ，フィリピン，マレーシア，シンガポール，インドネシア計8国で，海外派遣者を対象とした調査とその海外派遣者の部下である現地ホワイトカラーを対象としたアンケート調査計2本を同時に行った。本章でご紹介する内容はそのうちのホワイトカラーを対象とした調査の中国調査の一部調査である。
2）日中両国の統計値は統計方法および金額単位の不一致により，整合的ではないため，本章では，主として，中国商務省のデータを基としている。
3）調査期間：2009年11月〜12月，有効回答数935社，有効回答率30.1％，複数回答。
4）調査は83カ所（合計59国・地域）の対象企業2,656社に対して，710の有効回答を得た。有効回答率は32.3％。
5）調査期間：2006年11月〜12月，回答企業364社，うち製造業（67.9％），非製造業111社（32.1％）。
6）たとえば，関・藩編（2003），古田（2004），金（2004），朱（2007），経団連報告書（2006），など。
7）天津は中国における4つの直轄市の1つであり，中国北方最大の港湾都市として，注目を浴びる古くからの工業都市である。2000年以降のGDP成長率は10％以上と高く，さらにGDPは，2009年には前年度比16.5％増の7,500.8億元に達した。外資系企業数は2009年現在，6,050社であり，うち日系企業数が802社である。トヨタの進出，エアバスの組立工場の設立など，今後とも注目を浴びる都市であると思われる。
8）F社は当初，最大の取引先の進出に備え，1997年に先に天津で工場を設立したが，2002年までほとんど生産がなく，当時採用したスタッフはほぼ全員退職した。大きな取引先の2002年の生産開始に伴い，生産を再開した。
9）2005年行われたジェトロの集計によると，日系企業の離職率は約15.1％であり，欧米系企業の離職率6.3％に対し，2.5倍であることも分かった。
10）2つの集団の平均に意味のある差があるのかどうかの検定であり，平均値の差の検定ともいう。
11）㈳労働政策研究・研修機構『第7回海外派遣勤務者の職業と生活に関する調査結果』2008年による。

参考文献：
今野浩一郎（1982）「日系進出企業の経営現地化とその特徴―シンガポール―」近畿大学労働問題研究所『労働問題研究』No.16, pp.23〜38。
川井伸一（2000）「日系企業経営人材の現地化課題―最近の中国調査事例から」『経営総合

科学』No.74,pp.99〜117。
経団連報告書（2004）「日本人社員の海外派遣をめぐる戦略的アプローチ〜海外派遣成功サイクルの構築に向けて〜」。
経団連報告書（2006）「日本企業の中国におけるホワイトカラー人材戦略」。
澤木聖子（1996）「在台湾日系企業における現地雇用管理職の人材育成に関する研究—直属の上司の国籍別にみた職務意識の比較分析を通じて—」『日本労務学会年報』pp.38〜43。
柴生田敦夫（2009）「日本企業の対中投資」RIETI Policy Discussion Paper Series, p.4。
徐向東（1997）「中国の日系企業における技術移転と人材育成—日本的生産システムの適応をめぐって—」『立教大学大学院社会学研究科論集』No.4, pp.89〜98。
白木三秀編著（2005）『チャイナ・シフトの人的資源管理』白桃書房。
白木三秀（2006）『国際人的資源管理の比較分析』有斐閣。
白木三秀（2009）「日本企業のグローバル人材マネジメント上の諸課題—調査からの考察—」『JBIC国際調査室報』No.2, pp.67〜78。
朱炎（2007）「中国における日系企業経営の問題点と改善策」『Economic Review 2007』pp.26〜47。
関満博・範建亭（2003）『現地化する中国進出日本企業』経営労働協会。
㈲労働政策研究・研修機構（2006）「第4回日系グローバル企業の人材マネジメント調査結果」JILPT調査シリーズNo.24。
趙曉霞（2002）『中国における日系企業の人的資源管理に関する調査分析』白桃書房。
張英莉（2007）「在中国日系企業の人材マネジメント—現状・問題点・課題—」『埼玉学園大学紀要（経営学部篇）』第7号, pp.77〜88。
永野仁（1992）「操業年数と人材の現地化—アジア進出日系企業の数量分析」明治大学政治経済研究所『政経論叢』第60巻, pp.133〜158。
永井裕久・石田英夫（1995）「在中日系企業における中国人ホワイトカラーの意識—直属上司の国籍と資本形態による影響の比較—」『国際ビジネス研究学会年報』No.12。
永井裕久・渡辺壽美子・田代美智子（2004）「高業績グローバルマネージャーのコンピタンシーに関する国際比較調査」『国際ビジネス研究学会年報』pp.201〜251。
西原博之（1998）「在中日系企業における人的資源管理とその課題」『組織行動研究』慶応義塾大学産業研究所, No.28。
馬成三（1997）「求められる対中進出企業の現地人材確保」『日中経協ジャーナル』No.42, pp.17〜23。
馬成三（2002）『中国進出企業の労働問題：日米欧企業の比較による検証』日本貿易振興会。
柳田純子（2003）「日中合弁企業における現地中間管理職人材の育成」『東京情報大学研究論集』Vol.6, No.2, pp.193〜197。
吉原英樹（1989）『現地人社長と内なる国際化』東洋経済新報社。

第Ⅱ部　日系企業の視点から見たチェンジング・チャイナ

第9章

日系ソフトウエア企業における国際分業と人的資源管理システム
―中国・北京市の事例―

1．はじめに

　日本では製造業の国際分業は早い時期から展開されていたが，ソフトウエア産業の国際分業は，製造業よりはかなり遅れて，2005年前後から本格化した。たとえばソフトウエアの製造（プログラミング）を海外に委託する「オフショア開発」の取引高は，サンプル調査では2004年には520億円であったが，2006年には713億円，さらに2008年には1,010億円[1]に達した。ソフトウエア産業の国際分業は製造される製品が知識集約的な特性を持つことからから，製造業の国際分業とは同一に論じられない側面があることはもちろんである。

　本章ではソフトウエア産業の国際分業と人的資源管理システムのあり方を中国に所在する日系ソフトウエア企業の事例を通じて検討する。

2．これまでの研究と課題

　ソフトウエア開発の国際分業に関して，ここでは日本と中国のソフトウエア開発の国際分業に焦点を当てた研究を中心に取り上げて，検討する。

　その前に簡単に用語の整理をしておく。ソフトウエア開発の国際分業には

「オンサイト開発（On site Development）」と「オフショア開発（Offshore Development）」の2つの開発形態がある。オンサイト開発とは国外からの発注に基づいて発注主の所在国にソフトウエア・エンジニアが出かけてソフトウエア開発に従事するものである。たとえば日本国内の発注主が中国に所在するソフトウエア企業に発注したとすると，中国からソフトウエア・エンジニアが日本を訪れ，滞在してソフトウエア開発に従事する。これに対してオフショア開発とはソフトウエア・エンジニアは移動せず，日本からの発注に対して，中国国内でソフトウエア開発を行う形態である。このオンサイト開発とオフショア開発，さらにソフトウエアプロダクツの輸出を含めたものが「ソフトウエア輸出」と呼ばれる。

中国と日本のオフショア開発の実態について，中央大学（2008, 2009a, 2009b）では，オフショア開発の発注主である日本のコンピュータ・メーカー，システム・インテグレーターである東芝ソリューションズ，富士通，NECの聞き取り調査を行っている。さらにこれら日本のコンピュータ・メーカー，システム・インテグレーターが直接投資をしている「インハウス型オフショアリング企業」3社と，それらとは異なる「アウトソーシング型オフショアリング企業」3社の，2つのソフトウエア企業グループに対して聞き取り調査を行っている。企業の所在地はいずれも上海あるいはその周辺である。発注側と受注側の両方から聞き取り調査を行い，オフショア開発を立体的に明らかにしようとしたのは評価できる。オフショア開発に関して明確な結論は出していないが，調査から得られたいくつかの知見を述べている。たとえば日系インハウス型オフショアリング企業は日本の親会社が明確な戦略を示していない，またこのタイプの企業は「リスクをとらず」[2]「無難に少しずつビジネスを拡大していく路線」[3] をとっている。これに対してアウトソーシング型オフショアリング企業はある程度のリスクがあっても新規ビジネスを積極的に展開する傾向があると指摘している。

しかしながら，これらの知見はあくまで筆者も述べるように印象論に留まっており，明確に論証されたものではない。またオフショア開発の受託先企

業をインハウス型オフショアリング企業とアウトソーシング型オフショアリング企業に分けているが，その定義は必ずしも明確ではない。両者とも日本からの投資により設立されているところは同様である。強いて両者の違いといえばインハウス型オフショアリング企業はアウトソーシング型オフショアリング企業と異なり日本のコンピュータ・メーカーあるいはシステム・インテグレーターが出資していることに依る。またこのアプローチに従うと分析対象から中国ローカルのオフショアリング企業が抜け落ちることになる。

　金堅敏（2005）は中国に所在する日系のソフトウエア企業5社，ローカル・ソフトウエア企業1社の6社の事例を検討して，直接投資まで含めてオフショア開発において成功するための発注側の要因を検討している。そこで，より上流工程からの発注，ラボ形式[4]の契約，漸進的なビジネスの展開，契約，開発手法における「暗黙の了解」の明示化，オフショア開発に出す業務の基準や体制の整備などを指摘している。ただし事例の検討とこれらの結論が明確に対応しているとはいえない部分もある。

　さらに古谷（2008）は中国東北部のソフトウエア企業におけるオフショア開発の詳細な事例研究を通じて，設計情報の伝達という観点からオフショア開発体制の類型化を行っている。その結果プロジェクト・マネージャーやプロジェクト・リーダーから「設計情報伝達機能」を分離した「ブリッジSE」[5]方式，日本で行われる詳細設計の段階から中国人ソフトウエア・エンジニアが参加し，詳細設計が終了すると中国に帰国しプログラミングを行う「渡り鳥プロジェクトマネージャー」，前の両者のように特定のエンジニアを配置するのではなく，設計情報の伝達にルールを設けている「ソフトウェア工場」方式の3タイプを抽出している。これにもいくつか問題がある。第1は，前提としてプログラミング工程以降をオフショア開発の対象としていることである。対象とする工程が拡大すれば，当然開発体制は異なったものになる。第2は，この3つの方式の違いがなぜ，生まれるのかの説明がなされていない。また3つの方式は各企業事例の検討から導き出されているが，当然のことながら同一の企業においても異なった方式が採用されている可能性につい

ても言及すべきである。第3に，ブリッジSEとは別に「窓口SE」と呼ぶエンジニアについて言及しているが，「設計情報伝達機能」に着目するなら，この窓口SEも実態としてはブリッジSEではないかという疑問が生じる。また第4にプロジェクト・マネージャーやプロジェクト・リーダーから「設計情報伝達機能」を分離した「ブリッジSE」方式が，どれほど普遍性を持つものなのかも疑問である。

また中国のソフトウエア産業の労働市場について兪家文・張健・梁昌勇（2007）は，「オリーブ型構造」と指摘している。つまり「高級人材」であるシステムアナリスト，プロジェクト・マネージャーが不足すると同時に下流部分のプログラマ，コーダーなども，きわめて不足している状況にあるとしている。しかし後に見るようにソフトウエア・エンジニアの供給を示すデータ，事例から見ると，これには疑問が残る。

許海珠（2005）[6]は北京市では中流部分を担える人材が供給過剰であり，上流部分を担える人材は依然不足の状況であると指摘した。ソフトウエア・エンジニアの供給過剰を指摘したのは肯定できるが，それは後に詳しく述べるように多くはプログラマクラスの初級のソフトウエア・エンジニアであり，「中流部分を担える人材」であるとすることには疑問がある。逆に事例を含む日系ソフトウエア企業，あるいはローカル・ソフトウエア企業のいずれも中堅ソフトウエア・エンジニアの不足を指摘しているのである。

梅澤（2005）は北京市における4社の日系ソフトウエア企業，ローカル・ソフトウエア企業の事例を取り上げ，「ブリッジSE」の重要性，中堅のソフトウエア・エンジニアの不足を指摘した。それと同時に「完全なオフショア開発」は非常に難しいか，またはあり得ないことを指摘した。つまりこのオフショア開発においても，何らかの形でソフトウエア・エンジニアの移動が必要となるとした。この議論をさらに発展させて梅澤（2007）は，中国ローカル・ソフトウエア企業を事例に取り上げ，オフショア開発とオンサイト開発が混合した「オン・オフサイト開発（On-Off site Development）」が，ソフトウエア開発の国際分業の高度化，つまり受注の上流工程のシフトととも

に出現していると結論づけた。ただし梅澤（2005），梅澤（2007）も，その背景にある人的資源管理について論じているとはいえ，ソフトウエア開発の国際分業と人的資源管理との関連性を充分に論じているとはいえない。

以下では中国のソフトウエア産業の労働市場の現状とオフショア開発の変化，それに伴い必要とされるソフトウエア・エンジニアとその人的資源管理システムの問題点を検討する。

そのため本章では，北京市の日系ソフトウエア企業を事例として取り上げ，次の仮説を検証する。

仮説1：初級レベルのソフトウエア・エンジニアは充分に供給されており，供給過剰である。
仮説2：日中間のソフトウエア開発の国際分業において在中国日系ソフトウエア企業が受注し，担当する工程は，プログラミング工程からソフトウエア開発工程のより上方に拡大している。
仮説3：この結果より，上流工程はオンサイト開発で行われることが多くなり，オンサイト開発とオフショア開発の混合した開発形態である「オン・オフサイト開発」の形態をとる。
仮説4：またこのため，より上流工程を担当できるスキルの高いソフトウエア・エンジニアが必要となるが，このソフトウエア・エンジニアは不足している。
仮説5：しかしながら日系ソフトウエア企業はよりスキルの高いソフトウエア・エンジニアを育成，定着させる人的資源管理の諸施策では必ずしも成功していない。

以上の仮説を北京市のソフトウエア産業の状況および日系ソフトウエア企業の事例の検討を通じて検証したい。

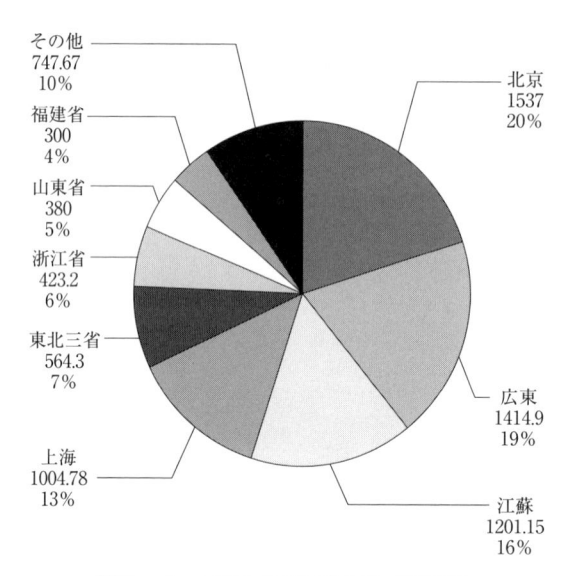

図9-1 ソフトウエア売上高（地域別）

注：高洪波の作成による。吉林省，黒竜江省は以下より推計した。
　　吉林省軟件業2008年銷售額達112億（吉林省のソフトウエア産業の売上高は112億元に達した。http://www.csip.org.cn/news/184.html
　　預計2008年黒龍江省軟件及服務外包業務収入達80億元（予測2008年黒竜江省のソフトウエアおよびアウトソーシングの売上高は80億元に達する）http://www.ccgp.gov.cn/gysh/itch/software/market/821106.shtml
出所：中国軟件協会（2009），および東北三省のうち黒竜江省，吉林省はウェブサイトのデータより作成。

3．北京市ソフトウエア産業の状況

　2008年現在，中国のソフトウエア産業の売上高は7,573億元に達している。2001年には796億元だったので，この間に10倍近く拡大したことになる。実際年率で見ると20％から30％の成長を見せている[7]。

　これを地域別に見ると北京市のソフトウエアの売上高が，中国全体では最も多く全体の20％を占めている。それに続くのが広東省の19％，江蘇省の16％，上海市の13％である（図9-1参照）。

　図9-1で見たように北京市は中国全体のソフトウエアの売上高の20％

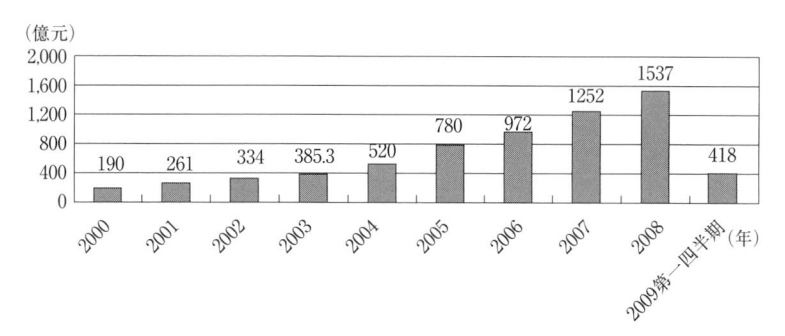

図9－2　北京市ソフトウエア・情報サービス業営業収入規模

出所：北京ソフトウエア産業促進センター（2009），p.14。

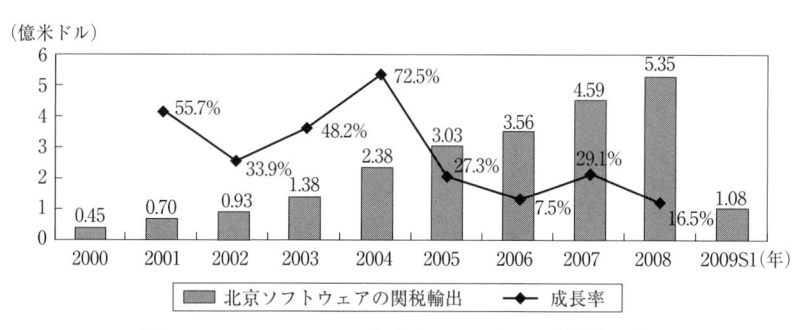

図9－3　2000－2007年北京ソフトウエア税関輸出高

出所：北京ソフトウエア産業促進センター（2008），p.24。

でトップを占めているが，図9－2は，その北京市のソフトウエア・情報サービスの売上高の推移を見たものである。中国全体と同様に急速に売上高が拡大していることが分かる。2001年には261億元であったものが，2008年には1537億元となり5倍以上に拡大している。図9－3は税関ベースのソフトウエア輸出高を見たものであるが，北京市では2001年のソフトウエア輸出は7,000万ドルであったが，2007年には5億3,500万ドルにまで拡大している。つまり7倍強に拡大したことになる。

北京ではこのように急速にソフトウエア輸出が拡大しているが，その輸出

表9－1　北京市のソフトウェア輸出先

番号	国家・地域	輸出高（億米ドル）	割合（％）	同期比増加率（％）
1	日本	2.88	53.81	10.11
2	米国	0.99	18.60	33.94
3	香港	0.83	16.50	4.36
4	台湾省	0.14	2.62	128.48
5	カナダ	0.12	2.25	115.86
6	カイマン群島	0.08	1.57	－
7	イギリス	0.08	1.44	－38.21
8	アイルランド	0.04	0.83	－28.20
9	韓国	0.02	0.42	29.28
10	イギリス領ヴァージン諸島	0.02	0.36	－

出所：北京ソフトウェア産業促進センター（2009），p.25。

先を見ると53.81％が日本向けであり，アメリカは18.60％，香港16.50％で，日本向けのソフトウエア輸出が半分以上を占めているのである（表9－1参照）。

北京市のソフトウエア輸出の大半は日本向けが占めているが，その推移を見ると2001年には4,700万ドルであったものが，2008年には2億8,800万ドルと急激な成長をしている[8]。

時期は若干ずれるが，2007年度，北京市のソフトウエア企業で輸出額が1,000万ドル以上の企業のリストでは，10社のうち欧米向け2社と台湾向け1社を除く7社はいずれも日本が主な顧客となっている[9]。

この北京市のソフトウエア産業は中国のソフトウエア産業を支える重要な柱に育っている。それを支える人材の規模は24万5,000人である。この人材の規模は2005年までは伸び率は前年比20％から30％であったが，2006年より増加率は低下傾向が見られる（図9－4参照）。

このような北京市のソフトウエア産業の急速な発展を支えているのが，多様な人材の供給源である。北京市の大学本科（4年制），専科（3年制）の理工系の学生だけで56万8,000人の在学生がいる。大学院を持つ52の大学

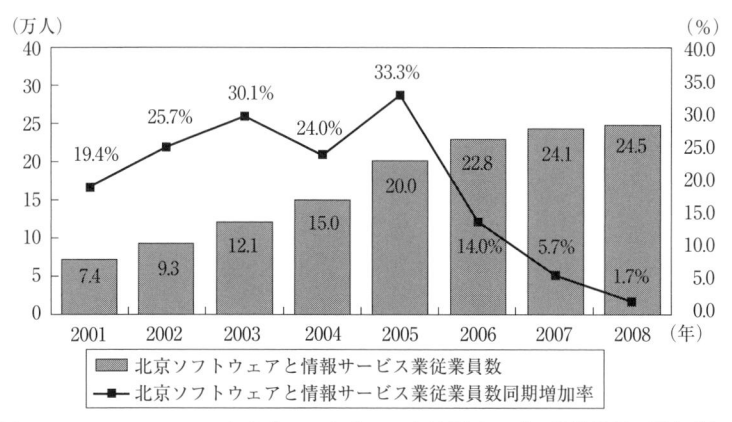

図9－4　2001－2008年北京ソフトウエアと情報サービス業従業員の増加状況

出所：北京ソフトウエア産業促進センター（2009），p.20。

と118の研究機関があり，18万7,000人が在籍している。理工系の研究機関に所属するものも40万8,000人いる。これらが北京市の人材の有力な供給源になる大学生は56万8,000人で，本科と専科の割合は不明だが，すべて4年の本科生とすると年間14万2,000人の卒業生が供給されることになる。また大学院生は修士課程（3年制）の学生と博士課程の学生の割合は不明だが，すべて修士課程の学生とすると6万2,000人の卒業生が供給され，学部卒業生と合わせると約20万人もの新卒者が北京市に所在する大学，研究機関から毎年供給されることになる。もちろんこれらの新卒者のすべてが北京市のソフトウエア産業での就職を目指すわけではないが，北京市に立地するソフトウエア産業が，これら新卒者にとって魅力的であることは間違いない[10]。そのため他の地方の卒業生も北京市のソフトウエア産業への就職を目指す。しかしながら前に見たように成長しているとはいえ北京市のソフトウエア産業の従業者の規模は24万5,000人でしかない。他方北京市におけるソフトウエア・エンジニアへの需要についてのデータはない。しかし図9－4に見るように，2005年までは20～30％の伸びを見せていた従業員数も，景気の後退の影響があるとはいえ，2007年には5.7％，2008年には1.7％に

(万人)

	2003年	2004年	2005年	2006年	2007年
全市科学研究人員	27.4	29	34	45	40.8
大学院生在校生	12	14.4	16.5	17.8	18.7
大学,学院在校生	45.7	50	53.7	55.5	56.8

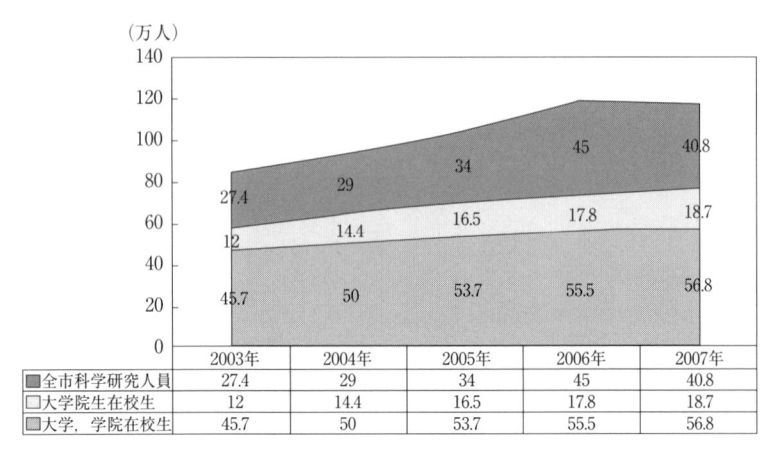

図9-5　北京市のソフトウエア・エンジニアの供給源

出所：中国務外包（2009），p.101。

落ち込んでいる。そのため北京市のソフトウエア産業では，ソフトウエア・エンジニアは供給過剰にある可能性が高い。

また後に事例で見るように，これら大学，大学院を卒業あるいは修了したとしても，ソフトウエア・エンジニアとして即戦力になれるわけではない。たとえソフトウエア学院（大学ないし大学院・修士課程）を卒業したとしても，ソフトウエア企業ではプログラマとして入職するのであり，「ソフトウエア開発の中流部分」を担う人材としてではない。この意味で大学の教育と企業側のニーズのギャップは，ソフトウエア学院の卒業者や大学でコンピュータサイエンスを専攻した者についても存在する。

4．北京市における日系ソフトウエア企業の事例

（1）Ａ社の事例[11]

1）会社の概要

Ａ社は1992年に北京に設立された日系企業である。設立当初は日本企業

の単独出資が認められていなかったので，中国の政府系企業との合弁企業という形態をとった。資本構成は当初から中国側49％，日本側が電機メーカーである親会社，X社とその中国法人の出資が51％である。この資本構成は現在でも変わらない。同社は当初，ソフトウエア開発を主要業務として設立されたが，その後一時期ハードウエア製造も行っていた。しかしその後ハードウエア部門からは撤退し，現在では再びソフトウエア開発を主要業務としている。中国がWTOに加盟した2001年前後に操業を開始した日系ソフトウエア企業が多い中では，同社は比較的早い時期に中国に進出したといえる。2007年度の売上高は8,100万元（約12億円）である。

2）業務と組織体制

A社はソフトウエア開発を主要業務として設立されたが，すでに述べたように一時期はハードウエアの製造販売も手がけ，現在ではソフトウエア開発業務，特にオフショア開発に集中している。2003年には同社は中国の「国家重点ソフトウエア企業」[12]にも認定されている。またCMMIレベル3[13]の認証を2005年に取得して，現在はレベル4，レベル5の認証取得に向けて活動している。

A社の従業員数は380人，これ以外に協力会社10社程度から60人程のエンジニアを受け入れている。

A社の組織体制では総経理は日本側，副総経理そしてその下のシステム開発本部長は中国側が出している。さらにその下に9つの部門がある。システム開発本部が直接ソフトウエア開発を担当するが，ここには6つの部が設けられている。つまり，「第1システム部」「第2システム部」「第3システム部」「第4システム部」「組込ソフト開発部」そして「日本支社」である。「第1システム部」は流通，金融関連のソフトウエア開発，パッケージ開発を主に行っている。「第2システム部」は公共向けのソフトウエア開発を行っており，「第3システム部」は中国国内向けのATM関連のソフトウエア開発を行っている。「第4システム部」は電力，ガス産業向けの制御分野のソフ

トウエア開発を行っている。「組込ソフト開発部」は自動車などの組込み系のソフトウエア開発を行っている。システム開発本部にはこれら5つの部の他に直属のソフトウエア・エンジニアがおり，これはソフトウエア開発の生産性向上のツールおよび中国向けのソフトウエア開発に従事している。

また日本支社の支社長は日本人がつとめているが，これ以外の直接部門の部長職はすべて中国側が占めている。

総経理の下に「管理部」があるが，この部長は日本側が出している。さらに副総経理の下には「品質工程管理部」と「技術部」の2つの部がある。「品質工程管理部」はもちろん品質管理，工程管理を担当しているが，所属している従業員は6人で，この部の部長は日本人である。「技術部」は，同社の情報インフラの整備，ならびに技術教育，技術営業を担当し，所属している従業員は5人で，部長は中国人である。以上のようにA社の日本人派遣者は非常に少なく，中国に駐在する日本人は3人であり，日本支社長を含めても4人に過ぎない。

なお董事会の構成は董事長と董事1人が中国側，副董事長と董事2人が日本側という構成である。

3）3つのオフショア開発体制

同社は一部の業務を除いて日本向けのソフトウエア開発，つまりオフショア開発に特化している。また顧客は日本の親会社であるX社あるいはそのグループからの発注が主体となっている。同社にオフショア開発として発注するかどうかの権限は，親会社あるいは同グループの部長あるいは課長にある。このほか従来から日本の親会社に発注して，その開発体制に慣れている企業からのA社への直接発注も若干ある。この場合にはエンドユーザーからの発注ということになる。

同社のオフショア開発は3つの形態に分かれる。第1は新規の案件の場合である。この場合は，発注者に北京の同社まで来てもらい，開発者と顔を会わせて直接，仕様等の説明をする。

第2は一度開発した経験のある案件の場合である。この場合には北京の同社から「ブリッジSE」を日本に派遣し，機能設計[14]，あるいは場合によっては基本設計[15]の段階から参加する。その後「ブリッジSE」は中国に戻りプログラミングが行われる。

　第3は日本の親会社が開発販売しているパッケージソフトウエアのバージョンアップなどの場合である。これは今まで長く手がけているものなので，仕様書が日本から送られてくるだけで対応が可能である。

　オフショア開発ではプログラミングを行う中国側に疑問点が発生した場合，質問票が作成される。さらにプログラミング途中で生じた疑問点はQA一覧票あるいは懸案事項一覧として，プロジェクト・リーダー，サブリーダーがまとめて質問が重複しないようにチェックしている。それを日本側の窓口に送り，後に回答が送られてくる。

　なおこれらのソフトウエア開発等では，やり取りおよび文書はすべて日本語で行われる。同社では日本語能力検定3級以上を持つものが90％以上である。日本語能力検定1級が58人で17.2％，2級が114人で33.7％，3級が135人で40.0％である。

　開発期間は2カ月から3カ月で，20人月から30人月の比較的規模の小さい開発が多い。

　2007年度の実績は，機能設計等の上流工程の受注が全体の16％である。詳細設計からコーデングが最も多く64％，コーデングからテストが20％である。これは請負業務であるが，これ以外に同社では日本の親会社との間でラボ契約を結んでいる。金融系のラボ契約が30人月，ソフトウエア開発ではないが財務会計向けソフトの問い合わせ業務（コールセンター業務）が3人月である。

　4）人材の調達，育成等

　2008年7月には新卒者は，80人が入社した。ほぼ100％，大学本科のコンピュータ関連学部の卒業生である。大学院卒業者はステップアップ意識が

強く定着が悪いので，学部卒業者，特に新卒を採用の中心にしている。新卒者を採用の中心としているのは2つの理由からである。第1に，中途採用者には技術力はあるが，日本語能力に問題があるために同社の職位であるUnit Leaderに格付けすることが難しく，その結果離職してしまうためである。

第2に，技術力があり，日本語の運用能力のある中途採用者の場合，要求する賃金水準が高く，既存の同社の賃金体系と整合性がとれなくなるためである。

以上の2つの理由によりA社では新卒者の採用を重視している。新卒者の地域は北京に限らず西安，天津，大連などに広がっている。大学本科新卒の初任給は月額2,500元で，これ以外に平均4カ月の賞与が支給される。

職位は図9－6に示すように，新卒者の場合最初「担当者」に格付けされ次に「PL（プロジェクト・リーダー）」「高級技師」「Unit Leader（ユニット・リーダー）」「主任技師」「GL（課長：グループ・リーダー）」「部長」と職位が設定されている。担当者からUnit Leaderまで平均で4～5年，GLまでは7～8年，部長までは12年程度かかる。現在同社には9つの部署があるが，すでに述べたように管理部，日本支社，品質工程管理部以外の6つの部ではいずれも部長は中国人である。もちろんこの昇進には人事考課の結果が参考とされており，年1回昇進昇格のための人事考課が実施されている。この際重視されるのは実績と技術力である。担当者の場合，第一次考課者は課長であるグループ・リーダーが行う。

また賞与に関する評価は四半期ごとに行われ，これは業績，すなわち3カ月間の作業量が評価の対象となる。この評価は部長が行う。

A社は従業員の教育に力を入れている。新人教育では導入教育として2週間，同社の規則，開発標準，コボルの入門教育，マナー教育を行う。この研修は，同社の開発標準や基本的スキルを習得させ，日本文化を理解させることを目指している。

さらに新人教育では日本語初級教育が2カ月にわたって行われ，最終的には日本語能力検定3級を90％が取得することを目的としている。その後各

```
                              ┌─── 部長
                              │     ↑
                              │ グループ・リーダー
                              │     ↑
                       ┌──    │  主任技師
                       │      │     ↑
            ┌──  12年  │ 7-8年│ ユニット・リーダー
            │          │      │     ↑
            │          │ 4-5年│  高級技師
            │          │      │     ↑
            │          │      │ プロジェクト・リーダー
            │          │      │     ↑
            └──        └──    └── 担当者
```

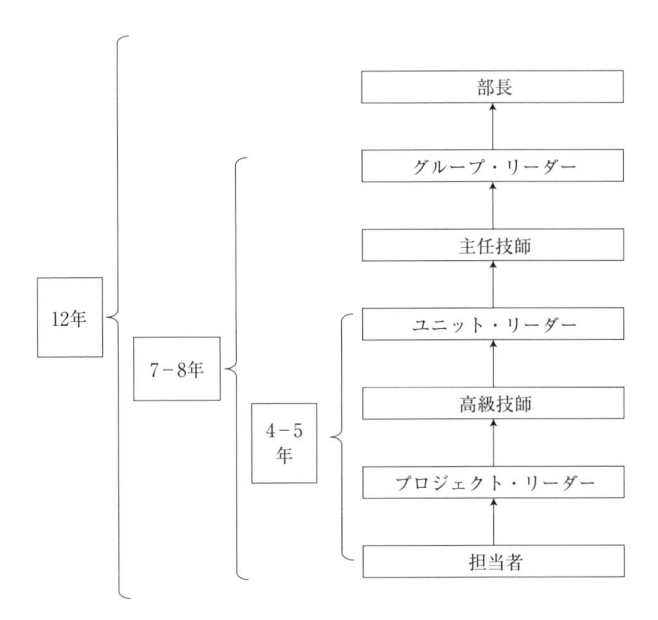

図9－6　職位と平均昇進年数

出所：聞き取りより作成。

　部門に配属されて6カ月間はOJT教育の期間である。この期間には1対1で指導員をつけてOJT教育を実施し，日本語による研修成果の発表もある。この期間に同社の開発手法，企業文化を身につけることが目的となっている。
　中堅クラスの教育では日本語と技術教育が柱になっている。つまり日本語能力アップのために，日本語中級・会話コースを設定し，日本語能力検定2級の合格者を50％～55％に上げることを目標としている。さらに日本語の会話能力の向上も目指している。またソフトウエア・エンジニアの開発技術力を高めるために日本の親会社のe-Learningシステムを利用して業務知識や開発技法の取得するよう支援している。その他専門技術講座としコンピュータ言語であるJavaなどの講座がある。さらに情報処理技術者資格模擬試験を実施している。以上により現在中級以上の資格を持つものが120名に達している。

またリーダーおよび管理者教育がある。同社内教育としては新任の部長，グループ・リーダー，ユニット・リーダーの階層別教育がある。階層別の合宿教育が行われている。

プロジェクトマネジメント教育も行われており，日本の親会社のプロジェクトマネジメント資格等の取得が奨励されている。日本の親会社グループの合同教育である部長研修，管理者教育も用意されている。

5）定着対策と新労働契約法への対応

同社の離職率は，2007年は7〜8％であったが，2008年は15％程度である。この増加は後に述べることが背景にある。同社は従業員の定着対策あるいは帰属意識を高めるために4つのことを中心に行っている。第1は経営の状況を従業員に知らせるために年2回事業説明会を開催している。第2に新年会，懇親会などを実施している。第3に年に1回優秀プロジェクトの表彰を行っている。これは個人ではなくあくまでグループとして表彰している。第4に「段飛び社員面談」を年に1回行っている。これは直属の上司を飛び越してその上の上司との面談の場を持つ。第3の優秀プロジェクト表彰と「段飛び社員面談」は同社が推し進める「良い会社運動」の一環として行われている。

2008年より新労働契約法（詳しくは第5章参照）が導入されたが，その影響は同社ではそれほど大きなものではなかった。従来の労働契約法では契約期間が完了する以前に離職した場合には年収の半分程を従業員が離職した会社に払わなければならないというペナルティーがあった。しかし今回の新労働契約法ではそのペナルティーが廃止された。そのため前に述べたように同社の離職率が上昇したと思われる。

新労働契約法では有期雇用契約を2回更新したら3回目からは正規従業員として雇用契約をしなければならなくなった[16]。そのため同社ではこれまで有期契約期間を3年としていたが，それを5年に改めた。その結果5年の有期契約を2回更新して10年経ったところで正規従業員を選抜することにした。

また従来は法定年次有給休暇はなかったが，今回の新労働契約法で導入された。この年次有給休暇が未消化の場合には，日割り給与の3倍で会社側が買い取らなければならない。このため同社では年次有給休暇の消化状況を毎月チェックしている。
　正規従業員として労働契約を結ぶのを避けるために「派遣」の割合を高めようとする企業もあるが，同社はその方針はとらない。確かにプログラミングだけに特化するのであれば派遣を受け入れるメリットはあるが，同社は受注する工程をより上流工程にシフトしようとしている。そのためにはコアの部分は自社の従業員が担当することが必要である。受注量の変動については外注で充分に十分対応できるという。

6）今後の課題と方針
　現在の課題は2つある。第1は，すでに述べように現在のところ，A社が受注しているのは詳細設計とプログラミングが大半を占めているが，これをより上流の基本設計からの受注にすることである。現在では上流工程からの受注は16％だが，2012年には40％を目指している。
　第2は，現在，同社は北京に立地しているが，北京以外の地方に拠点を設けることを検討している。

（2）B社の事例

1）会社の概要
　日本の大手ソフトウエア企業，Y社と中国の北京に所在する大学および北京市の政府機関が出資して1989年に日本法人としてB・JAPAN社が設立された。B・JAPAN社の資本金は1億5,000万円であり，このうちY社の出資比率が73％，残りを中国の大学および政府機関が出資している。さらにB・JAPAN社が100％出資する形で，1992年に資本金1億5,000万円で北京に設立されたのがB社で，そのためY社から見るとB社は孫会社にあたる。他の日系ソフトウエア企業と比較するとかなり早い時期に中国に進出

したソフトウエア企業といえる。2007年度の売上高は約3,600万元（約5億3,000万円）である。B社には現在，董事長，総経理の2名を含む4名の日本人派遣者がいる。

2）業務と組織体制

B社の日本向けのオフショア開発は売上高の97％を占めている。このうち親会社であるY社からの発注が60％であり，37％はB社が直接，日本の顧客から受注している。また3％は中国国内の日本法人からB社が直接受注したものである。2007年に中国の「国家重点ソフトウエア企業」に指定され，また同年にはCMMIのレベル3を取得している。

B社の従業員は，2008年現在258人で，このうち200人は北京，58人が後に述べるように西安で勤務している。このうち管理部門は10人程度で残りはすべて技術者である。2010年度には400人規模を目指している。同社の組織体制は，事業統括本部の下に「第1事業部」「第2事業部」「第3事業部」そして西安に「西安開発センター」がある。それぞれの部門には60名程度のソフトウエア・エンジニアが所属している。B社には従来から西安開発センターが所在したが，親会社であるY社が日本国内でYA社と合併したため，YA社の西安の事業所と統合して新たな「西安開発センター」として再発足した。「第1事業部」はラボ契約で，もっぱらY社向けの業務に従事している。ラボ契約の場合は仕事の有無にかかわらず顧客の要望によりあらかじめ一定数のエンジニアを確保しておくものであり，「単価」は低く抑えられるが同社にとっては安定的に売り上げを確保できるというメリットがある。

「第2事業部」は通常の請負契約に基づくオフショア開発を行っており，これも親会社が発注主である。「第3事業部」は親会社以外の顧客のオフショア開発を受注しており，ここには中国に所在する日系企業からのソフトウエア開発も一部含まれている。北京本社がより上流工程を担当するのに対して「西安開発センター」は製造分野および通信系分野のコーディングといっ

たソフトウエア開発に特化している。

「技術統括室」「品質管理室」「設計管理室」の3部門には少人数が配置されている。B社では外注として30人程度のソフトウエア・エンジニアを4～5社から受け入れている。

この他B社には関連会社として，2000年に80％を出資したBa社が天津に所在している。同社は30人規模である。またコンピュータグラフックス（CG）関連の教育事業とCGの制作，受託を目指すBb社も，まだ小規模であるが天津に立地している。

なおB社の親会社にあたる日本法人のB・JAPAN社は30人規模のソフトウエア・エンジニアを擁しており，Y社の各ソフトウエア開発プロジェクトに配置されている。ただしこのB・JAPAN社の中国人ソフトウエア・エンジニアが配置されているソフトウエア開発がすべてB社にオフショア開発として発注されるとは限らない。

3）ソフトウエア開発体制

B社の業務のほとんどは日本向けのソフトウエア開発である。この日本向けソフトウエア開発は中国人ソフトウエア・エンジニアが日本でソフトウエア開発に従事するオンサイト開発と中国国内でその開発に従事するオフショア開発の2つに分かれる。B社の売上高に占める割合はオフショア開発が4分の3，オンサイト開発が4分の1である。ラボ契約か請負契約かで見るとラボ契約が4分の1強になっている。

ただし注意しなければならないのはオフショア開発とオンサイト開発は必ずしもまったく別のソフトウエア開発プロジェクトを意味しているのではない。つまり1つのソフトウエア開発プロジェクトにおいて上流工程の設計段階は顧客と情報交換などが必要なことからオンサイト開発で行い，プログラミングの段階は中国国内でオフショア開発として行われることが多い[17]。そのためにB社では「設計オンサイト要員の育成」を目標としている[18]。

同社ではソフトウエア開発は詳細設計からプログラミング，テストの段階

のオフショア開発の受注が多い。しかしさらに上流工程である機能設計[19]から受注する場合にはすでに述べたようにこの部分はオンサイト開発で行い，同社あるいはB・JAPAN社のソフトウエア・エンジニアが日本の客先に常駐することが多い。このソフトウエア・エンジニアは機能設計に参加するほかQ&Aのサポート，詳細設計の調整などを行う。

　他方中国のB社では，詳細設計以降の工程を担当するためにプロジェクトマネージャー（PM）以下，画面帳票といった機能ごとにプロジェクトリーダ（PL）を置き，その下にシステムエンジニア，プログラマが配置されている。B社には「ブリッジSE」の名称はあるが，それはあくまでB社側のプロジェクトチームにいるPLあるいはSEの1名ないしは複数名と，日本の顧客先に常駐している同社のSEとの間でQ&Aやその他調整を行う役割を指している。つまり同社には「ブリッジSE」というソフトウエア・エンジニアや職名は存在せず，それはSEやPLの役割の一部と考えられているのである（図9-7，図9-8参照）。

　以上は機能設計あるいは詳細設計からの受注の場合である。同社では詳細設計，プログラミングの受注から，より上流工程である機能設計の受注をさらに拡大しようとしているが，それよりさらに上流工程である基本設計，要件定義の段階からの受注も目指している。同社ではプログラミング工程も多く受注している。この場合も詳細設計が日本側できちんと行われていれば，「ブリッジSE」の役割は不必要になる。

　同社では社内使用言語は日本語としているので，これら開発工程のすべては日本語で行われる。B社では日本語能力検定2級以上が80名であり，日本語の仕様書を読めるものが250名，日本語の仕様書を書けるソフトウエア・エンジニアが160人である。

　開発規模は，ラボ契約の場合は別として100人月規模の比較的小規模の開発が多い。

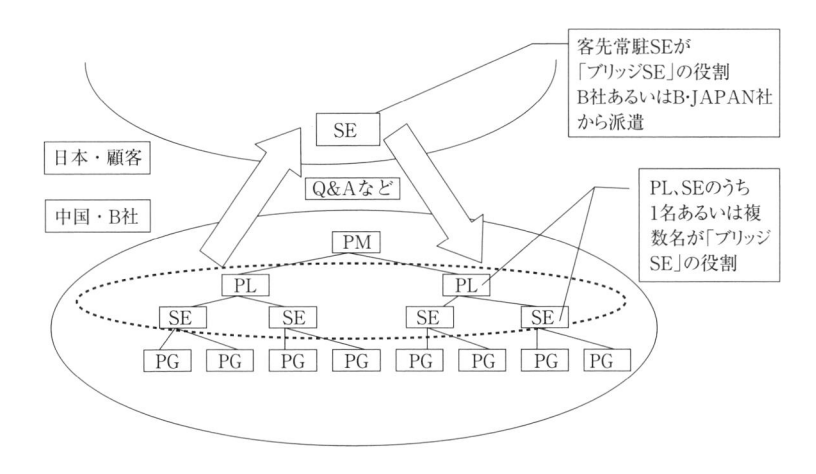

図9-7　オフショア開発体制

出所：聞き取りより作成。

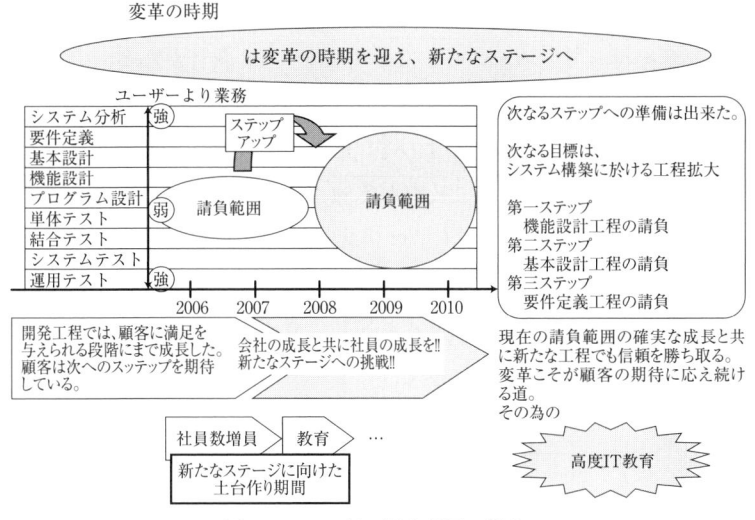

図9-8　B社の請負範囲の拡大

出所：B社提供資料，一部修正。

4) 人材の調達, 育成等

2008年7月に北京では31人, 西安では15人が入社した。これはすべて新卒者であり, 大学本科でコンピュータサイエンス, ソフトウエア工学などを専攻したものである。このうち2名は大学院の卒業者である。中途採用も行っているが, 中途採用の場合, 採用の条件を日本向けのオフショア開発経験が2年以上, 日本語能力検定3級以上を条件としているため, 求職者側が要求する賃金水準が高く採用は難しい。ただし西安では過去1年15人ほどのソフトウエア・エンジニアを中途採用した。

中途採用者に比べて新卒者の採用は比較的容易である。特に同社の直接の親会社であるB・JAPAN社に出資している北京の大学の卒業生が新卒者採用の主力となっており, 北京で採用した新卒者31人中20人は同大学の卒業生である。また同社の人材の調達は大学本科の新卒者が中心となっている。

新卒者の採用では特に日本語の運用能力は採用の条件としていない。そのため入社後2カ月間にわたって日本語教育を行っている。また同時に導入的な技術教育も行っている。さらに3カ月間のOJT教育がある。新卒者の教育では, 日本語およびIT日本語の教育に多くの時間が割かれ, 328時間のうち192時間, 58％が日本語およびIT日本語の教育である。ソフトウエア技術に関してはOFFJTで導入教育が実施されている。

また2008年から同社では「Jプロジェクト」を開始した。日本で3年間働くことを前提に日本語はもちろん日本の商習慣, ビジネスマナー, 日本のソフトウエア開発をOFFJT, OJTを通じて9カ月間学ぶものである。第1期生は希望者の中から14人を選抜し, 4人が修了した。さらに条件付き修了が3人であった。第2期は2009年に開始する予定である。

同社ではより上流工程を受注することを目標としているため, そのためには教育が重要と考えており, それに力を注いでいる。その一環として「Jプロジェクト」がある。

これ以外には新卒者に関してはフォローアップ研修があり, 新卒者以外に対しては前の「Jプロジェクト」以外に階層別研修, 技術教育を実施している。

課長代理以上には2カ月間にわたって「顧客主義」、「管理者の心得」などの教育が行われている。

昇進昇格は毎年4月に行われる。昇進昇格の考課要素は顕在能力、潜在能力、人格、チームワークなどであり、これらの基準は従業員に公開されている。各職位の滞留年数3年である。速く昇進させないと離職してしまうために、課長代理までに昇進する期間は6年強である（図9-9参照）。

5）定着対策と新労働契約法への対応

B社の離職率は15％である。ただし管理職で退職したのは過去2年間で1名である。つまり管理職より下位のソフトウエア・エンジニアの離職率が比較的高いということになる。同社では雇用契約は3年であるが、特にこの最初の雇用契約期間が終了した直後に離職するのをいかに防ぐかが課題となっている。また北京以外の地方出身者は、北京の戸籍を取得すると離職する傾向がある。同社としては優秀なソフトウエア・エンジニアには長期間働い

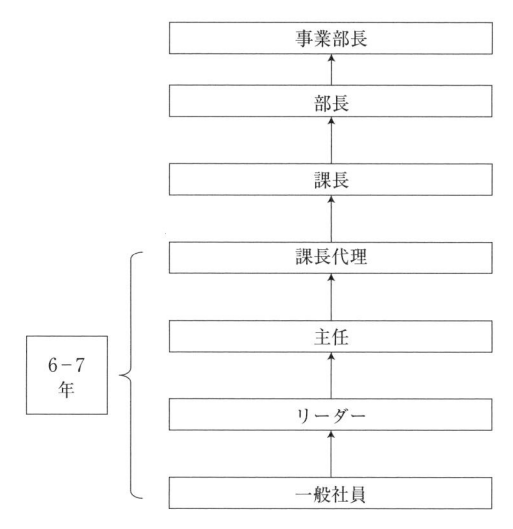

```
事業部長
  ↑
 部長
  ↑
 課長
  ↑
課長代理  ┐
  ↑     │
 主任    │ 6-7年
  ↑     │
リーダー  │
  ↑     │
一般社員  ┘
```

図9-9　職位と平均昇進年数

出所：聞き取りより作成。

て欲しいと考えている。そのための定着対策の一環が比較的速く課長代理に昇進させることである。さらに前に述べた「Jプロジェクト」も定着対策の1つと見ることもできる。

さらに管理職を除く若手ソフトウエア・エンジニアの集まりである青年委員会を組織し，サッカー，バトミントン，バスケットボールなどのスポーツを実施している。これ以外にマナーモラル向上委員会，社内美化委員会が組織されている。このような委員会活動やスポーツ大会の実施を通じて会社への一体感を醸成しょうとしているのである。

新労働契約法の施行では特に同社は大きな影響を受けたわけではない。もちろん就業規則等は新労働契約法に適応するように変更をしている。新労働契約法では有期雇用契約期間に，離職した場合のペナルティーは廃止された。しかし同社では従来から有期雇用契約期間中に離職してもペナルティーは課していなかったので，この点に関しての変更はない。また雇用契約期間は3年であるが，これを5年などの長期の雇用契約に変更する予定はない。また法定有給休暇が付与されるようになったが，これについては有給休暇を消化させるようにしている。

6）今後の課題と方針

B社は，形式的には日本の大手ソフトウエア企業Y社の孫会社であるが，事実上はY社の子会社といって良い。B社は子会社として自立するために親会社のY社からの受注割合を減らし，ユーザーからの直接受注をさらに増加させることが課題である。そのため「Jプロジェクト」があり，より高いスキルを持ったソフトウエア・エンジニアを育成し，より上流工程からの受注，まず最初は機能設計の段階から受注を可能にしようとしている。

このためにもソフトウエア・エンジニアの定着率を高め，B社の従業員規模の拡大を目指す必要がある。

（3）C社の事例

1）会社の概要

　C社は1989年に北京に設立されたシステムインテグレーション企業である。設立にあたっては日本の大手システムインテグレーション企業であるZ社が100％を出資した企業である。設立の翌年の1989年からオフショア開発を開始している。このことから考えてC社の設立の目的の1つとしてオフショア開発の受け皿としての役割があったと考えられる。現在の資本金は3億6,000万円，2007年度の売上高は26億円である。C社は北京に本社を置くほか，天津と上海に支社を置いている。さらにC社は関連会社として日本にC・JAPAN社を設立している。2008年CMMIレベル5を取得している。

2）業務と組織体制

　同社の業務は日本向けソフトウエア開発，つまりオフショア開発および中国国内向けパッケージ販売，システムインテグレーション事業の3つである。パッケージ販売は上海支社に集約されており，ここには85人の従業員が所属している。しかしながら同社の売り上げの9割を占めているのは，日本向けソフトウエア開発，オフショア開発である。これは北京本社と天津支社が担当している。北京本社には開発本部が設けられ，第一部から第五部が設置されている。この部は必ずしも特定の業務領域，顧客別に分かれているわけではない。ただし現在は内部設計（詳細設計）以降を中心として受注しているが，より上流工程からの受注を目指す場合には業務知識，ソフトウエア開発管理ノウハウの蓄積も必要になるため，今後はある程度人員を一定の部門に固定することが必要となる。

　この他北京本社には人材開発室，品質管理部などオフショア開発をサポートする部門が設置されている。北京本社には間接部門も含めて376人，天津支社には116人が所属している。以上合計するとC社は中国国内で577人

の従業員を要している。

北京地域で人材のコストが上昇しているため，地方展開の一環として北京に比較的近い天津に支社を設置した。

日本法人であるC・JAPAN社には62人のソフトウエア・エンジニアが所属している。これらのエンジニアの多くは客先に常駐している。

なお外注先ソフトウエア企業は30社で，恒常的に取引があるのはそのうちの10社程度であるが，月平均200人月程度を外注している。

3）ソフトウエア開発体制

C社への発注元は大手ソフトウエア企業のZ社およびそのグループ企業が80％，残り20％は日本のその他のソフトウエア企業およびエンドユーザーである。

C社は日本向けオフショア開発を業務の主体としているが，その多くは内部設計およびプログラミング工程の受注である。同社のオフショア開発の受注の70％がこの段階の受注である（図9－10参照）。

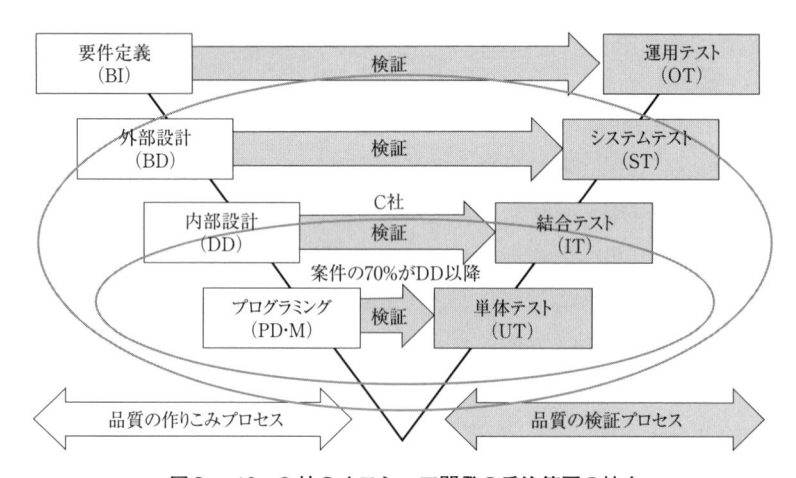

図9－10　C社のオフショア開発の受注範囲の拡大

出所：C社提供資料。

親会社であるZ社あるいはそのグループ企業では，プログラミングはほとんど内製せずに，外部に発注している。そして外注化の判断と決定はプロジェクト・リーダーが持っている。そのためC社における，日本からの受注の流れは，次の通りである。なお以下のC社およびC・JAPAN社のソフトウエア・エンジニアはすべて中国人エンジニアである。

　①親会社であるZ社のプロジェクト・リーダーにC・JAPAN社の営業担当者が交渉し，C社に発注が決定される。②次にC社あるいはC・JAPAN社のソフトウエア・エンジニアが仕様を一緒に検討し，その内容を把握し，外部設計（基本設計・概要設計）が行われる。この際要件定義，外部設計にC社あるいはC・JAPAN社のソフトウエア・エンジニアに要件定義や外部設計を担当する能力があれば，正式なメンバーとして参加する。メンバーとして参加すれば当然，料金が発生することになる。それらの能力が不足あるいはコスト等の理由からオブザーバーで参加する場合もある。オブザーバーとしての参加は，要件定義，外部設計の段階から関与することで，そのソフトウエアの開発意図を良く理解し，内部設計，プログラミングでのミスを防ぐことができるためである。③それが完了した時点で親会社とC社の間で請負契約が結ばれる。④C・JAPAN社のソフトウエア・エンジニアが北京に来るか，C社のソフトウエア・エンジニアが帰国して，その内容を説明し，詳細設計さらにプログラミング行われる。⑤プログラミングが完了するとソフトウエアが親会社に引き渡され，親会社でテストが行われる。

　この流れは親会社以外の顧客の場合でも，基本的に同じである。C社ではプログラミング上の誤りは，多くは仕様を理解する上での誤りにあると考えている。このため仕様を決める段階からのC社あるいはC・JAPAN社のソフトウエア・エンジニアが参加することは，この誤りを防ぐためには大きな効果があるという[20]。

　親会社のZ社は優先的にC社に業務を発注しているわけではないので，C・JAPAN社のソフトウエア・エンジニアが担当しているソフトウエア開発であっても内部設計以降はC社に必ず発注されるとは限らない。実際C・

JAPAN 社のソフトウエア・エンジニアが担当しているソフトウエア開発のうち半分程度だけが C 社に発注されている。

つまり C・JAPAN 社のソフトウエア・エンジニアはオンサイト開発に従事しているわけであるが，2 つの場合がある。第 1 は，その設計部分のオンサイト開発が C 社の詳細設計，プログラミングのオフショア開発の受注に結びつく場合である。第 2 は，設計部分のオンサイト開発を行っているが，詳細設計以降の下流工程は C 社以外の日本国内に外注あるいは日本国外にオフショア開発として発注される場合である。

ただし C・JAPAN 社ではなく C 社のソフトウエア・エンジニアが一時的に日本で設計段階のオンサイト開発に従事する場合には，C 社に下流工程である詳細設計以降が発注されることが前提となっている。

C 社では対外的には「ブリッジ SE」の名称を用いているが，社内的には「ブリッジ SE」は存在しない。それは要件定義，外部設計に参加できる能力を持つソフトウエア・エンジニアであり，日本語の運用能力の高いソフトウエア・エンジニアを指している。

4）人材の調達，育成等

C 社は業績が順調に拡大し，また担当工程もより上流工程にシフトしていることから拡大体制を取っている。

つまり同社は 2007 年度より従業員規模を 3 年間で 3 倍，つまり 2009 年度には 800 人体制に拡大する計画を立てている。2008 年時点では予定を上回る 600 人強の体制になっている。このため 2007 年度には新卒を中心に 150 人を採用した。さらに中途採用で 50 人を採用した。

2008 年度には新卒 90 人，中途採用 150 の合計 240 人を採用する予定である。新卒者の学歴は大学本科ないしは大学院の卒業生でいずれもコンピュータ関連の分野を専攻したものである。新卒者には必ずしも日本語の運用能力を採用の条件としていない。しかし中途採用者の場合は日本語の運用能力はもちろん日本向けのソフトウエア開発の経験があることが採用の条件である。

2008年度は中途採用者を採用の中心としたのは2007年度に新卒者を多く採用し，リーダークラスが不足したため，その補充という意味がある。ただし中途採用者には前述のような条件があるため，新卒ほどには採用は容易ではない。2008年東京で開催された中国人留学生を対象とした就職フェアで中途採用者を採用しようと参加したところ，200人程の応募者があったが，一人も採用には至らなかった。ただし同社の業績が順調に拡大していること，より上流工程まで業務として行っているためスキルアップの機会が多いことが知られているため，現在必要な規模の中途採用者の採用は，中国国内で可能であると考えている。

　このように同社は大きく拡大しているために現在いるリーダークラスの教育にも力を入れており，2008年からチーム構築，チーム力強化の研修に力を入れている。この教育は社内で行うとともに，外部にも委託して行っている。

　新卒者の教育では日本語の教育が不可欠であり，入社後3カ月で日本語3級レベルに到達することを目標としている。

　さらに高度な日本語を習得させ，日本語1級，2級レベルに到達させるために，次の3つを実施している。第1は，日本語の習得に熱心なソフトウエア・エンジニアに対してはウェブを通じて6カ月間の研修を提供している。第2は日本へ出張させて日本語の能力を向上させる。第3はAOTS（財団法人海外技術者研修協会）の研修制度を利用し半年間，日本で研修を行うことである。

　同社では日本語3級レベルは仕様書・設計書が読解できるレベル，日本語2級レベルは仕様書・設計書が作成できるレベル，日本語1級は口頭コミュニケーションができるレベルと考えている。

　また人材開発室を設置し，プログラマ，サブリーダー，プロジェクト・マネージャー等の職能を定義し，その職能に必要なスキルを明らかにし，必要なスキル基準を明らかにしている。これらに基づいてOJT，OFFJTを通した研修を開始した。

新卒者で給与は毎月，3,000元以上，これは基本給4分の1，年齢給4分の1，語学給10～20％，残る技術給から構成されている。もちろん大学院修士課程の修了者の給与は大学新卒者より高い水準に設定している。つまり賃金表で大学新卒者は1級，修士課程修了者は2級に格付けされる。ただし各級に「号俸」は設定されていない。

　人事考課は昇進昇格の人事考課が年2回，賞与のための考課が年2回行われている。一般のソフトウエア・エンジニアに対しては課長，部長が評価を行う。賞与のための人事考課では一般のエンジニアでは格差を小さく，部課長レベルでは格差を大きくしている。賞与の評価では目標管理制度が導入されており，その職能に必要なスキル定義により年次目標が設定されている。

　賞与は年2回支給される。この支給は業績評価を行い，それに基づいて支給される。具体的には，計画コストと実績コストの差額がどれほど大きいかによる。もちろん計画コストより実績コストが低いほど高い評価になる。さらに同社では各ソフトウエア開発プロジェクト終了時に顧客満足度調査を行い，顧客満足度が高いほど実績評価も高くなる。プロジェクト・マネージャーが第1次評価を行い，第2次評価を事業本部長が行う。この評価の結果プロジェクト・リーダーに一定の金額が支給され，このプロジェクト・リーダーがメンバーに対して配分を行う。昇進，昇格は事業本部長が該当者の半年ほどの勤務実績を見て，抜擢人事を行うこともある[21]。

5）定着対策と新労働契約法への対応

　C社の離職率は数パーセントと非常に低い。これには同社の業績が順調に拡大していること，ソフトウエア開発のより上流工程を担当しており，ソフトウエア・エンジニアにスキルアップの機会があることが背景にある。

　新労働契約法の対応では特に大きな変化はない。雇用契約は基本的には3年であり，人により長く勤務して欲しいものには5年契約もあり，逆に2年契約もある。正規従業員としての契約を結ぶことに特に問題はない。ただ以下の2点はコストアップの要因となる。第1はこれまで退職金制度はなかっ

たが，退職金制度が導入され，そのために退職金の引当金を準備しなくてはならなくなった。

第2は有給休暇が付与されたが，この未消化率が特にリーダークラスに多く，これを買い取らねばならないことである。

　6）今後の課題と方針

現在，C社では要件定義，外部設計はオンサイト開発，内部設計，プログラミングはオフショア開発で行っている。C社の業務内容に関して今後の方針は2つある。第1は，図9－10に示しているようにより上流工程からの受注である。現在は70％が内部設計からの受注であるが，より付加価値の高い要件定義，外部設計からの受注を拡大する。

第2には，顧客の業務知識，ノウハウをさらに吸収して，要件定義，外部設計などの領域でも受注を拡大する。さらにソフトウエア開発だけでなくその保守，さらにはライフサイクル全体を業務領域にしようとしている。

5．ソフトウエア開発の国際分業と人的資源管理システム

以上，北京市のソフトウエア産業の状況と日系ソフトウエア企業3社の事例を見てきた。以上から仮説がどの程度検証できるかを検討してみよう。

第1に，第3節で見たように，北京市のソフトウエア・エンジニアの規模は24万5,000人であるのに対して，毎年20万人の大学，大学院の卒業生が北京市だけでも供給される。北京市のソフトウエア企業へは北京市の大学あるいは大学院の卒業生だけではなく，他地域の卒業生もこれに加わると考えられる。事例の日系3社のうち2社は新卒者の採用は容易だとしているし，新卒者の採用が中心となっている。C社のみは50人もの中途採用者を大量に採用しているが，新卒者はやはり150人と3倍も採用している。いずれにしても中途採用に比較すると新卒者の採用が容易だということが分かる。この背景には北京市だけで理工系で20万人の新卒者の供給があり，他方北京

市にどの程度のソフトウエア・エンジニアの需要があるかのデータはないが，以上のことを考慮すると供給過剰の状況にあることを示している。そして供給されるのはプログラマレベルであり，それ以上のスキルを持つソフトウエア・エンジニアは中途採用に頼らなければならない。

第2に，中国側の担当部分がソフトウエア開発の上流工程に拡大していることである。従来詳細設計，プログラミングという製造部分がほとんどであったが，機能設計さらには基本設計を事例の3社とも担当している。さらに今後の方針としても明確にソフトウエア開発の上流工程へシフトすることを明言している。

この背景には次のことがある。1つは，コストの問題である。日本と比較するとコストは相対的には低いとはいえ次第に上昇している。特に北京は，上海と同様賃金コストは中国の他地域に比較すれば高い。また人民元も長期的に見れば上昇トレンドにあることは間違いない。そのため，付加価値の高い工程に受注を拡大する必要がある。2つには，詳細設計，プログラミングだけではスキルアップ意識の高いソフトウエア・エンジニアの要求に応えられない。このためにも受注工程を機能設計，概要設計などの上流工程シフトさせる必要がある。

日本側にとっても発注工程の上流工程へのシフトはコストを抑え，さらにプログラミングなどの下流工程での誤りの発生を最小限にするというメリットがある。

第3に，受注工程が上流工程にシフトすると設計段階等はオンサイト開発にならざるを得ない。A社の「3つのオフショア開発体制」のうちの1つとして，「ブリッジSE」が日本に滞在し設計に参画している例が指摘されている。B社でも「1つのソフトウエア開発プロジェクにおいて上流工程の設計段階は顧客と情報交換が必要なことからオンサイト開発を行い，プログラミングの段階は中国国内でオフショア開発として行われる」として設計段階のオンサイト開発と詳細設計，プログラミング段階のオフショア開発が混合した開発形態をとることが指摘されている。

第4に，上流工程を担当できるスキルの高いソフトウエア・エンジニアの必要性の増加と，その不足という状況である。事例の日系3社はいずれもソフトウエア開発の上流工程へシフトを開始しており，今後の方針としても明確に示されている。A社やB社ではソフトウエア・エンジニアの中途採用を行うとしているが，成功はしていない。結局この2社は新卒者中心の採用戦略になっている。従来のように詳細設計，プログラミングを受注しているのであれば，新卒者中心の採用戦略でも問題はなかったかもしれない。ソフトウエア開発の上流工程からの受注となると大学・大学院等の学校教育によるソフトウエアエンジニアリングだけの知識では対処することが難しくなる。A社ではe-Learningを利用した業務知識の習得，B社は「Jプロジェクト」によって，上流工程を担当できる人材の育成をしようとしているが，どこまで成果が挙がっているのかは不明である。この点でC社ははっきりと採用戦略を変え中途採用者を50人も採用している。2008年度には新卒者と中途採用の比率は逆転し新卒90人，中途採用150人を採用しようとしている。C社はスキルの高いソフトウエア・エンジニアの不足に中途採用で応えようとしているのである。

　第5に，日系ソフトウエア企業はスキルの高いソフトウエア・エンジニアの育成，定着に必ずしも成功していない。たとえばA社では「ユニットリーダー」に4～5年，「グループ・リーダー」に7～8年，部長に昇格するには12年平均でかかる。B社でも「課長代理」に昇進するためには6～7年かかる。中国のローカル・ソフトウエア企業や欧米系ソフトウエア企業との厳密な比較が必要であるが，日系ソフトウエア企業では昇進が比較的遅いのではないかと考えられる。その結果A社，B社とも15％の離職者を出しているのである。C社では離職率は数パーセントで前の2社より低い。これはC社が他の2社より，さらにソフトウエア開発の上流工程からの受注にシフトしており，エンジニアにとっても魅力的な仕事が提供されているためでもある。またC社は，急速に規模を拡大しているので，抜擢人事も可能であり，実際実施されている。

また事例の検討を通じて，次の2点も明らかになった。

ブリッジSEは，多くの場合，プロジェクト・リーダーなどのソフトウエア・エンジニアの役割の1つであり，「ブリッジSE」が存在するは大規模ソフトウエア開発の初期の段階など限られた場合である。

新労働契約法の影響では日系ソフトウエア企業でも雇用契約の期間を延ばしたり，有給休暇の未消化に注意を払うなどのことがあった。

6．むすび

中国，北京市のソフトウエア産業の状況および日系ソフトウエア企業3社の事例の検討を通して，以下のことが検証された。

つまり「仮説1．初級レベルのソフトウエア・エンジニアは充分に供給されており，供給過剰である」は需要側のデータがないために，完全には支持されていないが，事例などからその可能性があることが示された。

「仮説2．日中間のソフトウエア開発の国際分業において日系ソフトウエア企業が受注し，担当する工程はプログラミング工程からソフトウエア開発工程のより上方に拡大している」は，事例に見るように3社とも上流工程へとシフトしているので，仮説は支持された。

「仮説3．この結果より上流工程はオンサイト開発で行われることが多くなり，オンサイト開発とオフショア開発の混合した開発形態である『オン・オフサイト開発』の形態をとる」も，事例に見るように支持された。

「仮説4．またこのため，より上流工程を担当できるスキルの高いソフトウエア・エンジニアが必要となるが，このソフトウエア・エンジニアは不足している」も，事例に示されたように支持された。

「仮説5．しかしながら日系ソフトウエア企業はよりスキルの高いソフトウエア・エンジニアを育成，定着させる人的資源管理の諸施策は必ずしも成功していない」を検証するためには，欧米系ソフトウエア企業，中国ローカル・ソフトウエア企業との厳密な比較検証が必要である。そのためこの仮説

は現在のところ，支持されたとは明確にいうことはできない。

またブリッジSEが実在する場合は非常に限られており，多くの場合はプロジェクト・リーダーなどの役割の1つとしてある。

新労働法に対しては雇用期間の延長，有給休暇の未消化への対応などを日系ソフトウエア企業はとっている。

ただし以上の結果は北京の日系ソフトウエア企業3社の検討に基づいており，当然のことながら制約がある。

付記：
　本稿は「平成21年度国士舘大学特色ある教育研究プログラム」の成果の一部である。

注：
1) ㈱情報処理推進機構（2010），p.72，2005年は調査が実施されなかった。
2) 中央大学（2009b），p.68。
3) 同上。
4) 仕事の有無にかかわらず受託先において一定に人数のソフトウエア・エンジニアを一定の期間確保しておく契約方式。
5) オンサイト開発，オフショア開発において発注主であるユーザー側と発注先の外国人エンジニアの間を取り持ち，コーディネートするエンジニア。日本と中国の場合は日本語に堪能な中国人ソフトウエア・エンジニアがこの役割を果たすことが多い。
6) 許海珠（2005），pp.166〜167。
7) 中国軟件協会（2005, 2006, 2007, 2008, 2009）による。
8) 北京市ソフトウェア産業促進センター（2009），p.26。
9) 胡青華（北京市ソフトウェア産業促進センター）（2008）。
10) 地方出身者に対して北京のソフトウエア企業に一定期間勤めれば北京の戸籍が与えられるなど特典がある。
11) 以下の事例は2008年3月および10月に北京で行った聞き取り調査に基づいている。
12) 「国家重点ソフトウエア企業」に認定されるとソフトウエアパークへの入居の企業ではなくとも所得税33％のうち23％が還付されるなどの優遇措置が受けられる。
13) CMM（Capability Maturity Model）は「能力成熟度モデル」と訳される。ソフトウエア開発などの能力を示すもので，カーネギーメロン大学で開発された。現在は各分野のCMMがCMMI（CMM Integration）に統合されている。レベル1から5まであり，レベルが高いほど，取得の要件は厳しい。
14) ソフトウエア全体をモジュールに分解しそれぞれに機能を割り当てるための設計。

15) ソフトウエアの入出力，ハードウエアとソフトウエアの組み合わせ，セキュリティーなどの設計で機能設計をこれに含むこともある。
16) 契約更新回数については2回目から正規従業員としての契約を結ばなければならないという意見もある。
17) 梅澤（2006）ではこのような設計段階におけるオンサイト開発と製造段階におけるオフショア開発の組み合わせたものをオフショア開発がより発展した形態として「オン・オフサイト開発」と呼んでいる。
18) B社提供資料。
19) 特定のソフトウエアは多くの機能を持つが，そのそれぞれの機能の内容を確定し，データの流れや前処理と後処理を明示すること。特定の機能を実現するためのロジックを示す詳細設計より前の段階に位置する。
20) この記述は一部，梅澤（2005），p.190を参照。
21) 梅澤（2005），p.187。

参考文献：
北京ソフトウェア産業促進センター『北京ソフトウェア産業発展白書2008』北京ソフトウェア産業促進センター　2008年（日本語）
北京ソフトウェア産業促進センター『北京ソフトウェア産業発展白書（抜粋）2009』北京ソフトウェア産業促進センター　2009年（日本語）
中央大学ソフトウエア・オフショアリング共同調査チーム『上海近郊におけるソフトウエア・オフショアリング企業調査報告−第1回調査概要と発注サイド企業の実態報告』「中国経済」JETRO　2008年12月
中央大学ソフトウエア・オフショアリング共同調査チーム『上海近郊におけるソフトウエア・オフショアリング企業調査報告−第2回受注サイドの実態報告（その1）』「中国経済」JETRO　2009a年1月
中央大学ソフトウエア・オフショアリング共同調査チーム『上海近郊におけるソフトウエア・オフショアリング企業調査報告−第3回受注サイドの実態報告（その2）と全体総括』「中国経済」JETRO　2009b年2月
中国軟件産業協会（CSIA）『中国軟件産業発展研究報告』（"Annual Report of China Software Industry"）（2005年版）中国軟件産業協会2005年（中国語）
中国軟件産業協会（CSIA）『中国軟件産業発展研究報告』（"Annual Report of China Software Industry"）（2006年版）中国軟件産業協会2006年（中国語）
中国軟件産業協会（CSIA）『中国軟件産業発展研究報告』（"Annual Report of China Software Industry"）（2007年版）中国軟件産業協会2007年（中国語）
中国軟件産業協会（CSIA）『中国軟件産業発展研究報告』（"Annual Report of China Software Industry"）（2008年版）中国軟件産業協会2008年（中国語）
中国軟件産業協会（CSIA）『中国軟件産業発展研究報告』（"Annual Report of China

Software Industry"〕(2009年版) 中国軟件産業協会 2009年 (中国語)
中国服務外包網「中国サービス・アウトソーシング基地都市と示範区の研究レポート」中国服務外包網　2009年 (日本語)
古谷眞介 (2003)「第2章 中国における日本向けソフトウェア開発における管理体制の類型—設計情報の伝達の仕組み」田島俊雄・古谷眞介編著『中国のソフトウェア産業とオフショア開発・人材派遣・職業教育』東京大学社会科学研究所, 3月。
㈲情報処理推進機構 (2010)『IT人材白書2010』㈲情報処理推進機構。
胡青華 (北京ソフトウェア産業促進センター) (2008)『北京市ソフトウェア産業』(パワーポント) 5月。
金堅敏 (2005)「日系企業による対中国オフショア開発の実態と成功の条件」『研究レポートNo.233』7月。
許海珠 (2005)「中国ソフトウエア産業の現状と人的資源管理」白木三秀編著『チャイナ・シフトの人的資源管理』白桃書房。
御手洗大輔 (2003)「第4章 新労働契約法が労使関係に与える影響と直面する課題—ソフトウェア企業に対するインタビューを中心として」田島俊雄・古谷眞介編著『中国のソフトウェア産業とオフショア開発・人材派遣・職業教育』東京大学社会科学研究所, 3月。
兪家文・張健・梁昌勇 (2007)「中国ソフトウェア産業の現状及び発展戦略についての研究」『現代管理科学』(中国語)。
梅澤隆 (2005)「中国ソフトウエア産業におけるオフショア開発と人的資源管理—北京市の事例—」白木三秀編著『チャイナ・シフトの人的資源管理』白桃書房。
梅澤隆 (2007)「ソフトウエア産業における国際分業—日本と中国の事例—」『国際ビジネス研究学会年報2007年』国際ビジネス研究学会。

第Ⅱ部　日系企業の視点から見たチェンジング・チャイナ

第10章

日中間インターネットショッピングの展開と人的資源管理への含意

1. はじめに

　インターネット技術の発展に伴い，ネットショッピングビジネスは世の中を大いに変貌させている。クリックするだけで，家にいながらも欲しい商品を速やかに手に入ることが可能となってきている。

　おそらくほとんどの人は，楽天市場かヤフーかアマゾンで買い物をした経験があると思われる。買物の流れを思い出していただくと，インターネットショッピングは消費者にとっていかに便利なものなのか，お分かりになるだろう。

　欲しいものをキーワードで検索し，ヒットした商品の価格を他店と比べた上，コストパフォーマンスが最も良い店に注文し，クレジットカード決済か，代引きか，銀行からの振り込みか，豊富な支払い手段で決済を済ませておく。消費者にとって最も欲しいときに最も欲しい物を最も欲しい価格で購入することができるようになる。

　人ごみをかき分け，歩きまわり草臥れても自分の欲しい物がなかなか見つからないデパート，スーパーの買物パターンに比べたら，インターネットショッピングの利便性が一目瞭然で最も高いといえるであろう。

　近頃，インターネットショッピングは一国内に留まるのではなく，国境を超えるインターネットショッピングが盛んに行われるようになってきている。従来の製造⇒輸出入業者⇒商社⇒問屋⇒小売り⇒消費者の販売仕組みは，

製造⇒インターネットショッピングサイト運営業者⇒消費者との販売仕組みに進化している。中間コストがだいぶ省かれたからこそ，消費者にとってもっと安価で商品を買えるようにもなってきている。

　日本と中国の間でも，今まで緊密に続けてきた経済交流が，日中間におけるインターネットショッピングビジネスの発展を大いに促している。

2．日中間のインターネットショッピングを手掛ける事業会社の事例

（1） 三井住友カードの事例

　三井住友カードは，2008年12月に中国の決済ネットワーク運営会社の中国銀聯など共同で仮想商店街「バイジェイドットコム（佰宜傑）」を設立した。

　銀聯の決済システムを活用し，ネット上に仮想商店街を立ち上げて，家電製品や化粧品などを販売する。サイトの運営と中国での通関手続きは，電子商取引決済代行のSBIベリトランスが請負い，中国郵政集団が配送業務を担う。日本から航空貨物便を利用して，注文から最短2日で商品を中国の消費者に届ける。

　現在，宝石広場，KeyCoffee，洋服の青山，コメ兵などが出店し，中国国内の消費者向けに販売を行っている。

　それと同時に，中国の銀聯側は銀聯カード加盟店紹介サイト「傑街同歩（ジェイジェストリート）」を立ち上げ，日本への中国人旅行者を対象とした，日本において銀聯カードが利用可能な百貨店や小売店舗，飲食店を紹介する。本サイトにより，中国人旅行者は事前に買物の計画が立てやすくなり，出店企業へは旅行社の訪問増加が見込まれる。「バイジェイドットコム（佰宜傑）」と「ジェイジェストリート（傑街同歩）」とを連動させることで，ネットとリアル双方向での顧客誘導や，中国への進出企業の認知度向上につながるプロモーションなどを展開することも可能となる。

図10−1　バイジェイドットコムのトップ画面

注：中国銀聯：2002年に中国の中央銀行である中国人民銀行が中心となり政府主導で設立された，中国での銀行間決済ネットワークを運営する会社である。中国国内でカードを発行する銀行は全て中国銀聯に加盟しており，国内・海外合わせて200以上の金融機関が銀聯ネットワークに参加している。銀聯カードは既に中国国内では約22億枚発行されており，来日するほとんどの中国人が所持しているカードである。ATMネットワークでの利用だけではなく，小売店や飲食店などで主にデビットカードとしても利用されている。

（2）楽天

2009年1月15日付日本経済新聞に「楽天」のネット通販事業が中国進出を報じた。その後，中国のサーチエンジンマーケットシェアの6割を占める「百度」と提携し，合弁企業を立ち上げた。

2010年10月から，中国国内消費者向けのインターネットショッピングサービス「楽酷天（らこくてん）」がスタートするようになる。

「Shopping is entertainment!」のコンセプトを中国でも浸透させるべく，日本の楽天市場で好評を博しているセールスイベント「お買いものマラソン」やポイントプログラム，送料無料キャンペーン，ラッキーくじなどの各種マーケティング施策を積極的に中国市場で行う予定である。

なお，楽酷天のもう1つの目標としては，模倣品が氾濫している中国では，日本の楽天市場や楽天グループの仏PriceMinister社等が蓄積してきた模倣品対策のノウハウを生かして厳格な出店審査とパトロールを展開することで，模倣品の発見と排除を徹底し，消費者が安心して安全なインターネットショッピングを楽しめる環境を提供しようとしている。

図10－2　楽酷天のトップ画面

　一方，中国市場への進出を図ろうとしている楽天市場に出店する日本側の店のために，中国語版のホームページを作成し，現地の言語で楽天市場に出店する店から買物ができる。そして楽天が商品の配送サービスを提供する。

(3) アリババ・ジャパン

　日本のソフトバンクと中国のアリババグループの合弁会社であるアリババ・ジャパンが日本の中小企業や個人事業主のために海外市場への販路開拓が行えるよう,「ワールド・パスポート」の日本限定のサービスを行っている。
　また，日本国内に販売するのと同じ感覚で，中国の巨大市場に商品を売ることが可能となる「チャイナ・パスポート」サービスを展開している。
　さらに，世界で最も競争力のある中国製品をインターネットを通じて簡単に仕入れが実現できる企業間トレードサイト「アリババ中国輸入サイト」サービスも行っている。現在8万以上の中国企業により，300万点以上の製品が掲載されており，効率的かつ簡単な中国製品の仕入れ先や製造委託先開拓を支援している。
　日本のソフトバンクと中国のアリババグループの合弁会社であるアリバ

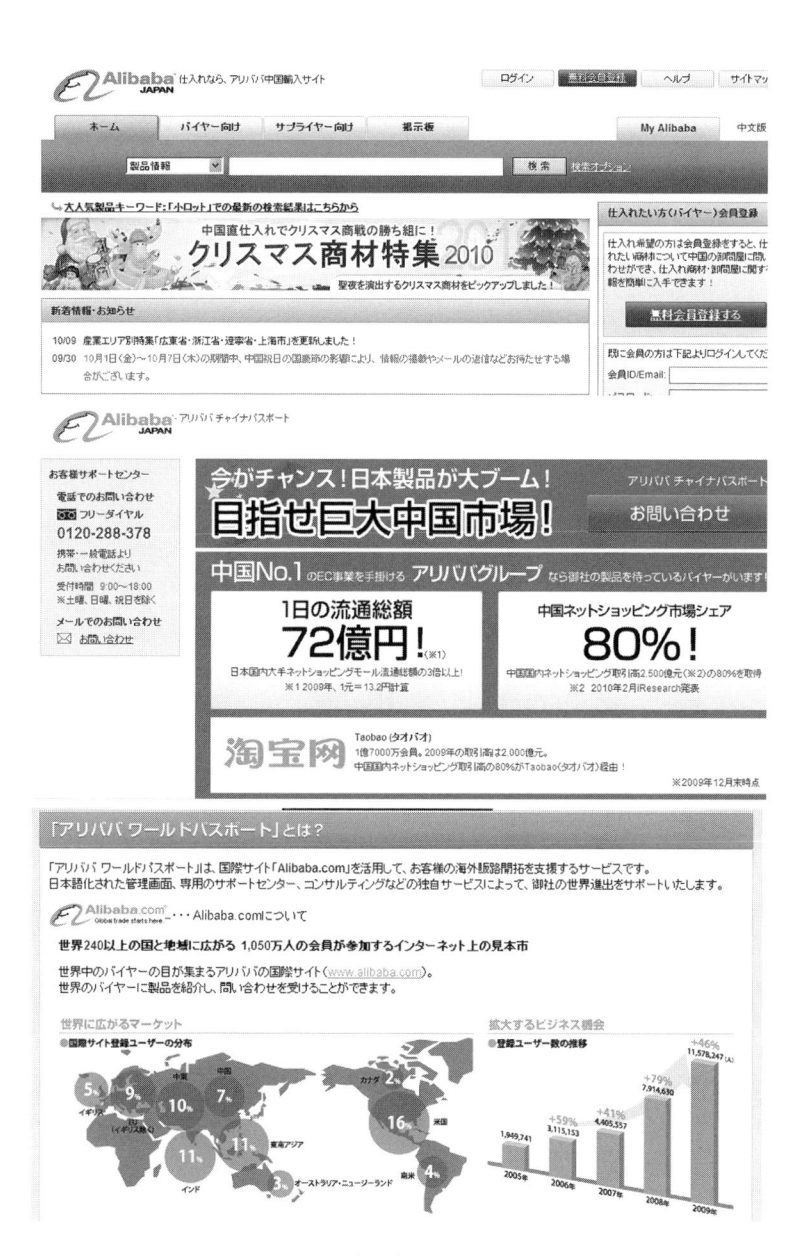

図10-3　アリババ・ジャパンのECサイトのトップ画面

バ・ジャパンが，2009年1月から中国向け輸出支援を開始した。日本語と中国語の相互翻訳を利用して，日本語の商品概要が中国語に翻訳される。アリババ・ドットコムは企業間電子商取引を仲介，中国国内に2,500万人，海外に500万人のユーザーを擁する。

（4）タオパオとヤフー・ジャパン

1億7,000万人の会員，2009年の取引高は，2,000億元，中国国内ネットショッピングの8割シェアを占める中国最大手のTaobao（タオパオ）は，2010年7月からヤフー・ジャパンと共同でチャイナモール・サービスをスタートさせた。

チャイナモール・サービスは，タオパオに出店する中国側の店の商品を日本の消費者に向けて販売するモデルである。

日本にいながらも，手軽な価格で中国製の商品を取り寄せることが可能になっただけに，今後大きな需要が見込まれている。

上記のケースから明らかなように，日中間のインターネットショッピングはまさしく日中を跨ぐビジネスとして変わりつつある。

インターネットショッピングモデルの浸透に伴って，従来の製造⇒輸出入業者⇒商社⇒問屋⇒小売⇒消費者のパターンは製造⇒インターネットショッピング運営業者⇒消費者とのパターンに進化してきている。

中間取引が大幅に省かれるので，製造業者にとって今までより高い製造代金をもらえるのに対して，消費者にとっては，より安価で商品が買えるようになる。

3．インターネットショッピングビジネスモデルが生まれてきた理由

（1）中国を取り巻く経済環境の変化

図10－4　ヤフーチャイナモールのトップ画面

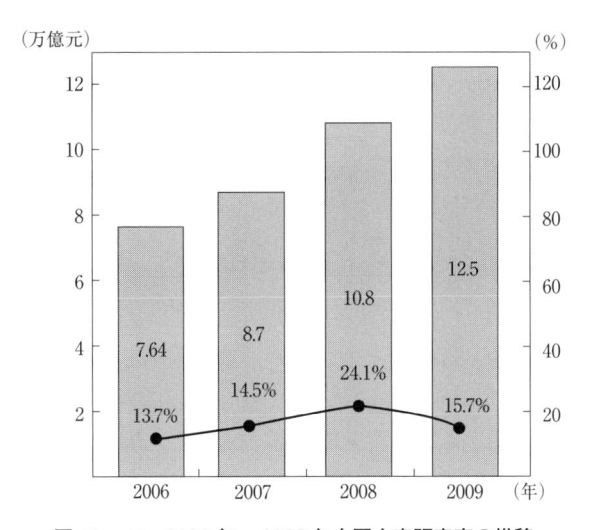

図10－5　2006年～2009年中国小売販売高の推移

　中国は近年2桁の経済成長を続けている。世界同時不況を乗り越えるため，中国政府は，8％の成長が必要とする景気対策に力を注いでいる。その刺激策があっただけに，当該マーケットの発展する勢いがまったく衰えることはなく，これからの市場としての期待も大きい。図10－5に示した通り，中

第10章　日中間インターネットショッピングの展開と人的資源管理への含意　271

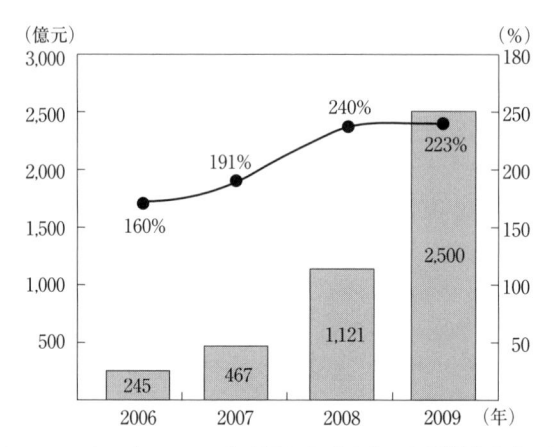

図10－6　2006年～2009年中国におけるネット通販売上高の推移

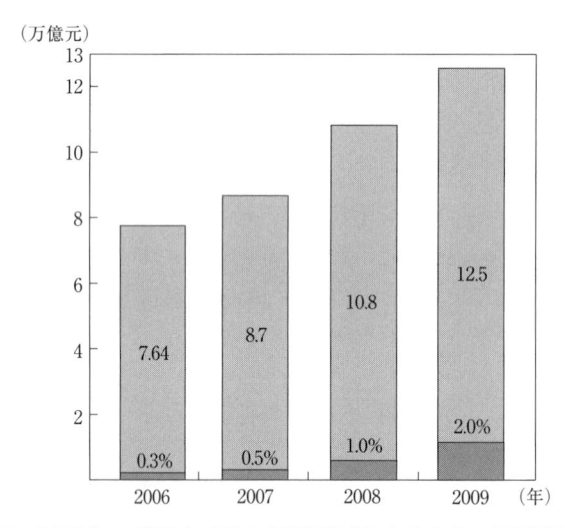

図10－7　2006年～2009年中国の小売販売高に占めるネット通販比率の推移

国の小売販売高は年平均20％位の成長を維持しており，2009年は，12.5万億元（160兆円，卸・小売の合計）を超える規模まで成長できている。

　巨大なマーケットは日本企業の進出意欲を惹きつけている。日本の大手企業で，中国市場にまだ進出していないところはほとんどないが，中小企業に

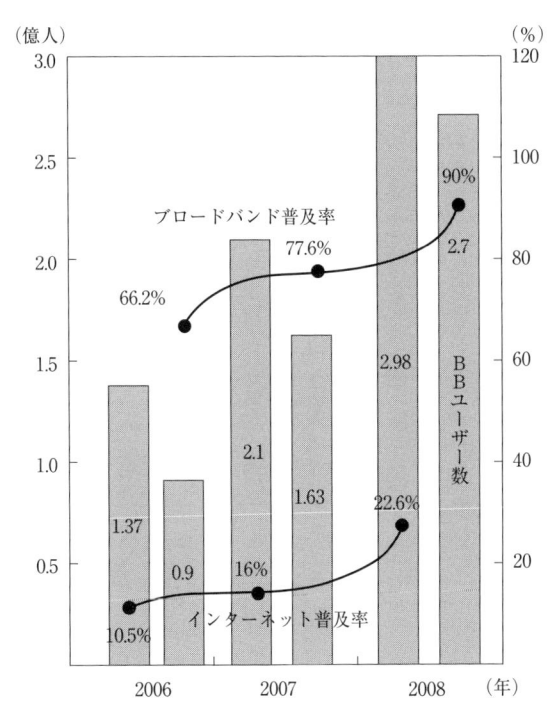

図10-8　中国におけるインターネットユーザー数およびBB普及率の推移

とって，中国市場に参入するには課題が多い。販路の開拓，マーケティング，代金の回収などがその主な理由として挙げられている。

そのようなニーズに応えるため，新たな中国市場開拓の道としてネット通販は徐々に注目されるようになった。

図10-6は，中国のネットショッピングの売上高の変化である。ほぼ倍のスピートで成長を続けており，2009年は，2,500億元（3.3兆円）を超える規模になっている。それでも全体小売高の2％しか占めていない（図10-7）。

インターネットの普及，物流・決済環境の整備などが進む中で，消費者は，従来の店舗購入の単一パターンからインターネット通販，テレビショッピングなどの購買方法を活用するようになる。

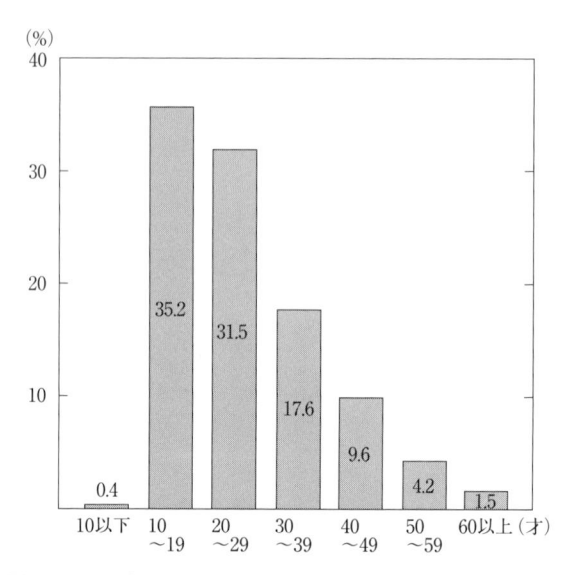

図10-9　中国におけるインターネットユーザーの年齢構成

　2008年12月，中国のインターネットユーザー数は2億9,800万人となり，世界で最も多いユーザーを抱える国となった。それでも普及率はまだ2割台なので，成長する余地が大きい（2010年6月の最新データでは，ネットユーザーが4.2億人に達し，普及率もとうとう3割を超えた）。

　なお，ブロードバンドユーザーは，全体ユーザーの9割ほどとなり，環境の整備は，インターネット関連のビジネスの発展を促している。加えて，ユーザーの約8割は，10代〜30代であり，新しいネットショッピングに最も意欲を持つ世代にユーザーが集中している（図10-9参照）。

(2) より良い製品を求めるようになった中国の消費者

　豊かになりつつある消費者は，より良い製品を求めるようになった。衣食など生活不可欠なもの以外，趣味などにもお金をかけるようになってきている。

　それに伴って，多少高くても安心・安全に使える商品を購入する傾向が出

てきている。

　しかし，食品など中国産の製品は様々な問題が起きていて，消費者の不信を募るばかりである。直近では粉ミルクのメラミン混入など，中国国内で食品をめぐる品質や安全性問題が多発し，自国製品への不信感が日増しに高まってきている。日本産粉ミルクなど，品質の良い海外製品を求める中国の消費者が増加する一方である。

　そのような背景の下で，品質が良いイメージが定着している日本商品に対する需要が益々高くなり，「日本」というブランドはイコール品質の保証となっている。目下，日本で流行っていることや物を素早く入手したいというニーズが若者の中で特に高い。

　しかし，入手ルートは，現在，中国国内で販売されている物を買うか，日本にいる知人に頼んで買ってもらうか，または日本へ旅行に行く際に買うとかのルートに限られており，入手できる品目もそれほど豊富ではないので，思うままに欲しいときに日本商品を購入できるルートへの需要が現に高いのである。

4．中国の製造業を取り巻く環境の変化による経営スタイルの変化

　Made in China 製品は世界のどこにも溢れるようになってきた。22の工業種類の中で，中国製造業の製造シェアは，7種類がトップで，15種類はトップ3に入っている。しかし，中国は製造大国といえるが，製造強国とはいえない。ボーイング1機を購入するために8億枚のシャツを輸出しなければならないという当時の商務部大臣の発言は，中国の製造業の脆弱さを如実に表している。

　中国の製造業が急激に規模を拡大できたのは，政府の輸出促進手当による低価格の設定，比較的安い為替レート，安い賃金などからもたらされてきたものである。しかし，中国の製造業の規模が膨大になったとはいえ，根本的

な構造問題は解決できていない。

1つ目は，労働生産性が極端に低いことである。中国の製造業の労働生産性（Labor Productivity）は，アメリカの4.38％，日本の4.37％，ドイツの5.56％しかない。

アメリカ，日本，ドイツの製造業における付加価値率は，いずれも40％を超えているのに対して，中国の製造業は22％しかない。

2つ目は，R＆Dへの投資が極端に少ないことである。先進国の製造業へのR＆D投資は，売上高の5％以上を占めているのが普通である。しかし，大手500社の製造業者の平均値でも2％しかない。しかも，製造業のR＆D投資額は，2007年にピークを迎えた後は年々に減少する傾向がある。

3つ目は，エネルギーの消費が極端に高いことである。2009年のエネルギー節約指標は，3.61％しか達成されず，その上，年々低下する傾向がある。さらに，エネルギー（消費）原単位が高騰するようになり，中国の製造業の高コスト構造はまったく改善されていない。

4つ目は，賃金の高騰がさらに製造コストを圧迫することである。2008年に中国は新しい「労働合同法」を実施するようになり，最低賃金水準の向上や，社会保険未納への管理が厳しくなり，賃金の高騰が避けられない。

2009年に中国の沿海地域の平均労働力コストは，1.08＄／時間，内陸部は0.55～0.8＄／時間となっている。インドは，約0.51＄／時間で，バングラデシュなら中国沿海部の5分の1しかなく，労働力が安い時代が終焉を迎えている。

さらに人民元の切り上げが徐々に進行していることを考えると，中国の製造業にとって，末端にいるエンドユーザーに近づけていく努力をしない限り，企業存続の危機に追い詰められるのも避けられなくなるであろう。

中国の製造業にとって，構造の変換を迫られるようになってきている。単なる製造の下請けではなく，自社ブランドの製品を持ち，自社ブランド製品を直接に国内外の消費者向けの販売ルートの構築が欠かせなくなる。

製造業者が直接に市場を開拓する際，日本の中小企業と同じく，販路の開

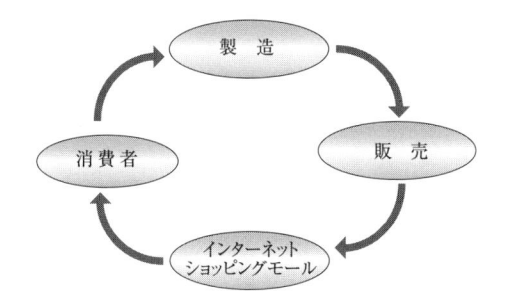

図10−10　インターネットショッピングモールと販売ルート

拓，マーケティング，代金の回収などの壁に直面しており，市場開拓の道として，やはりインターネット通販は注目を浴びるようになった。

さらに楽天，Yahoo，タオパオのようなインターネットショッピングモールの存在は，メーカーが中間ルートを省き，直接に消費者向けの販売ルートを構築することを可能にしている（図10−10参照）。

5．日中間インターネットショッピングの発展を妨げる要素および人的リソースの育成

日中間インターネットショッピングのモデルは主に右記の通りとなっている。相手国の既存ショッピングモールに出店する場合のモデル1は，図10−11の通りとなる。

モデル1なら，中国または，日本の最大なECサイト「淘宝網」「楽天市場」に出店することにより，淘宝網および楽天市場の数多くのユーザーは潜在顧客となる。

ただし，出店数が膨大で，ユーザーに情報がきちんと行き渡るかは懸念される問題がある。また，出店支援のみで，配送などはショップ側の担当となるので，国境を超えるビジネスに慣れないショップ側にとっては，大きな負担となる。

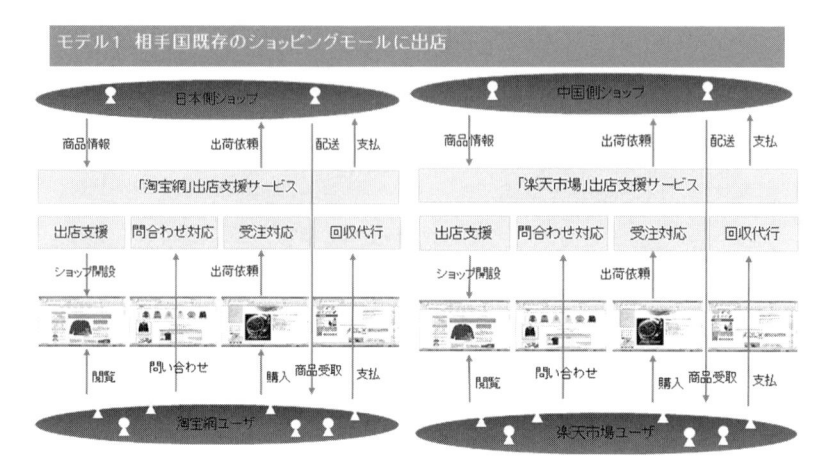

図10 − 11　日中間インターネットショッピングのモデル1

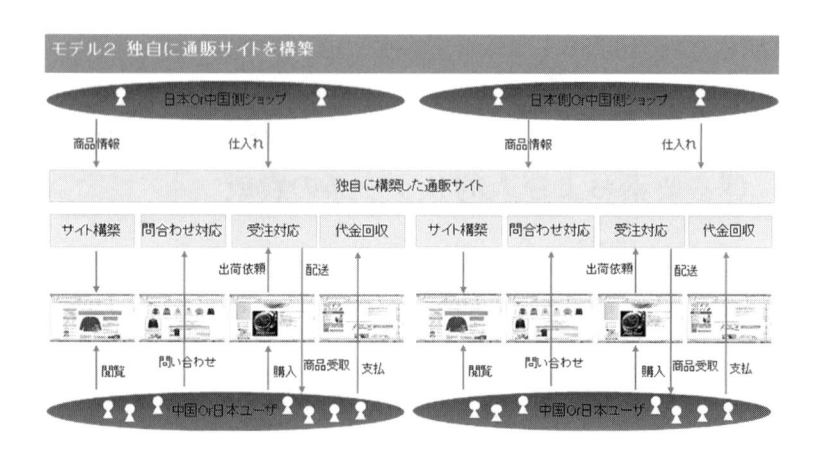

図10 − 12　日中間インターネットショッピングのモデル2

　そこで次に，独自に通販サイトを構築する場合の日中間インターネットショッピングのモデル2（図10 − 12）を見て欲しい。
　モデル2のように独自に通販サイトを構築する場合，無名なサイトから相

手国の消費者に知ってもらうまで時間がかかる。なお，限られたショップからの仕入れなので，商品数は豊富ではない。

そしてモデル1と同じく，配送する際，通関手続きは，原則的にユーザーに任せるので，ユーザー側の負担が大きい。

モデル1，2の共通の問題点として，1つ目は，違うマーケットの消費者ニーズ，慣習のギャップが大きいだけに，店の運営をいかに相手国並みの水準まで引き上げていくのかが，最も肝心な問題となる。サイトの翻訳は，自動翻訳ツール頼みで消費者ニーズを掴めるどころか，消費者の購買意欲を損なう表現もしばしば見受けられる。

2つ目は，場合によっては，商品価格以上の送料を支払わされることである。これが現在の日中間インターネットショッピングの事業モデルの現状である。国内の物流仕組みと同じ，短期間かつ割安費用で商品を消費者へ届けられるか否かが，日中間インターネットショッピングビジネスが成功するか否かの分かれ目となる。

6．おわりに

インターネットを巡るビジネスモデルの発展を振り返れば，最初にアクセス数を競い合ったポータルサイトの乱立時代から，世界中のすべての情報を整理し，様々な情報をネット上に吸い上げ始めると同時に，検索ランキングで価値を判断するGoogle台頭時代，フェースブックの急成長に伴うソーシャル・ネットワーキング・サービスの時代まで日進月歩で進化を遂げている。

着実に世の中の消費パターン，ライフスタイルを変貌させているインターネットショッピングビジネスもこの進化に伴って既存産業の製品・サービス，売り方を変えつつある。

経済が長年停滞していた日本にとって，少子化や生産コストの上昇で製造業の空洞化が進む中，最先端にある日本のネット技術やモバイルのノウハウを活かすことによって，日本の製品・サービスを海外向けに販売する仕組み

を確立できれば，日本経済の再生に役に立つであろう。

　しかし，日中間インターネットショッピングビジネスを成功させるためには，運営に必要な人材計画・人材開発・人材活用の3つの要素が欠かせない。

　日中両国に限っても消費者のニーズがまったく違う。一例として，「洋服購入時のポイント」について，日本は，「価格の割安感」「サイズ」「ベーシックで長く着られるか」といった項目が中国より多く，中国は「着心地・肌触り」「ブランド」「トレンドを取り入れているか」の項目が日本より多く，全体にブランド志向が強いことが窺われる（サーチナ研究所とマイボイスコムが共同で行った調査結果「日経BP NET」より）。

　経済発展のレベルや日常生活の慣習等の違いにより，日本で売れるものが必ずしも中国でも売れるとは限らない。従ってインターネットショッピングサービスを展開する際，相手国の消費者ニーズ，慣習を把握できる人材の育成が何より必要となってくる。相手国の消費者ニーズ，慣習・言葉に熟知する人材の育成ができて初めて，インターネットショッピングを通じて相手国に商品を販売するモデルがやっと成り立つようになるのである。

終章

本書の論点と結論

　以上で，各章の分析を終える。以下では，本書の各章の概要と論点を整理し，その後で本書の結論を述べることにしよう。

1．各章の概要と論点

　終章の目的は，各章の概要と論点を整理し，本書をここまで読了された読者諸賢の頭の整理に資することである。ただし，本章は，本書のエッセンスなり，味わいなりをごく簡略化したものでしかない。和食料理の「煮魚」になぞらえると，ここでは「骨」を示しただけで，本質である「身」を食していただいているわけではないのである。「煮魚」は，「骨」から「身」を分け，ほぐしながら食していただいて初めてその真価を分かっていただける。各章はそれぞれじっくりと味読していただくだけの価値があり，またそれを通じてしか読者は豊かな各章の含意を引き出せないのである。ともあれ，各章の論点は以下の通りとなる。

　第Ⅰ部「マクロ的視点から見たチェンジング・チャイナ」には，第1章から第4章までの4章が含められている。

　第1章は，改革開放後，中国の科学技術および近代化水準を向上させる上で最も有効な手段として重視されてきた留学政策を取り上げ，その内容を掘

り下げている。

　海外留学者は，1978年の改革開放当初の860人から，2008年には209倍増の18万人に拡大し，全留学者数は，1978～2008年の30年間で累計122.8万人に達し，留学先も世界の100以上の国・地域に及んだ。

　他方，留学帰国者は，1978～2008年の30年間で累計33.52万人となった。公費留学生に関しては，1995年からの海外留学選抜派遣管理体制改革の実施，および1996年の「国家公費出国留学人員の選抜派遣方法改革の全面的試行を効果的に実施することに関する通知」に基づく新しい国家公費出国留学人員の選抜派遣方法の実施により，公費派遣留学生の帰国率は大幅に上昇し，現在では帰国率が98％に達している。

　帰国留学者は，中国では通称「海亀」と呼ばれており，中国の大学教育の質的向上や科学技術の発展，世界先進レベルへのキャッチアップ，イノベーション型国家建設などといった重要局面において，主要戦力として大きな役割を果たしてきた。現在，中国科学院や大学等において海外からの帰国留学者が重要なポジションを数多く占めている。

　その反面，優秀な海外人材が多く帰国するにつれ，同じ留学組でもポストに就けない「海待族」と呼ばれる海外帰国留学者も出始めており，中国の留学政策と制度は，新たな課題に直面している。

　第2章は，1980年代以降，中国経済が発展し，成長する過程で起こった農村から都市への労働移動を取り上げている。「農民工」とは中国の特定の労働者に対する呼び方で，「農村戸籍の者で，非1次産業で就業している就業者」のことを指している。農民工はもともと，農村で農業を営む労働者であったが，農業を離れて製造業，サービス業などのような非1次産業で就業するようになった人たちである。現在では，農民工が中国の製造業，建築業，サービス業などの非1次産業を支える重要な労働力となりつつある。そこで，執筆者は，農民工は現在の中国の中でどのような存在で，どのような特徴を持ち，どのように移動しているのかといった興味深いテーマについて以下の

通り，論究している。

　1980年代以後，労働政策が徐々に変化し，農村部労働力の非1次産業への就業が認められ，2001年には小規模都市へほぼ完全に自由に移動できるようになった。しかし，農民工の大・中規模都市への移動はまだ規制が多く，農民工には移動する際に住宅，医療，教育，就業などの面でより多くのコストが発生している。

　農村部第1次産業からの純流出労働力である農民工の吸収は，都市部非1次産業より，農村部非1次産業の方がより大きく貢献している。これは，農業余剰労働力が都市部近代工業部門への移動を通して解消されると論じたルイスの二重経済論とは違う結果である。

　農民工の特徴について分析した結果は以下の通りである。農民工は一般の農業従事者と比べて，相対的に若く，学歴が高い。比較的経済発展が進んでいる東部地域では，農民工のうち，高卒以上の割合が後進地域より高い。農民工の就業先を行政単位別に見ると，東部地域は省内での移動が多いが，後進地域は省外に移動し就業する者が明らかに多い。これは，省内の就業機会の多寡によるのであろう。

　また農民工の移動の動機についてミクロデータを使用して分析した結果，農民工は就業機会や収入アップの機会を求めて，貧しい生活環境から脱出したい気持ちが農村を出るプッシュ要因の背後にある。一方，移動先の引き付け力になるプル要因では，移動先での賃金支払い状況・労働時間などの労働条件が最も重要な要因であった。また，地方都市で創業のノウハウを学びたいということも大きな要因の1つとなっていた。

　第3章は，1990年代末以降に創設された現行の社会保障制度，とりわけその中核である社会保険制度の仕組みを考察するとともに，新制度と旧制度との違いを明らかにし，さらに，現地調査から得られた情報を加味し，変容しつつある現代中国の社会保険制度が人的資源管理にもたらした影響について論じている。なお，ここで社会保険制度とは，職域保険の重要部分である

基本年金保険制度，基本医療保険制度，および失業保険制度を指している。

　現行の社会保険制度の諸特徴は以下の点に求められる。第1は，新しい社会保険制度の適用対象が，旧労働保険制度の国有・集団企業限定という枠を超えて，外資系企業，都市部私営企業およびその従業員，さらに都市部の自営業者まで拡大されたことである。第2に，財源調達が，単一の政府財政資金から政府・企業・従業員による三者負担の仕組みに改編されたことである。第3に，個人へのインセンティブを考慮に入れ，年金および医療保険に個人口座が導入され，従来の賦課方式から部分積立方式へと変換されたことである。第4に，保険料の負担および保険給付の受給が，日本の制度と異なり，すべて個人単位で行われるようになったことがある。第5に，保険給付の業務が勤務先から社会サービス機構（たとえば銀行，郵便局）に変わったことである。以前の労働保険では，すべての社会保険給付業務が企業内部で行われていたので，これは社会保険給付業務の「社会化」と呼ばれている。明らかに，社会保険給付業務の「社会化」は企業の業務負担を軽減させたといえる。

　しかし，中国においていまだに社会保険制度に関する法律ができていないため，制度の実行には地域別の格差や企業別の格差が残っている。そのような格差は制度の加入率，保険料率，さらに給付水準にまでも現れており，労働移動の阻害，採用力の企業間格差等，様々な影響を与えていることは否めない。また，社会保険における政府負担が低く抑えられ，相対的に企業への負担が重くなっていることは，労働コストという面で企業経営に影響を与えている。

　第4章は，2008年1月1日に施行された労働契約法の法的解釈とその実務的含意について論じている。第1章でも述べたが，現在の中国において人的資源管理にきわめて大きな影響を有する制度変更が，この労働契約法の制定に他ならない。法的リスクを事前に防止・回避するためにも同法の十分な理解が在中国日系企業の経営管理者に求められていることはいうまでもな

い。

　第1に，労働契約の締結では以下の諸点が重要である。まず労働紛争の発生を可能な限り抑止するために，適法かつ有効な労働契約の締結がきわめて重要な意味を持っている。これに関し，労働契約法は，労働契約において一定の事項を定めることを義務づけており，法定の必要的記載事項を盛り込んでおかなければならない。日系企業の担当者が悩んでいる労働契約期間については，次の点に留意すべきである。すなわち，第2回目の固定期間労働契約が期間満了となったときは，原則として自動的に契約が更新される運用がなされているため，企業が期待する要求を満たさない者との契約締結を拒否するチャンスは，第1回目の労働契約の期間満了時に限られている。そこで，第1回目の労働契約については，労働者の適性・能力を把握するに足る十分な期間を確保する必要があるということになる。また，雇用した日から1カ月以上にわたって労働契約を書面で締結しなかった使用者は，労働者に対し，月ごとに賃金の倍額を支払わなければならない。

　第2に，日常の人事・労働管理に関わる法的諸点の具体的中身は，社会保険料，住宅積立金，最低賃金，労働者に対する拘束期間（中国語：服務期），競業避止，それに規則制度の制定・改正のことである。社会保険制度については第3章で詳述されている通りであるが，労働契約法においては，試用期間中か否かを問わず，使用者は，自己と労働関係を有するすべての労働者のために社会保険料を支払わなければならない。本章はこれら法的諸点に対して，執筆者が実際に担当した事例を交えながら明快に論じている。

　第3に，労働契約の解除・終了のうち，まず解除について，労働契約法では，使用者側が解除を提議して労働者と合意に達し労働契約が解除となったときには，使用者は，労働者に対し経済補償金を支払わなければならないが，労働者の側から労働契約の解除が提議され，双方がこれに合意したときには，使用者の経済補償金支払義務は生じない。したがって，後の紛争を避けるため，合意により労働契約を解除する場合においては，労使間で合意書を作成し，労使のいずれがこれを提議したのかを明確にしておく必要がある。労働

契約の終了時に発生する経済補償金（日本の退職金制度と異なる）についても詳述されている。
　第4に，労務派遣，工会，それに労働争議が取り上げられているのは，労働契約法が労務派遣の特殊性，労働組合の権利義務，労働争議の解決などをきわめて重視しており，このことが企業の労働人事管理に与える影響も小さくないためである。

　第Ⅱ部「日系企業の視点から見たチェンジング・チャイナ」には，第5章から第10章までの6章が入る。

　第5章は，リーマンブラザーズ破綻後の金融危機の勃発が中国の労働市場と日系企業の経営に与えた実情を，中国の国有人材紹介会社の大規模調査結果に基づき，検証している。
　まず執筆者は，金融危機の労働市場への影響を以下の4点に整理している。第1に，各省市の2008年平均賃金は，引き続き大きく上昇し，企業の雇用コストの上昇を招来している。
　第2に，金融危機下において，企業従業員は転職に対して慎重になり，"跳槽"（仕事を転々とする）から"臥槽"（暫く我慢する）へと気運が変わってきたが，他方，厳しい経営環境下，企業は硬直的な雇用リスクを回避し雇用の柔軟性を確保するため，派遣雇用の利便性を再認識し出した。同時に派遣労働関連の労働法規の未整備が顕在化した。
　第3に，金融危機下，"採用凍結"は真っ先に採られた人事施策であり，新規求職者の就職市場は冷え込んだ。これは，海外留学経験者にとっても例外ではない。
　第4に，労働契約法施行に伴う労働者の権利意識の高まりと併せて，2008年5月1日からの「労働争議仲裁調停法」の施行に伴い労働仲裁費用が徴収されなくなったこともあり，労働仲裁の申請が激増するとともに，労働争議もさらに増加した。

本章の後半は，上海市対外服務有限公司（通称：上海 FESCO）の 115,942 名（5,742 社）分の所得税代納データの分析結果に基づき，金融危機前後の外資系企業における賃金の実態を概括している。出資国別の給与分析によると，平均値，中央値とも日系企業の給与が最低で，低賃金層においても，最も賃金水準が低く，日系企業の賃金水準は米系企業の 6 割という現状である。さらに日系企業では自発的離職も多く，金融危機収束後の人的資源管理の課題が顕在化している。

　上述の労働契約法（第 4 章参照）が発布された後，中国で労使紛争が急増している。この緊張感が高まりつつある中国の労使関係について第 6 章では，それが今後どのように発展していくのか，歴史的転換点において労働者の代表であるはずの工会（労働組合）にはどのような役割が期待できるのか，さらに，中国進出日系企業は変質しつつある中国の労使関係をどのように認識し，それに対してどのように対応すればよいのか，という点について論じている。

　中国的労使関係という場合の中心は，工会であり，その組織と機能のあり方が問われることになる。執筆者の分析によると，それらは次の通りである。すなわち，中国の工会は経営に近い立場に立っており，行政側に協力し，協調的な労使関係を構築するのに一定の役割を果たしている。しかし，このような工会はその組織と職能において矛盾が生じている。中国において，工会の幹部の任命については党委員会が決定権を持っており，工会活動の経費も企業と行政側が交付するからである。このことは，工会が党組織および企業や行政側に一定の依存性を持っていることを表している。

　このように，工会が労働者を完全に代表し，経営側と対等に交渉することができないため，工会の知らないうちに労働者による「山猫」ストライキが発生し，労使の対立が激しくなるようなケースは少なくない。そこで，少なくとも工会主席は管理職の兼任ではなく，従業員の選挙によって選ぶべきであるということになる。

2010年春のストライキが自動車を中心とした日系企業に集中したことは，日系企業の人的資源管理上の，いくつかの課題を明らかにした。ストライキの連鎖的発生により，各地で賃上げの動きが見られた。今後，中国政府の「賃金条例」の成立や「所得倍増計画」の実施により，中国における人件費はいっそう高まることが予想される。また，労働者の意識が変容を遂げつつあり，労務リスクが今後さらに高まる状況が予想される。

　第7章は，人的資源管理のうち，女性従業員の雇用管理を取り上げ，中国に進出している日系企業が女性従業員に対してどのような施策を行っているかを考察している。日本の女性は結婚，出産によって退職することが多く，平均的に同じ企業に勤める年数が男性より短く，このことは，女性への投資の期待収益率が低いことを意味するため，採用，配属，社内訓練などにおいて内部労働市場で統計的差別を受けることになりやすいと考えられる。
　これに対し，中国の女性は男性と同様に正規雇用者として働くことが一般的であり，結婚，出産による退職がほとんど見られず，女性の労働力率は従来から高い水準を維持している。中国の企業では，日本の企業と比較して女性が男性と同じように取り扱われていると考えられる。
　そこで，中国山東省に進出している日系企業A社に対してインタビュー調査を行い，その調査から得られた人事制度の変更を理解した上で，同社の人事マイクロデータの統計的分析を行うことで，賃金水準ならびに管理職への登用に男女差が存在するかどうかを検証している。
　計量分析の結果は，2005年現在の賃金水準には，教育年数や勤続年数，労働経験のような属性をコントロールしても，女性が上位水準の賃金ランクに入る確率が低く，男女間に格差が存在していることが観察されたが，これは，2001年から2005年の間，出産，育児休暇を取得した女性従業員に対して，復職後に，賃金ランクを1つ下げるような制度が実施されていたというヒアリング結果と整合的であった。それに対して2005年度入社の社員の賃金水準と社内の昇進昇格確率には，男女間の格差は観察されなかった。

これらの背後には，日本人と異なる，中国人のライフスタイルと性別役割分業観があると考えられる。すなわち，中国でも核家族化しつつあるものの，中国では家族内で男女がよく協働し，また親の老後の世話は子供が担い，孫の世話は祖父母が見るのがまだまだ一般的となっているのである。

　第8章は，日系企業において優秀な現地管理職人材の育成への本格的な取り組みが重要な経営課題となっているという問題意識の下に，日系企業の現地管理職の育成について検討を加えている。

　まず，企業インタビューの結果，以下の諸点が明らかとなっている。現地管理職人材の育成に関する諸特徴として，第1に，調査時点において，在中国日系企業において現地管理職人材が日本人派遣者に取って代われるまでにはまだ育成されていないことが確認できた。

　第2に，管理職に関する育成ポリシーについては，積極的に現地人を育てようとするポリシーと，育成に消極的なポリシーとがあることが分かった。特に製品の販売先が日本企業である場合，現地人スタッフを積極的に育成しないという方針をとることがある。

　第3に，現地管理職の育成システム自身は企業の形態，販売先の国籍，製品の特性からなんらかの影響を受けている。たとえば，企業インタビュー調査で所有形態が合弁企業である日系企業では，管理職の人材育成が独資の企業より，比較的に進んでいた。

　次に，現地管理職を対象としたアンケート調査の結果からは次のような論点が示されている。第1に，現地管理職人材の育成姿勢という観点から，日本人派遣者のトップマネジメントは現地人部長クラスに高く評価されていることが分かった。対照的に日本人部長クラスの部下育成姿勢について，有意差の見られた5項目を含め，全項目の平均値が現地人同ランク管理職の評価と比べ，低い結果となっていた。キャリア志向が高い中国現地ホワイトカラーにとって，上司である日本人派遣者の部下育成姿勢が低いということは彼らのモチベーション低下や離職行動を惹起することになろう。

第2に，製造業における日本人派遣者と比べ，部下育成姿勢という観点から，非製造業における日本人派遣者が職位にかかわらず，低く評価されていることが分かった。「人」の要素が強い非製造業が中国という異文化の環境で経営を行うにあたり，この結果は今後の大きな課題を提示している。

　第9章は，ソフトウエア産業の国際分業と人的資源管理を中国，特に北京に所在する日系ソフトウエア企業の事例を通じて検討している。その際に，次のような仮説なり疑問点なりを設定し検証した。
　第1に，初級レベルのソフトウエア・エンジニアは供給過剰であるのかどうか，第2に，日中間のソフトウエア開発の国際分業において日系ソフトウエア企業が受注し担当する工程はソフトウエア開発工程のより上方に拡大しているかどうか，第3に，上流工程はオンサイト開発とオフショア開発の混合した「オン・オフサイト開発」の形態をとるのかどうか，第4に，より上流工程を担当できるスキルの高いソフトウエア・エンジニアは不足しているのかどうか，そして第5に，日系ソフトウエア企業はよりスキルの高いソフトウエア・エンジニアを定着させる人的資源管理の諸施策で成功しているのかどうか，という諸点を明らかにしようとしている。
　その結果，上記5点のうち，4点まではデータと事例により肯定的に検証されたが，第5点目については，欧米系ソフトウエア企業，中国ローカル・ソフトウエア企業と日系ソフトウエア企業の厳密な比較検証が必要であるため，明確な結論を導くには至らなかった。
　同時に，事例研究からブリッジSEの存在は少なく，多くの場合その機能はプロジェクト・リーダーなどの役割の1つに含まれていること，また，日系ソフトウエア企業は労働契約法に対しては雇用期間の延長，有給休暇の未消化への対応などを行っていることも明らかとなった。

　最後の第10章は，まずは日中間でインターネットショッピングビジネスを手掛ける事業会社の事例として，三井住友カード，楽天，アリババ・ジャ

パン，それに，タオバオとヤフー・ジャパンを取り上げ，それぞれのビジネス上の特徴を解説している。

次に，インターネットショッピングビジネスモデルが生まれてきた理由について検討を加えている。理由は2つに分かれる。

第1に，インターネットの普及，物流・決済環境の整備などが進んだことである。

第2に，豊かになりつつある消費者は，より良い製品やサービスを求めるようになっている。目下，日本で流行っていることや物を素早く入手したいというニーズが若者の中で特に高いことが，インターネットショッピングビジネスが急激に伸びたことの理由である。

課題としては，質的に相互に異なるマーケットであるため，消費者ニーズや慣習のギャップが大きく，店の運営をいかに相手国に合うような水準まで引き上げていくのかということがある。一部の企業に見られるような，サイトの翻訳が自動翻訳ツール頼みでは，消費者ニーズを掴むどころか，消費者の購買意欲を損なうということにもなりかねない。

総じて，日中間インターネットショッピングビジネスを成功させるためには，運営に必要なHRM，すなわち人材計画・人材開発・人材活用の3つの要素が欠かせない。つまり，インターネットショッピングサービスを展開する際，相手国の消費者ニーズ，慣習を把握できる人材の育成と活用が計画的に実施されなくてはならなくなっているのである。

2．結論と検討

本書の各章は前節の通り，それぞれの分野，視点から掘り下げた検討がなされている。そこで，ここでは，それらを通底して流れる本質的な動向について若干の考察を行うことにしたい。順不同ではあるが，いくつかのマクロ的底流が存在すると考えられる。

第1に，1990年代以降の中国における経済発展，経済成長を通じて，と

りわけ沿海部における労働力不足が顕在化し，これに伴い，農村から都市への「農民工」の移動による労働供給の増加があったが，それだけでは十分でなく，需要超過に伴い賃金の上昇が惹起された。この動向に対応し，最低賃金の急激な引き上げも行われたのである。こうして，労働コストが安価であるという時代は中国で終焉しつつあることは否めない。

第2に，2008年の労働契約法の施行に伴い，短期雇用契約が普通であった2007年以前とは決定的に異なり，採用は長期雇用を意味するようになった。このため労働雇用コストは変動費用ではなく，準固定的費用となった。しかも，すぐ上で見たように，すでに労働コストは安価ではない。こうして，企業は，従業員の募集・採用には慎重とならざるを得なくなり，採用した従業員を「内部労働市場」の中で，人的投資を通じて育成し，評価し処遇する体制を整え，長期のキャリア形成期間を通じて人材を活用するという視点が欠かせなくなった[1]。

第3に，人的資源管理の主要課題として，長期雇用化した従業員のモチベーションをどのように維持・向上させるかという視点がより重要となる。表終章-1は，若干古いが，2002年に在中国の14社の日系企業に働く35歳以下のホワイトカラー従業員211人に対して行った調査結果を参考までに示

表終章-1 在中国日系企業のホワイトカラーによる人的資源管理評価

(単位：%，複数回答)

	職業選択で重視する点	会社での満足度
新技術・知識習得機会	98.1	45.5
能力・持ち味発揮	97.6	50.7
高収入	95.2	41.9
先行きの展望	91.5	22.7
責任・権限・業績評価の明確性	86.8	37.7
仕事のおもしろさ	84.3	30.8
社会に役立つ実感	72.3	41.0
雇用の安定	58.3	63.6
労働時間・休日	35.3	47.7

したものである[2]。

　これによると，入社の際に80％以上の人が期待していたのは，新技術・知識の習得機会，能力・持ち味の発揮，高収入，先行きの展望，責任・権限・業績評価の明確性，それに，仕事のおもしろさなどである。他方，実際に日系企業で仕事をしてみて満足できる上位3項目は，雇用の安定，能力・持ち味の発揮，労働時間・休日であり，いずれも50％〜60％程度に留まる。皮肉なことに，雇用の安定，労働時間・休日という項目は，入社の際の期待項目では優先順位が最も低いものであった。

　これは，ごくわずかのサンプル調査の結果であり，日系企業の一面を表すに過ぎない。しかし，ハーズバーグ（F. Herzberg）の「動機付け要因」である能力開発，キャリアの展望，仕事のおもしろさなどは，期待した割にはほとんど達成されず，逆に，ハーズバーグの不満の抑制（モチベーションの下げ止め）に有効な「衛生要因」を構成する労働環境要因（安定的雇用や労働時間・休日）が高く評価されていることが明らかである。これでは，モチベーションが上がらず，低生産性，高離職率のリスクを抱えることは明らかである。在中国日系企業は今後，どのようにして企業の魅力を構成するモチベーション向上要因を人材育成とマネジメントの中に明示的に組み込むかということに，より深く関与せざるを得ないのである。

　第4に，これからの日系企業は，現地スタッフのモチベーションの維持・向上に配慮した人的資源管理を行うことは当然として，さらに，日本の本社の理解と問題意識も以下のように現地法人と歩調を合わせる必要がある。すなわち，海外オペレーションでは，日本本社のコミットメントが強く求められおり，基本的なシステムはやはり本社が本気にならないと変わらない。本社が真剣になって全社的統合と子会社支援を行うことにより，現地法人が経営的・技術的に強くなり，そうすると現地法人から逆にノウハウ・技術が，本社や兄弟会社に移転していく可能性が出てくる。筆者の枠組みでいえば，実態として「二国籍型企業[3]」（これは筆者の造語である）の域からの脱却を意味し，具体的には現地法人での技術的・ノウハウ的・人的蓄積が進み，

子会社から親会社へ，あるいは子会社間での知識・ノウハウの移転可能性が現実のものとなり，結果としてトータルとしての企業グループの競争力強化につながると考えられる[4]。

　第5に，序章で見たような2005年以降の各トピック，すなわち，2005年の反日暴動，2008年の労働契約法の制定・実施，"915"のリーマンブラザーズ破綻とその後の金融危機，さらには2010年の日系企業を中心とする労使紛争の連鎖という一連の流れを見ると，反日暴動のような歴史的しこり要因の顕在化や金融危機のような国外要因による攪乱を別として，労働契約法の制定・実施ならびに労使紛争というリスクの連鎖というものは，中国の労働者の意識変化を表現し，彼らの権利意識を顕在化したもの，あるいは顕在化するものと見ることができる。これは，上で述べた賃金の上昇，ひいては労働者の所得の向上と軌を一にするものであり，豊かになった労働者は，これまでのように雇用され，指示通り働き，食べていければいいという意識から，雇用による働きがいやキャリア形成により強い関心を持つであろうし，そのために企業内でより多くの「発言」を求めることになろう。このようにして今や，労働契約法により制度的に担保されながら中国人労働者の意識変化が着実に進展しているという理解を，中国での経営管理者が持たなくては，労働関連リスクを避けられなくなったのである。

　第6に，これはいまだそれほど顕在化していないが，今後も中国通貨高，つまり元高傾向が持続する場合には，様々な変化やリスクが発生することが想定される。日系企業の経営という観点からは，中国からの輸出環境の悪化と中国における労働コストの相対的上昇ということが起こる。となると，日系企業は中国国内マーケット向けの商品開発により力を注がざるを得なくなることは明らかである。他方で，輸出企業の場合はとりわけ，企業立地の観点から中国に立地するか，それ以外のベトナム，インド等の別の新興諸国にオペレーションを移すかという選択を求められざるを得なくなるであろう。さらに，これまで資金を蓄えてきた中国企業の海外展開もより積極的となり，本書でわれわれが論じてきた日系企業の人的資源管理というテーマに加え

て，海外における中国系企業の人的資源管理というテーマが大きな研究課題となるかもしれない。

　いずれにせよ，上記のようなマクロ的底流を前提として，在中国日系企業はその人的資源管理のあり方を戦略的，具体的に構想する必要がある。日系企業は，高賃金化し，権利意識と上昇志向の強い従業員を長期的な視点から活用するシステムを，国際的な観点から早急に打ち立てる必要があることは明らかである。

注：
1 ）労働契約法の採用・雇用への影響についての事例調査に基づく議論は，白木三秀（2009）「日本企業に必要とされるグローバル・マネジメント人材とは」『世界経済評論』5 月号，pp.17 〜 23 ならびに（2009）「フィールド・アイ：労働契約法施行のインパクト」『日本労働研究雑誌』8 月号，pp.106 〜 107 を参照されたい。なお，両稿は，「2008 年度早稲田大学特定課題研究助成費」（課題番号 2008B-002）による調査研究結果の一部である。また，内部労働市場という概念とその理論については，P. B. ドーリンジャー・M. J. ピオレ著（2007）白木三秀監訳『内部労働市場とマンパワー分析』早稲田大学出版部あるいは白木三秀・梅澤隆編著（2010）『人的資源管理の基本』文眞堂の特に第 1 章を参照されたい。
2 ）日本在外企業協会『海外派遣者ハンドブック：中国（WTO 加盟後の労働事情）編』2003 年による。
3 ）日系企業，とりわけアジアにおける日系企業の人材構成は，日本人派遣者と現地人材とにほぼ限定されており，実態として二国籍のスタッフから成っていることを意味している。詳しくは，白木三秀（2006）『国際人的資源管理の比較分析』有斐閣を参照されたい。
4 ）「多国籍内部労働市場」の形成が現実化する状態を指している。当概念の詳細については，同上書を参照されたい。

索　引

【欧数】

C to C	148
CMMI	237, 244
e-Learning	241
G-MaP	199, 213
Google	279
M字型労働供給	182
Off－JT	210
OJT	210
R&D投資	276
SARS事件	61
Taobao（タオパオ）	270
TOEFL	10
t－検定	216
WTO	237
915	141

【あ〜お】

アリババ・ジャパン	268
アリババ中国輸入サイト	268
インターネットショッピング	265
インターネットショッピングモール	148
海亀	28
海亀族	149
海待族	28
衛生要因	293
オフショア開発	227
オン・オフサイト開発	230
オンサイト開発	228

【か〜こ】

海外留学	8
外出農村労働力	44
皆保険	62
「下崗」労働者	163
下流工程	254
基本医療保険制度	65
基本年金保険制度	62
帰無仮説	191
客員研究員（ポスドクを含む）公費派遣プロジェクト	22
九零後	159
競業避止	105
金融危機	141
金融危機下のベビーブーム	146
経済補償金	110, 118
工会	128
工会（労働組合）	167
工会規約	165
工会法	165
工人日報	163
郷鎮企業	40
コールセンター業務	239
五険	60
五険一金	78
戸籍制度	36
国家ハイレベル研究者公費派遣プロジェクト	22
国家ハイレベル大学建設のための大学院生公費派遣プロジェクト	23
固定期間労働契約	88
コンプライアンス	176

【さ～そ】

再就職センター……………………… 68
最低賃金規定……………………… 141
採用凍結…………………………… 147

ジェトロ…………………………… 174
下崗職工…………………………… 68
失業保険制度……………………… 67
社会保険給付業務の「社会化」……… 71
社会保険料………………………… 98
上海市対外服務有限公司（通称：SFSC）
　………………………………… 151
住宅積立金………………… 77，100
珠江デルタ地域…………………… 55
小城鎮……………………………… 37
春暉計画…………………………… 17
準固定的費用……………………… 292
順序プロビットモデル…………… 188
試用期間…………………………… 93
商業医療保険……………………… 77
昇進昇格確率関数………………… 188
上流工程…………………………… 254
職域保険…………………………… 60
職業訓練…………………………… 93
所得倍増計画……………………… 171
人事評価…………………………… 186
人事マイクロデータ……………… 183
人的資本理論……………… 49，193
人民公社…………………………… 38
傑街同歩（ジェイジェストリート）
　………………………………… 266

生育保険…………………………… 60
性別役割分業……………………… 195
整理解雇…………………………… 115
線形回帰モデル…………………… 188
千人計画…………………………… 19

組織図……………………………… 206
蘇州工業園区……………………… 72
ソフトウエア学院………………… 236
ソフトウエア輸出………………… 228

【た～と】

待業保険…………………………… 67
ダミー……………………………… 189
ダンロップ………………………… 177

地域保険…………………………… 60
チャイナ・パスポート…………… 268
チャイナモール・サービス……… 270
中華全国総工会…………… 130，164
中国銀聯…………………………… 266
跳槽族……………………………… 105
長江学者奨励計画………………… 18
直接投資…………………………… 1
賃金凍結措置……………………… 144
賃金ランク付け確率関数………… 188

定期昇給制度……………………… 187
出稼ぎサイクル…………………… 172

同一労働同一報酬………………… 124
動機付け要因……………………… 293
統計的差別………………………… 182
淘宝網……………………………… 278

【な～の】

内部労働市場……………………… 292
南海本田自動車部品製造有限公司…… 167

二国籍型企業……………………… 293
日中投資促進機構………………… 203
日本語能力検定…………………… 241
日本の対中投資…………………… 200

農村戸籍…………………………… 36

農民工···35

【は〜ほ】

ハーズバーグ（F. Herzberg）···········293
パートナー企業·························206
バイジェイドットコム（佰宜傑）······266
八零後··································159

秘密保持································94
百度···································267
百人計画·································16
非予告解除·····························113

フェースブック························279
フォーチュントップ500企業···········142
服務期·································103
富士康（フォックス・コン）··········167
プッシュ要因····························50
ブリッジSE·····························229
プル要因·································50
プロビットモデル·······················188

変動費用·······························292

【ま〜も】

民工荒（出稼ぎ労働者不足）···102, 170

無固定期間労働契約······················88

【や〜よ】

「山猫」ストライキ······················177

尤度比検定（LR検定）·················190

予告解除·······························112

【ら〜ろ】

ライフスタイル························194
楽酷天（らこくてん）··················267
楽天市場·······························277

リーマンブラザーズ破綻···············141
リッカートの5点尺度··················215
両江式··································66

ルイス転換点··························170

労災保険条例····························60
労働契約の解除························110
労働契約の終了························117
労働契約法····················2, 59, 85, 162
労働契約未締結の責任····················97
労働合同法····························276
労働政策研究・研修機構······213-214, 174
労働生産性····························276
労働争議仲裁調停法····················150
労働争議調停仲裁法····················133
労働紛争調停仲裁法····················169
労務派遣·······························149
労務派遣（人材派遣）··················121

【わ〜ん】

ワークシェアリング····················158
ワールド・パスポート··················268
海帯（わかめ）族······················149

索引 299

■執筆者紹介

白木　三秀（しらき　みつひで）編著者紹介参照
担当章：はじめに，序章，終章

許　海珠（きょ　かいじゅ）
担当章：第1章
生　年：1962年　中国生まれ
学　歴：東北師範大学政教学部卒業，同大学大学院経済学研究科前期博士課程修了，大阪市立大学大学院経済学研究科後期博士課程修了，博士（経済学）
現　職：国士舘大学政経学部教授
主要著作：
（単著）『中国国有企業改革の戦略的転換』晃洋書房，1999年
（共著）『中国経済の展望』世界思想社，2000年
（共編著）『中国の改革開放30年の明暗～とける国境，ゆらぐ国内～』，2009年

章　智（しょう　ち）
担当章：第2章
生　年：1977年　中国浙江省生まれ
学　歴：（中国）寧波大学外国語学部卒業，大連外国語学院大学院日本語文化研究科修士課程修了，北九州大学大学院経済学研究科修士課程修了
現　職：早稲田大学大学院経済学研究科博士課程に在学中
主要著作：
（単著）「中国における産業間労働移動」『早稲田経済学研究』2006年3月
（単著）「中国における農村労働力の移動インセンティブ」『早稲田経済学研究』2011年1月

于　洋（うー　よー）
担当章：第3章
生　年：1971年　中国北京市生まれ
学　歴：早稲田大学政治経済学部卒業，同大学大学院経済学研究科博士後期課程修了，博士（経済学）
現　職：城西大学現代政策学部准教授，早稲田大学トランスナショナルHRM研究所招聘研究員
主要著作：
（単著）「日本的貧困群体社会保障対策―対日本生活保護制度的研究」社会保険研究所編『城市貧困群体社会保障政策与措施研究』中国労働社会保障出版社，pp.116～153, 2006年
（単著）「中国における年金保険制度の形成と改革」王文亮編著『現代中国の社会と福祉』ミネルヴァ書房，pp.101～120, 2008年
（単著）「中国の公的医療保障制度の現状と課題」国際経済労働研究所『国際経済労働研究』Vol.64 No.11.12, pp.7～16, 2009年

劉　新宇（りゅう　しんう）
担当章：第4章

生　年：1968 年　中国黒龍江省生まれ
学　歴：中国復旦大学法学部卒業，早稲田大学大学院法学研究科修士課程修了
現　職：北京市金杜法律事務所パートナー／中国弁護士，中国政法大学大学院特任教授・
　　　　国際環境法センター研究員
主要著作：
　（共著）『中国赴任者への法律ガイダンス』経営法友会，2003 年
　（共著）『中国専門家が語る最新チャイナビジネス』日本在外企業協会，2010 年
　（監修）『中国赴任者のための法律相談事例集』商事法務，2010 年

畑　伴子（はた　ともこ）
担当章：第 5 章
生　年：1961 年　福岡県生まれ
学　歴：西南学院大学商学部卒業
現　職：上海市対外服務有限公司（FESCO）日本部部長，株式会社コチ　コンサルティ
　　　　ング代表取締役社長
主要著作：
　（共著）『中国採用ハンドブック』パソナグローバル，2000 年
　（共著）『サラリーサーベイ中国版』（1998 年～ 2007 年）保聖那人材服務（上海）有限
　　　　公司・パソナグローバル，2007 年
　（共著）『ベネフィットサーベイ中国版』パソナグローバル，2007 年

唐　燕霞（とう　えんか）
担当章：第 6 章
生　年：1968 年　中国南京市生まれ
学　歴：北京外国語大学日本語学部卒業，立教大学大学院社会学研究科博士後期課程修了，
　　　　博士（社会学）
現　職：愛知大学現代中国学部准教授
主要著作：
　（単著）『中国の企業統治システム』御茶の水書房，2004 年
　（共編著）『グローバル化における中国のメディアと産業』明石書店，2008 年
　（共編）『転機に立つ日中関係とアメリカ』国際書院，2008 年

孫　豊葉（そん　ほうよう）
担当章：第 7 章
生　年：1975 年　中国青島生まれ
学　歴：（中国）青島大学外国語学部卒業，大阪大学大学院国際公共政策研究科博士前期
　　　　課程修了
現　職：早稲田大学 G-COE GLOPE II 助手・早稲田大学大学院経済学研究科博士後期課
　　　　程
主要著作：
　（単著）"Gender-Wage Difference in Japanese Subsidiaries in China, a Statistical Analy-
　　　　sis Using Intra-firm Personnel Data" *GIARI Working Paper* Vol. 2008-E-27
　（単著）「中国の日系企業における男女間処遇格差－企業内人事マイクロデータを用いた
　　　　分析－」『早稲田経済学研究』第 68 号，pp.25 ～ 42，2008 年 12 月

(分担執筆)『留学生の採用と活用・定着に関する調査報告書』経済産業省関東経済産業局委託,2010年

韓　敏恒(かん　びんこう)
担当章:第8章
生　年:1977年　中国天津市生まれ
学　歴:(中国)北方工業大学人文社会科学学部卒業,早稲田大学大学院経済学研究科修士課程修了
現　職:早稲田大学大学院経済学研究科博士課程在籍
主要著作:
(単著)「在中国日系製造業における現地管理職人材の育成に関する研究」早稲田大学産業経営研究所『産業経営』Vol.46・47, pp.71～100, 2010年
(単著)"A study on Japanese managers' leadership style in China," *HRM Network Formation Workshop*, pp.151～159, February 6th, 2010, Venue; Korea University.
(分担執筆)『留学生の採用と活用・定着に関する調査報告書』経済産業省関東経済産業局委託,2010年

梅澤　隆(うめざわ　たかし)
担当章:第9章
生　年:1949年　東京生まれ
学　歴:同志社大学文学部卒業,慶應義塾大学大学院社会学研究科博士課程修了,博士(商学)
現　職:国士舘大学政経学部教授,早稲田大学トランスナショナルＨＲＭ研究所副所長
主要著作:
(単著)『情報サービス産業の人的資源管理』ミネルヴァ書房,2000年
(共著)『ソフトウエアに賭ける人たち』コンピュータエージ社,2001年
(共著)『ソフトウエアに挑む人たち』コンピュータエージ社,2004年

王　春生(おう　しゅんせい)
担当章:第10章
生　年:1972年　北京生まれ
学　歴:(中国)河北大学外国語学院日本語科卒業,北京大学国際関係学院国際政治学修士課程修了,早稲田大学大学院アジア太平洋研究科博士後期課程修了
現　職:東悟コンサルティング株式会社代表取締役,北京大学アジア経済と文化研究センター事務局長,早稲田大学トランスナショナルＨＲＭ研究所招聘研究員
主要著作:
(単著)「森有礼の国家主義教育思想について」北京大学修士論文,1996年
(単著)「コンビニエンスストアが北京における開業の可能性についての一考察」早稲田大学修士論文,2000年

■編著者紹介

白木　三秀（しらき　みつひで）

1951年　滋賀県生まれ
早稲田大学政治経済学部卒業，同大学大学院経済学研究科博士後期課程修了，博士（経済学）
現在，早稲田大学政治経済学術院教授，同大学トランスナショナルHRM研究所所長
主要著作：
　（編著）『チャイナ・シフトの人的資源管理』白桃書房，2005年
　（単著）『国際人的資源管理の比較分析』有斐閣，2006年
　（共編著）『人的資源管理の基本』文眞堂，2010年

■チェンジング・チャイナの人的資源管理（じんてきしげんかんり）
──新しい局面を迎えた中国への投資と人事

〈検印省略〉

■発行日──2011年10月6日　初版発行

■編著者──白木（しらき）　三秀（みつひで）

■発行者──大矢栄一郎

■発行所──株式会社　白桃書房（はくとうしょぼう）

〒101-0021　東京都千代田区外神田5-1-15
☎03-3836-4781　📠03-3836-9370　振替00100-4-20192
　　　　　　　http://www.hakutou.co.jp/

■印刷・製本──藤原印刷

© Mitsuhide Shiraki 2011　Printed in Japan　ISBN 978-4-561-25572-7 C3034

本書のコピー，スキャン，デジタル化等の無断複製は著作権法上での例外を除き禁じられています。本書を代行業者等の第三者に依頼してスキャンやデジタル化することは，たとえ個人や家庭内の利用であっても著作権法上認められません。

JCOPY 〈㈳出版者著作権管理機構　委託出版物〉
本書の無断複写は著作権法上での例外を除き禁じられています。複写される場合は，そのつど事前に，㈳出版者著作権管理機構（電話03-3513-6969，FAX03-3513-6979，e-mail：info@jcopy.co.jp）の許諾を受けてください。

落丁本・乱丁本はおとりかえいたします。

好評書

古川久敬【編著】柳澤さおり・池田　浩【著】
人的資源マネジメント　　　　　　　　　　　　　　　　本体 3300 円
　―「意識化」による組織能力の向上

小野公一【著】
働く人々の well-being と人的資源管理　　　　　　　　　本体 3300 円

岡本英嗣【著】
組織的管理から自律的管理へ　　　　　　　　　　　　　本体 2800 円
　―キャリア開発による新しい管理論の試み

古沢昌之【著】
グローバル人的資源管理論　　　　　　　　　　　　　　本体 3600 円
　―「規範的統合」と「制度的統合」による人材マネジメント

服部泰宏【著】
日本企業の心理的契約　　　　　　　　　　　　　　　　本体 3300 円
　―組織と従業員の見えざる約束

横山和子【著】
国際公務員のキャリアデザイン　　　　　　　　　　　　本体 3000 円
　―満足度に基づく実証分析

矢作敏行・関根　孝・鍾　淑玲・畢　滔滔【著】
発展する中国の流通　　　　　　　　　　　　　　　　　本体 3800 円

安室憲一・(財)関西生産性本部・日中経済貿易センター・連合大阪【編】
中国の労使関係と現地経営　　　　　　　　　　　　　　本体 3500 円
　―共生の人事労務施策を求めて

ヘンリー・ミンツバーグ【著】奥村哲史・須貝　栄【訳】
マネジャーの仕事　　　　　　　　　　　　　　　　　　本体 3200 円

―――――― 東京　白桃書房　神田 ――――――

本広告の価格は本体価格です。別途消費税が加算されます。